Harald Lemke
Die Kunst des Essens

Der Erstgenannten

Harald Lemke (Dr. phil. habil.) lehrt an den Universitäten Hamburg und Lüneburg. Seine Forschungsschwerpunkte sind Kritische Theorie, Philosophie der Praxis, Ethik des guten Lebens, Politische Philosophie, Ästhetik und Interkulturalität.

Harald Lemke

Die Kunst des Essens

Eine Ästhetik des kulinarischen Geschmacks

[transcript]

Bibliografische Information der Deutschen Bibliothek
Die Deutsche Bibliothek verzeichnet diese Publikation in der Deutschen Nationalbibliografie; detaillierte bibliografische Daten sind im Internet über http://dnb.ddb.de abrufbar.

Umschlaggestaltung: Kordula Röckenhaus, Bielefeld
Umschlagabbildung: Videostill aus: »Das Geheimnis von LE«,
© Anke Haarmann [AHA], Hamburg 2005
Satz: Alexander Masch, Bielefeld
Druck: Majuskel Medienproduktion GmbH, Wetzlar
ISBN 978-3-89942-686-1

Gedruckt auf alterungsbeständigem Papier mit chlorfrei gebleichtem Zellstoff.

Besuchen Sie uns im Internet: *http://www.transcript-verlag.de*

Bitte fordern Sie unser Gesamtverzeichnis und andere Broschüren an unter: *info@transcript-verlag.de*

Inhalt

Statt einer Vorrede: Mise en place

Der französische Begriff *mise en place*, sinngemäß übersetzt das An-den-rechten-Ort-Stellen, gehört in den Bereich der kulinarischen Terminologie. Es bezeichnet in der Küche die vorbereitenden Arbeiten. Bevor man mit der kulinarischen Praxis, der eigentlichen Zubereitung beginnen kann, sind die Zutaten bereitzustellen. Hier sind die Zutaten für drei Themen bereitzustellen. Die erste Zutat besteht aus allerlei aufgelesenen Früchten jener *zeitgenössischen Kunst*, welche sich dem Essen widmet und Kulinarisches (im weitesten Sinne) serviert. Die Zutaten für die zweite Speisefolge beinhalten solche Kunststücke und Ingredienzen, die es braucht, um sich sein eigenes Leben gut zu kochen: Kreativ zusammengestellt, wird das tägliche Essen dabei zu einem schönen Werk der *Lebenskunst*. Die dritte Zutat, die hier auf den Tisch kommt, sorgt für ›guten Geschmack‹. Sie bringt eine *Ästhetik des kulinarischen Geschmacks* ins Spiel, die das Schmecken einmal als ein philosophisches Erkenntnisvermögen versteht und als eine praktische Urteilskraft würdigt. Mit diesen drei Zutaten – einer Theorie der zeitgenössischen Kunst, einer Theorie der Lebenskunst sowie einer Theorie des Geschmacks – wird die herkömmliche philosophische Ästhetik in ihrer ganzen Fülle und thematischen Vielfalt an einen rechten Ort gestellt, wo eine *gastrosophische Ästhetik* ins Werk gesetzt werden kann.

Indem die Philosophie das Essen als ein ästhetisches Phänomen begreift, macht sie sich etwas zur Sache, was sie bislang aus idealistischer Überheblichkeit und gastrosophischen Unwissenheit missachtete. Schon ein flüchtiger Blick über die Entwicklungen der bildenden Kunst im zwanzigsten Jahrhundert lässt erkennen, dass eine künstlerische Auseinandersetzung mit dem Thema Essen stetig zunimmt. Im Verlauf von einigen Jahrzehnten ist die *Eat Art* – so bezeichne ich hier alle Arbeiten freier bildender Künstler bzw. Künstlerinnen, die sich im weitesten Sinne mit der Welt des Essens und dem Essen der Welt beschäftigen – zu einem eigenständigen Forschungsfeld des künstlerischen Geistes herangewachsen. Daher scheint es höchste Zeit zu sein, dass die philosophische Ästhetik sich dieser kulturellen Entwicklung zuwendet und entsprechende kunsttheoretische Studien vorlegt, um sich über diesen Weg des gesellschaftskritischen und kreativen Potentials dieser Kunst zu vergewissern. Beginnen wir mit einem nahe liegenden Beispiel.

Der Umschlag dieses Buches zeigt das Abbild eines Herds: eines mobilen Feldkochers samt Kochtopf. Das *ready made* auf das Kochen als Kunst und ästhetische Lebenspraxis ist ein Ausstattungsobjekt einer interventionistischen Performance. Das mit dieser Feldküche zubereitete Essen, ein Grünkohleintopf, sorgte für das feierliche Abschlussmahl der Aktion *Wachstum*, bei welcher der Architekt und Stadtentwicklungsaktivist Alexander Lebe ein Stück urbanes Brachland in Leipzig in einen Acker verwandelte und zu einer innerstädtischen Grünfläche rekultivierte. Diese, im übertragenden und wahrsten Sinne des Wortes, subversive und radikale Maßnahme – die Dinge ebenso umgrabende und untergrabende (lat. subvertere) und auf deren Wurzeln (lat. radices) gehende wie auch politisch eingreifende (stadtentwicklungspolitisch interventionistische) Maßnahme – zeigt, wie das wachsende gesellschaftliche Problem von so genannten schrumpfenden Städten auf kreative, nämlich kleingartenkünstlerische und kulinarische Weise gelöst werden könnte: Lebe pflanzte Grünkohl zwischen den öden Baulücken und ließ durch seinen biologischen Gemüseanbau Leipzig wieder als eine ›wachsende Stadt‹ aufleben. Er lud die Bewohner des Stadtteils zum reifen Grünkohl ein, um gemeinsam zu ernten, zu waschen, zu kochen, zu essen und zu feiern. »Es besteht die Hoffnung«, erklärt er programmatisch in der Videodokumentation seiner Aktion, »dass auf diesem Happening Planer, Betroffene, Konsumenten und Aktivisten, durch Gaumenkitzel stimuliert, über die Themen Wirtschaften, Arbeiten, Selbstversorgung, Stadt- und Gesellschaftsumbau ins Gespräch geraten und der optische Impuls – ein halbes Jahr lang war zu sehen, wie *Wachstum* in den öffentlichen Raum entstand – rhetorische und besser noch praktische Betätigung der Gäste nach sich zieht.«[1] Das Bild vom Feldkocher zeigt eine Sichtweise auf die Urbanität der Zukunft als ein naturnaher Handlungs- und Lebensraum. Der gärtnernde Stadtplaner und interventionistische Künstler Lebe stellt einen Stadtmenschen dar, der die Wiederaneignung eines Stücks selbstbestimmten und ökologischen Lebens im urbanen Raum zugleich realisiert und öffentlich vormacht. Das Grünkohlessen demonstriert inmitten der Stadt die Machbarkeit eines anderen Lebens – und eines anderen Essens. Selbst kultivierte Gemüsegärten und

1 | [AHA], Das Geheimnis von LE (Videofilm). Diese Grünkohlaktion ist eine Episode und der hier als Buchumschlag abgebildete Herd samt Kochtopf ein Filmstill aus einem Videoprojekt, das die Künstlerin und Philosophin Anke Haarmann [AHA] in Kooperation mit der Filmemacherin Irene Bude im Rahmen der Ausstellung *Schrumpfende Städte* in Leipzig realisierte; vgl. Oswalt, Schrumpfende Städte – Handlungskonzepte, 772-777

Feldküchen jeder Art sind progressive Gegenküchen: Schnittstellen und Entstehungsherde, wo künstlerische Praxis ins Leben kommt und diese Kunst des Lebens als eine Kunst des Essens praktiziert wird – im doppeldeutigen Sinn des Wortes: als Aktivität eines bildenden Künstlers sowie als Lebenskunst potentiell aller. Es wird sich zeigen, dass die hier exemplarisch angeführte Grünkohlaktion inhaltliche Bezüge zu diversen eat-artistischen Aktivitäten und ähnlichen ›Grünkohlaktionen‹ herstellt, die das globale Agrarbusiness, die Risiken der Bio-Gentechnologie, die landwirtschaftliche Naturgestaltung und den ländlichen Raum oder die bäuerliche Arbeit als Kulturarbeit und Landbau-Kunst thematisieren. Das Grünkohlessen *Wachstum* steht für die wachsende globale Bewegung der kleinbäuerlichen Subsistenz-Landwirtschaft sowie eines *Urban Gardening*, in der sich vielfältige Bedeutungsschichten ökologischer, agrarwirtschaftlicher, sozialer, lebensmittelindustrieller, alltagskultureller Weltbezüge einer umkämpften Politik und Ethik des Essens überlagern und sachgemäß, nicht wahllos, ›in einen Topf geworfen‹ werden: Der Eintopf-Feldkocher, wie jede aktive Alltagsküche, schafft die konkrete Utopie einer glücklichen, aber keineswegs allgemein goutierten Nahrungsproduktion aus kontrolliert biologischem Anbau und hobby- oder kleinbäuerlicher Eigenarbeit. Doch greifen wir den Dingen, die da kommen, nicht vor.

Die Genealogie der zeitgenössischen Eat Art, die ich hier – *mise en place* – bereitstelle, trägt eine große Auswahl an künstlerischen Positionen und Aktivitäten, an Zutaten und Gerichten zu einem üppigen Festmahl zusammen: zu einer Kunst des Essens. Den Entstehungsherd dieser Genealogie bildet die avantgardistische Künstlergruppe der Futuristen um Filippo Tommaso Marinetti. (1.1.) In den 1930er Jahren ruft Marinetti eine ›Revolution der Kochkunst‹ aus und setzt damit eine neue ›revolutionäre‹ Kunstrichtung in Gang. Doch erst in den 1960er Jahren verleiht Daniel Spoerri ihr den Namen Eat Art, die er in den folgenden Jahrzehnten in den Mittelpunkt seiner künstlerischen Arbeit stellt. Spoerri perfektioniert mit so genannten *Fallenbildern*, mit seinem *Restaurant Spoerri* sowie mit seinen verschiedenen *Eat Art Banketten* und *Eat Art Happenings* das Arsenal an eat-artistischen Kunstgriffen und Werkzeugen. (1.2.) Die dritte Zutat ist Joseph Beuys, als eine echte Größe der Eat Art und als ein unentdeckter Gastrosoph: Beuys erweitert die Kunst zur Kochkunst und den Kunstbegriff zum Wirtschaftsbegriff im Sinne der Politik einer ökologischen Landwirtschaft. Der Sozialreformer und Sozialplastiker vertritt darüber hinaus eine ›revolutionäre‹ Erweiterung der Kunst des Künstlers zur Lebenskunst des kreativen Menschen am Beispiel der kulinarischen Praxis. (1.3.) Im Anschluss an die drei Großküchen einer Kunst des Essens werden in kleineren, aber nicht minder gehaltvollen Portionen eine Auswahl an weiteren kochenden Künstlern vorgestellt: Peter Kubelka, Dieter Froelich und Rirkrit Tiravanija bieten alles, was zu einem Künstlergastrosophen gehört. Auch ihre eat-artistischen Aktivitäten tragen zur allgemeinen Ästhetisierung der Esskultur und zur gesellschaftlichen Popularität des Kochens als etwas Künstlerischem bei. Dass die kulinarische Praxis seit einiger Zeit zunehmend als eine kulturelle Praxis wahrgenommen wird, wird schließlich anhand zeitgenössischer Gegenküchen, die außerhalb des Kunstkontextes stehen, wie die *Rote Gourmet Fraktion* und den linken *Volxküchen* nachvollzogen. (1.4.)

Anhand dieser Beispiele tritt eine grundlegende Thematik einer zeitgenössischen Lebenskunst des Essens hervor: nämlich das Verhältnis von Ästhetik und Politik. Wird das Kulinarische schon zur Kunst alleine dadurch, dass es zu einem bewussten Gegenstand einer kreativen Gestaltung gemacht wird und den schönen Genuss eines Wohlgeschmacks bietet? Oder enträt die kulinarische Praxis einem Ästhetizismus des Geschmäcklerischen nur und wird sie erst dann eine Kunst des Essens, wenn sie auch die politischen Zusammenhänge einbezieht, die untrennbar mit ihr verbunden sind? Mit diesen zentralen Fragen einer gastrosophischen Ästhetik – der Frage einer politisch korrekten Kochkunst – ist die konzeptuelle Ausrichtung, ›das Rezept‹ für die zweite Speisefolge formuliert, die hier serviert werden soll. Sie präsentiert mit der amerikanischen *Food Justice* Aktivistin Frances Lappé jene Schlüsselfigur einer gastrosophischen Lebenskunst, die seit über drei Jahrzehnten für eine Verbesserung der gegenwärtigen Ernährungsverhältnisse kämpft. (2.1.) Die Autorin des 1971 erstmals erschienenen und äußerst einflussreichen Kochbuches *Die Öko-Diät* hat maßgebliche Impulse zu einem umwelt- und tierbewussten Umdenken der amerikanischen Ernährungsweise beigetragen. Zeitgleich zu Beuys beginnt Lappé als eine der ersten Alternativen die ökologische Naturzerstörung und die modernen Massentierproduktion in einen sachlichen Zusammenhang mit der Welthungerproblematik und der globalen Weltküche zu stellen. Indem sie sich beibringt, ›die Welt durchs Essen zu sehen‹, führt sie der Weltöffentlichkeit vor Augen, dass nur eine vegetarische Diät die Zukunft des Planeten sichern würde. Weil Lappés politische Ethik eines besseren Welt-Essens anfänglich von asketischen Idealen einer Diätmoral des Verzichts geprägt ist – des Verzichts auf Fleischgenuss zugunsten von Getreide- und Hülsenfrüchteverzehr – und ihrer *Öko-Diät* jede kulinarische Ästhetik fehlt, bleibt diese rebellische Gegenküche lange Zeit als Rohkostmoral verschrien. Inzwischen hat Lappé das Kochen gelernt und sie macht vor, dass eine politisch korrekte Ernährung mit Kochkunst, Gaumenfreude und echtem Genuss vereinbar ist. Zugleich wird an ihrer kochkünstlerischen Entwicklung eine delikate Angelegenheit deutlich. (2.2.) Und zwar die Frage: *Wer* kocht? Wer sorgt für das Essen, für den Einkauf, für den Abwasch? Wer stellt sich jeden Tag in die Küche? Ein Grund, warum das Kochen und die Küche bislang nicht unter dem Gesichtspunkt einer möglichen Ethik und Ästhetik der alltäglichen Lebenskunst wahrgenommen wurden, ist zweifelsohne die Tatsache, dass eine jahrhundertealte patriarchale Tradition das Küchenarbeit zur ›Frauensache‹ macht. Im Epizentrum des Geschlechterkampfes steht daher die Frage: Kocht er? Wird er kochen lernen? Noch kocht sie – wenn überhaupt jemand kocht. Doch mit gutem Recht befreit sich die tragische Figur der berufstätigen Hausfrau von ihrer Doppelbelastung durch den Griff zum Fertigessen, vom gesellschaftlich auferlegten Zwang zur Küchenarbeit. In der Küche entscheidet sich, ob die Menschheit im Prozess der Emanzipation fortschreitet oder stehen bleibt. Die Nahrungsindustrie tut alles dafür, dass in Zukunft niemand mehr kochen muss und zu kochen weiß, weil sich die häuslichen Kochkünste durch bequeme Fremdverköstigung in Form von Fertigprodukten und Außer-Haus-Essen abschaffen. Diese kulinarische Selbstentfremdung ist eine *negative* Antwort auf die feministische Frage, ob die Männer sich emanzipieren und für sich das Kochen als Lebenskunst entdecken werden. Der nutritive Funktionalismus einer konvenienten Fremdverköstigung und ›Fertigküche‹, welcher Art auch immer, ist der kapitalistische Futurismus einer nahrungsindustriellen ›Emanzipation‹ der Menschen (beiden Geschlechts) von der Aufgabe eines täglichen Kochens: ein Menschengeschlecht ohne Küche und ohne der Kunst, gutes Essen zuzubereiten und zu leben. Indes macht die wachsende Zahl an kochenden Männern, den neuen Hobbyköchen und Kulinariern, Mut zu einer anderen Zukunft und einer humanistischen, gastrosophischen Emanzipation. Ihre Kunst zeigt aber auch die Grenzen eines Lebensstils auf, der lediglich die Ästhetik der Profigastronomie, der Kochhochkultur, nacheifert und so gut es geht als gelegentliches Spektakel inszeniert – in der ›herrlichen‹ Gewissheit, dass ihre Frauen ansonsten für die tägliche Köchelei sorgen. Deshalb schließt das zweite Hauptkapitel dieses Buches mit der Würdigung einer neuen Generation von jungen Gourmets und Gastrosophen, die Hoffnung machen auf eine andere und positivere Zukunft des Kulinarischen: die Hoffnung auf die Verbreitung einer Kunst des guten Essens, die sich zu einer alltäglichen Lebenskunst habitualisiert. Als Repräsentanten dieser neuen kulinarischen Bewegung werden hier die *Food Justice* Aktivisten Bryant Terry und Anna Lappé hinzugenommen. Ihre *Grub Kitchen* demonstriert die Praktikabilität einer ebenso hedonistischen wie politischen Kunst des Essens, die ›revolutionäre‹ Wirkungen auf die weltgesellschaftlichen Verhältnisse birgt. Ihre Gastrosophie wird schließlich in Beziehung gesetzt zu den bekanntesten Akteuren einer *neuen guten Küche*: den Starköchen Jamie Oliver und Tim Mälzer. Deren Kultküchen präsentieren eine kantianische Ästhetik des ›guten Geschmacks‹, der glaubt, sich ein allgemeines, interessenloses Wohlgefallen nur sichern zu können, indem er weitestgehend auf jene politischen Ingredienzen verzichtet. – Mit dem *mise en place*, dem Zurechtlegen dieser aktuellsten Zutaten zu einer Genealogie der zeitgenössischen Esskunst ist die zweite Speisekomposition komplett.

Dazu noch ein geschmacksverstärkender Zu-Satz: Eine gastrosophisch erweitere Ästhetik versteht sich als Kritik des gesellschaftlich vorherrschenden Geschmacks. Gleichzeitig setzt sie sich mit den verschiedenen existierenden Kräften der Praxis eines besseren Geschmacks theoretisch in Beziehung. Eine solche dialektische Bezugnahme verstehe ich als die »dynamische Einheit« (Horkheimer) von kritischer Theorie und besserer, emanzipatorischer Praxis.

Das dritte Stück dieses Buches (3.) sorgt folglich für ein besseres Geschmacksverständnis. Indem eine gastrosophische Ästhetik einen der zentralsten Grundbegriffe jeder philosophischen Ästhetik, den Geschmacksbegriff, kritisch reflektiert, erweist sie sich als eine notwendige Selbstkritik des ästhetischen Denkens. Denn obwohl in der philosophischen Ästhetik viel von ›Geschmack‹ – von ästhetischem Geschmack – die Rede ist und seit Kant eine theoretische Reflexion und Wahrnehmung der Kunst generell mit einem ›ästhetischen Geschmacksurteil‹ gleichgesetzt wird, sind bislang die eigentlichen, *kulinarischen Geschmacksfragen* – wie beispielsweise die Frage, was ein geschmackliches Urteil möglich macht sowie die Frage, ob der Geschmackssinn ein zu kultivierendes Vernunftvermögen ist – nie wirklich zum Gegenstand des ästhetischen Denkens gemacht worden. Den kulinarischen Geschmack als ein ästhetisches Phänomen zu denken, bedeutet deshalb für die Philosophie auch eine Klärung ihres Geschmacksbegriffs, ihres Gegenstandsbereiches sowie ihrer Theorie des Ästhetischen. So kann allem voran die ursprüngliche Bestimmung einer philosophischen Ästhetik, eine Theorie der sinnlichen Wahrnehmung – der *aisthesis* – zu sein, über die geschmackliche Sinneswahrnehmung erneuert werden. Die traditionelle Auffassung, wonach das Schmecken ein ›niedriger Sinn‹ sei, wird sich bei genauer Prüfung als grundloses Vorurteil einer rationalistischen Metaphysik erweisen. Folglich kann der althergebrachten Degradierung des Geschmackssinns die Einsicht entgegengehalten werden, dass der Geschmack ein genuin philosophisches Erkenntnisvermögen ist, welches aufgrund einer alltäglich kultivierten Praxis zu einem *verfeinerten Sinn* ausgebildet werden kann. Insofern dient die philosophische Theorie der kulinarischen Ästhetik der systematischen Absicht, ein gastrosophisches Denken und Handeln einzuüben. Eine Theorie des kulinarischen Geschmacks, die einen Sinn für Kulinarisches lehrt: einen gastrosophischen Sinn für die diverse Spielarten und Erscheinungsformen einer Kunst des Essens, bietet einen *ästhetischen Zugang* zur Gastrosophie als praktischer Ethik eines guten Lebens.[2] – Grund genug, ihn zu wählen. Eine gastrosophische Ästhetik macht folglich die Ethik eines *guten Geschmacks* verständlich, worin sich die erlernte Weisheit der Kunst zeigt, sowohl Essen gut zu denken als auch gut zu essen und diesbezüglich gut zu leben.

Seit Kant verbannt das philosophische Denken mit dem Ethischen auch alles Politische aus der Sphäre der Ästhetik, bloß um diese ›rein ästhetisch‹ zu halten. So ist vielleicht das Erstaunlichste an einer gastrosophischen (und mithin keiner reinen) Ästhetik des Essens die Tatsache, dass sich das, was gewöhnlich für etwas bloß Subjektives und Lustmäßiges gehalten wird

2 | Dazu ausführlich: Lemke, Ethik des Essens

– eben der Geschmack als rein Ästhetisches –, bei näherer und kritischerer Betrachtung als etwas erweist, worin allgemeinste Welt- und Selbstbezüge der Politik, der Natur, der Gesellschaft, der Kultur, der Geschlechterverhältnisse und der Alltagspraxis, kurz: worin unterschiedlichste, aber durchweg ethisch relevante und brisante Dinge zusammenkommen wie Zutaten und Geschmäcker bei einem Eintopf. Ein solcher komplexer Eintopfgeschmack einer ebenso praktikablen wie feinen Alltagsküche wird hier kreiert und aufgetischt.

1. Essen in der zeitgenössischen Kunst

1.1. Futuristische Revolution der Kochkunst

oder Zur Ambivalenz des Eat Artisten Filippo Marinetti

Über Jahrhunderte hinweg wurde das Essen in der bildenden Kunst im Kontext der Stilllebenmalerei thematisiert. Der historische Zeitpunkt, an dem diese Tradition der ›Eat Art‹ durch die künstlerische Moderne radikal in Frage gestellt wird, kann auf den Tag genau datiert werden: Am 15. November 1930 wendet sich die moderne Kunst dem Essen nicht länger in der ikonographischen Form des Stilllebens malerisch zu, sondern thematisiert es real kulinarisch, als Lebenspraxis. Am Rande eines Festessens im Restaurant *Gänsefeder* in Mailand lässt der italienische Dichter und maßgebliche Kopf der Künstlerbewegung des ›Futurismus‹, Filippo Tommaso Marinetti, über den ortsansässigen Radiosender verlauten: »Ich kündige euch die Manifestation der futuristischen Küche zur völligen Erneuerung des italienischen Ernährungssystems an.« Kurze Zeit später verleiht er der totalen Erneuerung der gesellschaftlich vorherrschenden Essgewohnheiten durch das *Manifest der futuristischen Küche* eine programmatische Form.[1] »Diese unsere futuristische Küche«, verkündet Marinetti in der Turiner Zeitung *Gazzetta del Popolo*, will »eine Übereinstimmung zwischen dem Gaumen der Menschen und ihrem Leben heute und morgen schaffen.« (Ebd.) Um diese Übereinstimmung zwischen dem Gaumen der Menschen und ihrem Leben heute und morgen zu erreichen, fordert Marinetti eine »futuristische Revolution der Kochkunst«. Diese, so proklamiert das Manifest, »setzt sich das hohe, edle und gemeinnützige Ziel, die Ernährung unserer Rasse radikal zu ändern, um diese zu stärken, zu dynamisieren und zu spiritualisieren, und zwar durch ganz neue Speisen, bei denen Erfahrung, Intelligenz und Phantasie so wichtig sein werden wie bei den bisherigen Qualität, Einfallslosigkeit, Wiederholung und Preis.« (Ebd., 5) Die

1 | Marinetti/Fillià, Die futuristische Küche

futuristische Revolution der Kochkunst bekennt sich zum radikalen Bruch mit allen kulinarischen Traditionen und zum avantgardistischen Projekt, Leben und Kunst zu einer neuen und ›besseren‹ Lebenspraxis und Esskultur zu vereinen.[2] Gleichzeitig kündigt sich aber schon mit dem Begriff der ›Rasse‹, in der eben zitierten Passage, die fatale Richtung an, die die futuristische Künstlerbewegung ideologisch einschlägt. Bevor über diese, gelinde gesagt, problematische Seite der Futuristen zu sprechen sein wird, ist zunächst festzuhalten: Noch vor der dadaistischen und surrealistischen Bewegung in Frankreich und Deutschland forciert die futuristische Avantgarde in Italien seit 1909 im Bereich der Literatur und Malerei und darüber hinaus im Theater, in Film und Fotografie wie auch in der Architektur eine radikale Hinterfragung der traditionellen Stile, Kunstformen und ästhetischen Geschmacksgewohnheiten. Zur Verbreitung der Bewegung bedient sich Marinetti radikal neuer Strategien der künstlerischen Praxis, die seitdem jede Form von interventionistischer Kunst kennzeichnen: die Veranstaltung publikumsbezogener Aktionen, Vortragsperformances, Taktiken der kunstkritischen Polemik und politischen Provokation, aber auch den Betrieb eigener Ausstellungsräume oder der systematische Einsatz von werbewirksamen Flugblättern, Plakaten und anderen sub- bzw. popkulturellen Mitteilungsmedien (vor allem erstmals das Radio). Die Künstlerbewegung des Futurismus beeinflusste alle maßgeblichen Strömungen der modernen Kunstavantgarden wie dem Expressionismus, Dadaismus, Surrealismus und Konstruktivismus. Namentlich Alfred Döblin, Fernand Léger, El Lissitzky und Marcel Duchamp, dem Anti-Futuristen, verdanken der futuristischen Revolution der Kunst entscheidende Anregungen.

Mit der Problematisierung nicht nur der symbolischen Ordnung des konventionellen Kunstgeschmacks, sondern buchstäblich der existenziellen, nämlich realen kulinarischen Selbstverständlichkeiten der Moderne schlägt Marinetti eine neue, überraschende Richtung ein. Gleichwohl liegt der kunsthistorische Anfang der realen Verbindung von Kunst und kulinarischem Geschmack, Ästhetik und Küche nicht bei den Futuristen. Denn selbstverständlich sind bereits Apicius, Taillevent, Pierre de Lune und Marie-Antoine Carême etc. einflussreiche Kochkünstler gewesen. Aber ihre Kunst entsteht zu einer Zeit, die es ihr nicht gestattete, im gleichen Maß und auf ähnliche Weise als Ausdrucksform einer künstlerischen Ästhetik zu gelten, wie dies erst mit der Avantgardebewegung zum Anfang des 20. Jahrhunderts, durch Marinetti, möglich wird. »Die Küche«, stellt Michel Onfray richtig fest, »ist eine zeitgenössische Kunst, die erst seit der ästhetischen Revolution in der Lage ist, sich in die Galaxie der schönen Kunst einzuschreiben.«[3] Mit der Inszenierung eines gekochten Kunstwerks als einer echten Sache *des Geschmacks* gelingt es den Futuristen, die Avan-

2 | Bürger, Theorie der Avantgarde

3 | Onfray, Die genießerische Vernunft, 198

ciertheit der eigenen Kunst von den anderen Avantgardismen ihrer Zeitgenossen noch einmal zu radikalisieren.

Denn erst durch die Hinwendung zur Kochkunst und Ästhetik des kulinarischen Geschmacks, zur *Essthetik* macht Marinetti mit dem avantgardistischen Anspruch wirklich ernst, dass die Kunst nicht vor dem Leben außerhalb der Kunst Halt macht und nicht bloß zu schöngeistiger (oder anti-schöngeistiger) Unterhaltung dient, sondern tatsächlich in existenziell relevante Lebensbereiche eingreift, um das bestehende Gesellschaftssystem zu verändern. Um ihre ästhetische Utopie einer kulturellen Erneuerung aus dem Geiste der Kunst zu verwirklichen, ›erhebt‹ Marinetti das *Kochen* (das Essenmachen, die kulinarische Praxis) zu *Kunst* und erklärt diese *Koch-Kunst* zum avancierten Gegenstand und maßgeblichen Inhalt einer progressiven Praxis: »Von den sprichwörtlichen Ausnahmen abgesehen, haben sich die Menschen bisher wie Ameisen, Mäuse, Katzen und Ochsen ernährt. Durch uns Futuristen entsteht die erste menschliche Küche, das heißt die Kunst, sich zu ernähren. Wie alle Künste schließt sie das Plagiat aus und verlangt schöpferische Originalität.«[4] Ausgehend von dem Ideal eines kreativen Kochens entwirft Marinetti die elf Regeln der futuristischen Küche, deren kulinarischen Grundsätze die vorherrschenden Ernährungsverhältnisse revolutionieren sollen. Die aufgestellten Prinzipien setzen die Ästhetik der klassischen Kochkunst bzw. der traditionellen Esskultur teils radikalisiert fort, teils werden sie grundlegend modifiziert. Für diese Kunst des Essens gilt:

1. Die unbedingte Originalität der Speisen, welche die traditionellen Zusammenstellungen und Rezeptvorgaben durch das freie Experimentieren mit neuen und scheinbar absurden Kombinationen ersetzt, um mit dieser gelebten Kreativität »der mediokren Alltäglichkeit bei den Gaumenfreuden« entgegen zu wirken.
2. Das Verfahren zur Gestaltung einer »vollkommenen Mahlzeit« verlangt eine originelle Harmonie der Tafel (Kristall, Geschirr, Dekoration) mit dem Geschmack und den Farben der Speisen.
3. Die Erfindung »plastischer Geschmackskomplexe«, deren originelle Harmonie in Form und Farbe die Augen schmeicheln und die Phantasie anregen sollen.
4. Die Abschaffung von Gabel und Messer, damit noch vor der Berührung durch die Lippen das Wohlgefallen der taktilen Berührung gewährt wird.
5. Die Anwendung der Kunst der Düfte, um die sinnliche Wahrnehmung zu befördern.
6. Die Darbietung von Musik auf die Pausen zwischen den einzelnen Gängen zu beschränken, damit die Sensibilität der Zunge und des Gau-

4 | Marinetti/Fillia, Die futuristische Küche, 5

mens nicht abgelenkt und der Geschmacksgenuss nicht geschwächt wird, um so die Aufmerksamkeit des Kostens und Probierens wiederherzustellen.

7. Die Abschaffung des Beredens und des Politisierens bei Tisch.
8. Die feine Dosierung von Poesie und Musik als überraschende Beigaben, um mit ihrer sinnlichen Intensität die Geschmacksnuancen einer gegebenen Speise zu erschließen.
9. Die rasche Aufeinanderfolge der Speisen unter den Nasen und Augen der Gäste, von einigen Speisen, die sie essen, und anderen, die sie nicht essen werden, um die Neugier, die Überraschung und die Phantasie zu beleben.
10. Die Kreation von simultanen und veränderlichen ›Bissen‹ oder Konzentraten, die zehn, zwanzig verschiedene Geschmacksmomente enthalten und in wenigen Augenblicken gekostet werden können, um intensivste Eindrücke zu erzeugen. Und schließlich als letzter und maßgeblicher Faktor einer futuristischen Ästhetik:
11. Die Ausstattung der Küche mit wissenschaftlichen Instrumenten und Technologien.

Die Ess-Kunst wird zu einem beispielhaften, lebenspraxischen (nicht nur innerkünstlerischen) Bezugspunkt der avantgardistischen Formel »›Kunst = Leben‹, welche alle futuristischen Aktivitäten beseelt.« (Ebd., 103) Zwar wird in kunstwissenschaftlichen Studien betont, die Futuristen hätten sich als eine ›Vorhut‹ im gesellschaftlichen wie ästhetischen Sinn verstanden und versucht, »die Künste zur revolutionieren und ihren umfassenden futuristischen Lebensentwurf politisch umzusetzen.«[5] Doch trotz der wiederholten Rückgriffe auf das Motiv einer revolutionären Vorhut durch zahlreiche Künstlerbewegungen ist die Koch-Kunst kaum als *paradigmatischer* Bezugspunkt einer avantgardistischen Lebens-Kunst wahrgenommen worden.[6] Die ›futuristische Revolution der Kochkunst‹ versteht sich nicht als phantasievolles und provokantes Spiel mit Lebensmitteln, sondern als zentraler, gesellschaftlicher Kulminationspunkt einer veränderten und verändernden Lebenspraxis durch künstlerische Aktivitäten, die diese revolutionäre Praxis *vormachen.* Konsequenterweise findet sich in Marinettis kulturphilosophischer Aufwertung einer Lebenskunst des Kochens und ästhetischen Mahlhaltens (als Praxisformen eines tätigen Lebens) das Marx'sche Ideal eines reduzierten Arbeitslebens und dessen futuristischer Industrialismus ausgehoben: »Die Maschinen«, schreibt Marinetti, »werden bald ein gehorsames Proletariat aus Eisen, Stahl und Aluminium bil-

5 | Schmidt-Bergmann, Futurismus, 19

6 | Kunstforum International, Lebenskunstwerke; Kunstforum International, Lebenskunst als Real Life; Schmid, Auf der Suche nach einer neuen Lebenskunst

den, im Dienst der Menschen, die von der manuellen Arbeit befreit sein werden. Wenn die Arbeitszeit auf zwei oder drei Stunden reduziert wird, kann man die übrige Zeit bereichern und adeln im Gedanken an die Künste und durch den Vorgeschmack vollkommener Mahlzeiten.«[7]

›Santopalato‹ – Taverne zum Heiligen Gaumen

Eineinhalb Jahre nach der ersten Ankündigung wird die futuristische Revolution der Küche praktisch in Angriff genommen und das umstürzlerische Programm einer radikalen Offensive gegen den vorherrschenden Geschmack und dessen kunst- wie geistlosen Ernährungsgewohnheiten in die historische Tat umgesetzt. Am 8. März 1931 eröffnen die Eat Artisten in Turin eine Experimentalküche – nomen est omen – unter dem Namen *Santopalato*: die *Taverne zum Heiligen Gaumen*. Ein anwesender Kunstinteressierter notiert die überschwängliche, aber, so wird man rückblickend einräumen müssen, nicht in Erfüllung gegangene Prophezeiung: »Das Ereignis wird außergewöhnliche Bedeutung erlangen, sein Datum wird der Geschichte der Kochkunst eingeprägt bleiben, wie in der Geschichte der Welt die Daten der Entdeckung Amerikas, der Erstürmung der Bastille, des Friedens von Wien und des Versailler Vertrags unauslöschlich verankert sind.« (Ebd., 81) In der Tat hätte dieses Ereignis eine größere kunsthistorische Bedeutung verdient – wenn nicht, wie wir sehen werden, der futuristische Überschwang mitten in den italienischen Faschismus geführt hätte und diese gewaltästhetische Wendung den verheißungsvollen kulinarischen Avantgardismus schwer belastete.

Mit der Erfindung einer Koch-Kunst und einem selbstbetriebenen Koch-Kunstraum führen die Futuristen auf alle Fälle eine epochal neue Form der künstlerischen Praxis in die Geschichte der modernen Kunst ein, die seitdem vielfache Fortsetzungen und Variationen erfahren hat. Auf einige von ihnen, wie das *Restaurant Spoerri* oder Dieter Froelichs *Restauration a.a.O.*, wird zurückzukommen sein. Die in Form eines eigenen ›Ausstellungsraumes‹ lokalisierte Kochkunst und der damit verbundenen Avancierung zur Koch-Kunst stellt die Rolle des Künstlers als Genie eines ›höheren Sinns‹ in Frage und unterläuft darüber hinaus den traditionellen Werkbegriff. An dem denkwürdigen Abend der Eröffnung des ersten Künstlerlokals der Kunstgeschichte, an jenem besagten 8. März 1931 in Turin, werden vierzehn Gänge einer »vollkommenen Mahlzeit« offeriert. Die Leitung dieses Abends wie dieser eat-artistischen ›Dauerinstallation‹ insgesamt übernimmt der Futurist Fillià. Sein Konzept ist, dass die »Initiative und Aktivität zur Eröffnung des *Heiligen Gaumens* rein künstlerische Zwecke verfolgt und unsere Küchentheorie fördern soll.« (Ebd., 71) Entsprechend sollen sich – im Unterschied zum Gastronomiegewerbe und des

7 | Marinetti/Fillia, Die futuristische Küche, 27

professionellen Kochkunsthandwerks – kein kommerzielles Interesse und kein ökonomisches Gewinnstreben mit dem futuristischen Restaurant verbinden. Die präsentierten Köstlichkeiten sind nicht teuer, sondern zu einem durchschnittlichen Preis zu haben. Ebenso will das Lokal kein rein konventionelles Wirtshaus sein, das ausschließlich einem kulinarischen Zweck dient. Stattdessen sieht die futuristische Philosophie vor, dass das Künstlerlokal mit der körperlichen auch geistige Nahrung bietet und das kulturelle Leben so auf ›ganzheitliche‹ Weise mit neuen Kräften stärkt. Dafür werden neben der Verköstigung Veranstaltungen zu Literatur, Malerei, Fotografie oder Mode angeboten.

Die *Taverne zum Heiligen Gaumen* versteht sich darüber hinaus als Ort der Begegnung und Vernetzung, der ausdrücklich für (noch) Nicht-Futuristen offen steht. Vor allem aber hat das Lokal die Funktion eines Labors, in dem die Künstlerköche und Kochkünstler neue Speisen erfinden und diese Werke anschließend der Öffentlichkeit präsentieren, so dass die vorgestellten Kunst von den Anwesenden real genossen und einem *wirklichen Geschmacksurteil* unterzogen werden kann. Kurz und alles in Einem: Die lokale, öffentliche Küche soll zu jener revolutionären Keimzelle werden, von der die allmähliche Erneuerung der Ess- und Lebenskultur ausgeht. Diese ›Mission‹ wird schon durch die Raumgestaltung des Restaurants signalisiert: Der Veralltäglichung einer kreativen Praxis entsprechend wird die Künstlerküche durch eine originelle Dekoration zu einem Gesamtkunstwerk gemacht. Wie sich die äußere Form der Taverne zur Skulptur einer futuristischen Ästhetik totalisiert, so wird auch ihre Innenarchitektur mit dem erklärten Ziel gestaltet, die futuristische Theorie in die Praxis umzusetzen. Das Lokal ist dementsprechend rundum mit Aluminium ausgestattet – das den Inszenatoren als Inbegriff eines zeitgemäßen und avancierten Materials gilt –, um eine ›progressive‹ Atomsphäre zu erzeugen. Die Aluminiumästhetik des Raumkörpers wird durch eine passende Lichtinstallation verstärkt. Auch alle weiteren innenarchitektonischen Kunstgriffe wie große Reklamebilder, bearbeitete Glasscheiben, verschiedene Gegenstände, leuchtende Säulen – alles soll zur Inszenierung des Restaurants als Vorschein der zukünftigen Ernährungs- und Lebensweise beitragen. Diese umfassende ›Koch-Kunst im öffentlichen Raum‹ bewirkt nicht nur eine stärkere Annäherung der künstlerischen Praxis an das gesellschaftliche Alltagsleben, sie untergräbt auch die traditionelle Trennung von Hoch- und Volkskultur. Marinettis *Taverne zum Heiligen Gaumen* kündigt an, was sich heute als *kitchen clubbing*, einer zur Schau gestellten Köchelei, zum Phänomen der esskünstlerischen Popkultur entwickelt hat. (Siehe 1.4.)

Mit der Künstlerküche der Futuristen verbindet sich der avantgardistische Anspruch, *Kunst zu veralltäglichen*. So legen die Kunstköche konzeptuell Wert darauf, über die kostspielige und zeitaufwändige Hochkultur der traditionellen Kochkunst hinaus auch die Alltagskultur einer unaufwändigen Küche zu vertreten: »Wir werden sowohl einfache Speisen als auch

Luxusgerichte präsentieren – Speisen, die sich eher der Pasta asciutta vergleichen lassen, und solche, die die alten Leckerbissen im Konkurrenzkampf überbieten.«[8] Ein entscheidendes Element dieser revolutionären Veralltäglichung einer kreativen Alltagsküche, die jedoch von den Futuristen letztlich nicht konsequent umgesetzt wurde und erst bei Joseph Beuys' wirklich konzeptuelles Gewicht bekommt, bestünde darin, dass die kulinarische Kunstpraxis als ›Laien-‹ oder ›Alltagskunst‹ praktizierbar wäre. Um im Essenmachen ein ›Künstler‹ zu werden, ist folglich zwar Kreativität und Originalität erforderlich; aber man braucht dafür kein gelehrter Koch oder berufstätiger Küchenchef sein. Man muss ›nur‹ kochen – das aber schon. Anstatt kulinarisch untätig zu sein, muss man das *Kochen täglich praktizieren*, um darin *lebenskünstlerisch zu sein* und *Kochkünstler zu werden*. Wie die Kunst selbst, so ist dem alltagspraxischen Begriff nach auch die kulinarische Praxis kein bloß schulmäßiges Handwerk, weshalb darin im Prinzip jeder Mensch ein Künstler sein kann. (An ebendiesem Punkt wird Beuys ansetzen; siehe 1.3.) Indessen ruft diese Gastrosophie heftigen Widerspruch in der Zunft der Gastronomen hervor: Erwartungsgemäß hält ein gelehrter Koch und standesbewusstes Mitglied der Italienischen Gastronomischen Akademie den Aktivisten des *Santopalato* die handwerkliche Unprofessionalität ihrer Kochkunst vor. Er beruft sich in seiner harschen Abrechnung mit dem »Stümperwerk« einer kreativen Alltagsküche auf die technischen Standards und stilistischen Normen des (althergebrachten) ›guten Geschmacks‹. Auf diesen typischen Schul-Einwand, der die Technik gegenüber der Ästhetik, das regelgeleitete Handwerk gegen die freie Gestaltung ausspielt und Kunst auf Können reduziert, erwidert der kulinarische Autodidakt Fillià selbstsicher: »Wenn die akademischen Köche uns aus rein technischen Gründen bekämpfen, werden sie unterliegen: die Opposition von Handwerkern kann die Kraft von Künstlern nicht besiegen. Und die futuristischen Kreationen werden technische Vollkommenheit erlangen, während die alten Speisen, technisch vollkommen, sich nicht erneuern können.« (Ebd.) Entsprechend machen die Künstlerköche den bloß rezepthörigen Herdarbeitern den Vorwurf, den Kanon einer schulmäßig anerkannten, aber phantasielosen ›Kunst‹ aufzustellen, um den eigenen Mangel an origineller Komposition und kreativer Ästhetik zu kaschieren: »Die Küche trug bis heute nicht der ästhetischen Seite Rechnung«, sind sich die Eat Aristen einig. »Die Verfeinerung unserer Empfindungen erfordert dagegen ein durch und durch ›künstlerisches‹ Studium der Küche.« (Ebd., 74) Aus der Sicht der Avantgardisten unterschätzt ein Standpunkt, der sich nur auf das handwerkliche Können bei der kulinarischen Praxis beruft, den Kunstcharakter dieser genuinen Tätigkeit eines freien Gestaltens. Daher ist sich Marinettis Kollege Fillià gewiss, dass das futuristische Restaurant in Turin die Wissenschaft der akademischen

8 | Marinetti/Fillia, Die futuristische Küche, 77

Köche schlagen wird. »Der Protest der akademischen Köche«, so seine Gastrosophie der Zukunft, »erinnert seltsamerweise an den Widerstand, den die Professoren der Kunstgeschichte gegen alle Bewegungen künstlerischer Erneuerung in diesem und dem vorigen Jahrhundert geleistet haben. Deshalb sind wir sicher, dass die Prophezeiungen des erlauchten Mitglieds der Küchenakademie dasselbe Ergebnis wie die anderen haben werden: sie werden nämlich unseren Erfolg nur beschleunigen.« (Ebd., 78) Ein avantgardistisches Kunstverständnis überwindet aber nicht nur den herkömmlichen Gegensatz zwischen Koch-Hochkultur und -Volkskultur, respektive den zwischen Kochen und Kunst. Darüber hinaus richtet sich die futuristische Eat Art auch gegen die Prämissen der idealistischen Ästhetik, deren schöngeistiger ›Kunstgenuss‹ ein *interessenloses Wohlgefallen* an Kunstwerken verlangt. Im Widerspruch dazu will die *Taverne zum Heiligen Gaumen* einen *realen Kunstgenuss* bieten dadurch, dass die Beteiligten »die Sensation erleben, Kunstwerke zu essen.« (Ebd., 159) Damit räumen die Futuristen mit den bürgerlichen Vorbehalt auf, Kunst – und mithin Koch-Kunst – dürfe, um wahre Kunst zu sein, nicht nützlich sein und buchstäblich nicht schmecken (kulinarisch-ästhetisch wohlgefallen). Tatsächlich vertritt Adornos Kunsttheorie die Auffassung, dass die »Emanzipation der Künste von den Erzeugnissen der Küche [...] irrevokabel« sei.[9] Daran ist zwar die Ablehnung der idealistischen Geschmacksästhetik Kants richtig, der zufolge nur etwas als Kunst goutiert werden könne, was ›schön‹ ist und als solches gut gefällt. Doch daraus folgt nicht notwendig, wie Adorno fordert, dass »wahrer Kunstgenuss« den »Kunstgenuß nach dem Modell realen Genießens« (ebd.) ausschließe. So richtig es ist, dass zeitgenössische Kunst *nicht schön* und *nicht gefällig* sein muss, um gleichwohl oder gerade deswegen *als Kunst* genossen werden zu können, so unzutreffend ist diese kategorische Abgrenzung der ästhetischen von der kulinarischen Erfahrung für jede Kunst, die kocht bzw. das Essen thematisiert. Für diese Kunst muss Adornos ästhetische Theorie wieder vom Kopf auf ihre Füße gestellt werden. Seit der futuristischen Eat Art und für jede andere Kunst des Essens gilt: Wer kulinarische Kunstwerke, die kulinarisch genießbar sein wollen (wenn sie es denn wollen), kulinarisch genießt, erfährt tatsächlich das seltene Glück eines realen Kunstgenusses. Daher ist auch Adornos Diktum zum ästhetischen Geschmacksurteil zu revidieren, das besagt: »Tatsächlich werden Kunstwerke desto weniger genossen, je mehr einer davon versteht.« (Ebd., 27) Denn der Genuss guter Kochkunst erschließt sich nur, oder doch vor allem, dem Kenner: dem, der – wie auch sonst in der Kunst und in jeder Kunst – etwas von der Sache versteht.[10]

Bevor wir die Speisen der futuristischen Küche im Detail zu schmecken

9 | Adorno, Ästhetische Theorie, 26

10 | Den Begriff ›wahrer Kunst‹ habe ich näher erläutert in: Lemke, Zu einer nicht-ästhetischen Kunstphilosophie

bekommen, ist also hervorzuheben: Die *Taverne zum Heiligen Gaumen* verbindet Leben und Kunst, ihre Koch-Kunst löst den Gegensatz zwischen professionellem Meisterwerk und alltäglicher Köchelei auf und nimmt Abschied vom idealistischen Grundgedanken der traditionellen (ungastrosophischen) Ästhetik, der zufolge wahre Kunst kein echter Genuss sein darf. Und doch ist hier seitens eines philosophischen und genauer eines gastrosophischen Kunstbegriffs ein Einwand geboten. Denn die Künstlerküche der Futuristen setzt die idealistische Ästhetik in einem Punkt fort, darin nämlich, dass ihr Formprinzip sich primär über den konzeptuellen Vorrang eines ›genialen Kunstschaffens‹ definiert. Danach besteht künstlerische Kreativität alleine in der schöpferischen Freiheit einer *gänzlich ungebundenen, willkürlichen Formgebung*: der ebenso autonomen wie herrschaftlichen (autokratischen) Kreation. Im Falle der Koch-Kunst bedeutet dies, dass das Künstlersubjekt seinem Material und dessen Eigenschaften nicht das gleiche Recht und nicht die innere Notwendigkeit (oder technische Stimmigkeit) einer mimetischen Gerechtigkeit im »Vorrang des Objekts« einräumt, die Adorno sogar für jede künstlerische Praxis fordert.[11] Dem futuristischen Stilprinzip gemäß *unterwirft* der Künstlerkoch die Speisen seiner genialischen Manipulation. Durch den programmatischen Vorrang der Kreation und ihres Schöpfers gegenüber dem Objekt (dem natürlichen Material) kommt es zum rein ästhetischen oder *ästhetizistischen Imperativ* der ständigen Produktinnovation, bei der die Idee die Naturalien und deren geschmacklichen Eigensinn willkürlich beherrscht, überwältigt, verkleidet oder ganz durch die Künstlichkeit der willkürlichen Gestaltung zerstört und annulliert. Dieser kulinarische Nihilismus oder Ästhetizismus begegnet uns in der ›originellen‹ Welt der futuristischen Speisekreationen, die den gesellschaftlichen Geschmack revolutionieren wollen.

11 | Das Konstruktionsprinzip eines Kunstwerks genügt nur, sofern es, wie Adorno freilich ohne Bezug auf die kochkünstlerische Praxis schreibt, »aus dem zu Konstruierenden, den mimetischen Impulsen, aufsteigt, ihnen sich anschmiegt, anstatt daß (es) ihnen souverän zudiktiert würde. Form objektiviert die einzelnen Impulse nur, wenn sie ihnen dorthin folgt, wohin sie von sich aus wollen.« (Adorno, Ästhetische Theorie, 180) Entsprechend wäre das, was Adornos Theorie für den konzeptuellen Wahrheitsgehalt eines ›echten‹ Kunstwerks bestimmt, problemlos auf eine entsprechende (mimetische) Kochkunst anzuwenden: »Ästhetische Einheit empfängt ihre Dignität durchs Mannigfaltige selbst. Sie lässt dem Heterogen Gerechtigkeit widerfahren.« (Ebd., 285)

›Schöne‹ Erfindungen der futuristischen Koch-Kunst

Den erwähnten Grundsätzen entsprechend kommen die futuristischen Künstlerköche dem genie-ästhetischen Imperativ nach, nur Originelles zu produzieren. So erfindet der unermüdliche Eat Artist Fillià solche Kreationen wie das *Exaltierte Schwein*. Dazu wird eine rohe, abgepellte Salami in einem Teller serviert, der sehr heißen Espresso-Kaffee enthält, gemischt mit viel Eau de Cologne. Das symbolträchtige Tellermonument der *Fleischplastik* wiederum besteht aus einem großen zylindrischen Stück Kalbsbraten, der mit elf verschiedenen Sorten gekochtem Gemüse gefüllt ist, welches eine synthetische Interpretation der Gemüsekulturen, der Gärten und der Felder Italiens darstellt. Dieser senkrecht in der Mitte des Tellers aufgestellte Zylinder wird von einer dicken Honigschicht bekrönt und an der Basis von einem Wurstring getragen, der sich auf drei vergoldete Kugeln aus Hühnerfleisch stützt. Mit dem *Simultanessen* erfindet der futuristische Kochkünstler eine versierte Form von Fast Food, die bereits eine kulinarische Schnittstelle zur künstlichen Ernährung markiert: Für Kaufleute, die vom Sturm der Geschäfte daran gehindert werden, sich im Restaurant aufzuhalten oder nach Hause zurückzukehren, wird ein *Simultanessen* zubereitet, das ihnen erlaubt, die verschiedenen Aktivitäten (schreiben, gehen, reden) fortzusetzen und gleichzeitig Nahrung zu sich zu nehmen. Eine weitere Besonderheit des kulinarischen Futurismus sind gastrotherapeutische Verfahren. Die diätetische Verbindung von Kochkunst und Heilkunst wird dabei jedoch nicht unter einem leiblichen Gesichtspunkt verfolgt, d.h. es geht nicht um die Wirkung des Essens auf die körperliche Gesundheit. Die Künstler interessieren sich für den entgegengesetzten Prozess: für den Einfluss der Nahrungsstoffe auf das psychische Befinden. Daher erhebt Marinetti neben der unbedingten Originalität und genialen Extravaganz der Werke zum Programm, durch eine entsprechende »Harmonisierung« der Speisen »wichtige Seelenzustände« hervorzurufen und insbesondere, so die erklärte Absicht, Fröhlichkeit und Optimismus diätisch zu erzeugen. Das Mittel dieser psycho- bzw. gastrotherapeutischen Behandlung, um den psychischen Haushalt der »lethargischen und zu ungesundem Skeptizismus« neigenden Zeitgeist-Seele heilen zu helfen, sind die so genannten *suggestiven* und *determinierenden Diners*: Mit ihrer Hilfe – gewissermaßen als Glückspillen – soll der allgemeine Bewusstseinszustand der Bevölkerung nachhaltig verbessert werden.

Das *Sommeressen für Malerei und Bildhauerei*, welches Marinetti kreiert, soll direkt auf das Zusammenwirken von Geist und Körper, Gemütszustand und Tatkraft, Kunstschaffen und Verdauungsaktivität Einfluss nehmen. »Nach einer langen Ruhezeit«, so die Erklärung, »würde ein Maler oder Bildhauer, der seine schöpferische Tätigkeit im Sommer um 3 Uhr nachmittags wieder aufzunehmen wünscht, vergebens versuchen, die eigene Inspiration durch ein traditionell üppiges Essen anzuregen. Von jenem beschwert, müsste er Verdauungsspaziergänge unternehmen und würde bei zerebraler Unruhe und Pessimismus enden, um den Tag mit künstlerischem Herumschlendern zu verbringen, ohne doch Kunst zu schaffen.«[12] Wer es hingegen als Künstler wirklich zu etwas bringen will und die wahren Quellen seiner unerschöpflichen Schaffenskraft kennt, muss wissen, wie sein Geist richtig speist. Geraten wird zu einer mediterranen Kost, die durch kluge Kombinationen der Zutaten die geistigen Kräfte mobilisiert. Dafür kommt in Frage: eine Suppenschüssel voll schöner Tomatensoße, eine große gelbe Polenta, ein Haufen grüner Salat, dicht angerichtet und ohne Teller (!), ein Schälchen Olivenöl, ein Schälchen mit kräftigem Essig, ein Schälchen Honig, ein großes Bund roter Radieschen, ein Haufen weißer Rosen mit entsprechenden Dornenstielen.

Das epistemische Zusammenspiel von Bewusstsein und Küche macht sich die futuristische Gastrosophie auch in einer anderen Hinsicht zunutze: über die *Speisesprache.* Anders als in der gewohnten Haute Cuisine Rhetorik, die durch Formeln und Semantik ihren Werken einen ›geschmacklichen Zusatz‹ andichtet und so die sprachlichen Zusatzmittel als eine Art künstliche Geschmacksverstärkung einsetzt – man denke hier beispielsweise an das *Mousse von Erdäpfeln auf mariniertem Gemüsebeet* als Poetisierung eines Kartoffelbreis mit Erbsen aus dem Glas –; anders also als in der Haute Cuisine täuscht die futuristische Menüpoesie nichts vor: Die parodistischen Anspielungen einer simplen Metaphorik, die das Eine für das Andere nimmt, zertrennen durch konzeptuelle Bedeutungsverschiebungen bewusst die *trügerische Einheit von Signifikant und Signifikat.* Die futuristischen Küchenmeister spielen mit der Differenz zwischen der Bezeichnung und dem Ding an sich. In der provokanten Metaphorik und willkürlichen Poetik ihrer Speisekarten dominiert künstlerische Freiheit vor dem kommerziellen Trug, mit etwas Appetit zu machen, was es selber nicht ist. Auf diese Weise entstehen Bezeichnungen und Speisekunstwerke, wie *Eingekerkerte Düfte* oder *Netzwerke des Himmels, Pikanter Flughafen, Kosmische Erscheinungen, Worte in Freiheit, Tennis-Koteletts, Essbare Skifahrer, Berauschtes Kalb* usw. Über diese Konzeptkunst hinaus nutzt der Dichter Marinetti auch die natürliche Zeichenfunktion der Nahrungsmittel als illustrative Erzählmittel, so dass der Tafelteller buchstäblich zum Tafelbild wird – ein stilistisches Verfahren, das von den Nouvelle Cuisine aufgegriffen und bis ins Extreme radikalisiert wird. Eines dieser Tafelteller-Bilder trägt den Titel *Meerestafel der befreiten Worte.* Dazu wird erläutert: »Auf einem Meer von krausem Salat, der hier und da mit Quarkspritzern verziert ist, schwimmt eine halbe Wassermelone, an Bord die Skulptur eines kleinen Kommandanten aus holländischem Käse, der eine schlaffe Mannschaft befehligt, die

12 | Marinetti/Fillia, Die futuristische Küche, 167

von Kalbshirn, in Milch gekocht, angedeutet wird. Wenige Zentimeter vor dem Bug eine Klippe von Pfefferkuchen aus Siena. Man bestreue das Schiff und das Meer mit Zimt oder rotem Pfeffer.« (Ebd., 167)

Exkurs zum ›El Bulli‹ von Ferran Adrià

Auch die Kochkunst preisgekrönter Berufsköche der Gegenwart definiert sich über die Ästhetik eines futuristischen Kunstessens und dessen Semantik. Als neuer Star unter den Spitzengastronomen wird der Katalane Ferran Adrià gefeiert: »Ferran Adrià gilt als der innovativste, der kreativste, der verrückteste Koch auf Erden.«[13] In seinem Luxusrestaurant *El Bulli* im Nordosten Spaniens ›revolutioniert‹ er die moderne Kulinarik durch abenteuerliche Kombinationen von Lebensmitteln und neuartigen ›Esskalationen‹. »Er sucht nach dem ganz anderen, nach einer nie da gewesenen Dimension.«[14] Mit seinem Bruder Albert, dem Dessertspezialisten, und weiteren Subköchen experimentiert Adrià mit möglichst Ausgefallenem oder er versucht, Wohlbekanntes ganz neuartig einzusetzen, um ›Magie‹ zu schaffen. »Die magischen Gerichte«, sagt Ferran Adrià, »sind jene, die die einen ekelhaft finden und die anderen fantastisch.«[15] So kreiert der Starkoch beispielsweise Teig aus heißer Gelatine und treibt das Spiel einer manipulativen Künstlichkeit zur technischen Perfektion, die Form Farbe Textur Temperatur und Konsistenz der alimentären Realia neu erfindet. Er dekonstruiert traditionelle Rezepte, verwandelt Melonen in Kaviar, Blumenkohl in Couscous oder Milchhaut in Ravioli. Er geliert Hühnerbrühe mit Hilfe von japanischem Agar-Agar, so dass dieses Gelee weder in kochendem Wasser zerläuft noch unter dem Gratinier-Grill schmilzt. Weitere Sensationen seiner Experimentalküche sind Schäume – erhabene ›Luftspeisen‹, von den Marinetti und seine Mitstreiter nur träumten. Die luftigen Gebilde erhalten Festigkeit ganz ohne Sahne oder Eiweiß, nur durch Gaszufuhr im Metall-Siphon. Mit futuristischer Technologie gelingt es Adrià, von dem gesagt wird, er »habe sich nie als Künstler gesehen«[16], das aromareiche Nichts eines Rauchschaums (*espuma de humo*) zu erschaffen. Dazu präsentiert der Speisebaukünstler die Aromen nicht konventionell mit Butter (oder Sahne, Ei), sondern extrahiert sie künstlich zu portionierten Essenzen. Eine andere provokante Kreation, *sashimi de gamba*, sieht eine Kunststoffpipette vor, auf deren Röhrchen ein Garnelenschwanz und der karamellisierte Kopf einer Garnele stecken. Der Kellner gibt die Essanleitung: Erst den Garnelenkopf knabbern, dann den Schwanz vom Röhrchen streifen! Und zum Schluss die Soße aus der Pipette direkt in den Mund spritzen.

Wegen solcher ästhetisch ausgefallenen ›Verfeinerungen‹ zählt Ferran Adrià heute zu den bekanntesten Vertretern der Molekulargastronomie, die im Kult des Künstlichen für eine Konvergenz von Haute Cuisine und Astronautennahrung

---

13 | Lechner, Der Chemiker vgl. Adrià et al., El Bulli 2003-2004

14 | Der Spiegel, Im Mund explodiert

15 | Adrià in Lechner, Der Chemiker

16 | Emmerich, Der Kochkünstler

sorgt. Das artifizielle Essen aus der Molekularküche stellt weniger den Ästhetizismus der traditionellen Kulinarik eines Apicius oder Carême konzeptuell in Frage – denn auch in deren Kochkunst herrscht bereits die Form über den Inhalt. Vielmehr perfektioniert sie diesen Essthetizismus durch futuristische Technologie. Adriàs Kochkunst ›beschönigt‹ gleichsam die Nutrigenomik, die jüngste Entwicklung moderner biotechnologischer Forschung im Bereich der Lebensmittelindustrie: Unter der Molekularmagie triumphiert das Artifizielle anstelle einer nachhaltigen Ökologisierung des menschlichen Naturverhältnisses durch eine naturnahe Landwirtschaft und Öko-Küche – eine ›Option‹, auf die zurückzukommen sein wird. Hingegen zerlegt die neue futuristische Küche alle natürlichen Produkte in deren biochemische und genetische Kleinstbestandteile. Ihr Prinzip der programmatischen Manipulation erweitert die biotechnologische Naturbeherrschung bis in die kulinarische Ästhetik. Das Essen ist nicht ›künstlich‹ in dem modernen Sinne, dass bei dessen Produktion synthetische Stoffe zugesetzt werden. Jenseits des Gegensatzes von Künstlich versus Natürlich verkörpert es eine postmoderne ›natürliche Künstlichkeit‹. Dieser artifizielle Geschmack beginnt an vielen Orten der Welt die Küchen und Münder zu erobern in Form von so genannten nutriceuticals: eine Mischkost aus Nahrung (Nutrition) und Medizin (Pharmazie). Eine der aktivsten und kreativsten dieser futuristischen Vor-Münder ist Ferran Adrià. Als Forschungslabor für seine Hexenküche dient das *taller*, eine Atelier-Werkstatt in Barcelonas Altstadt, die mit den modernsten Eismaschinen, Schneidgeräten, Mixern, Öfen und Induktionsherden ausgerüstet ist. Die Innenarchitektur des Arbeitsraums mutet an wie eine konsequente Umsetzung der futuristische Küchenphilosophie: blitzendes Edelstahl, kühles Design aus grauem Marmor und große nackte Flächen.

Der Molekularmagier Adrià erhält für seine Kunst regelmäßig die höchsten Auszeichnung der Berufsküche, die drei Michelin-Sterne. Der stilistische Rigorismus dieses kulinarischen Systems lässt der geschmacksästhetischen Erfahrung indessen keinen Spielraum für einen Kunstgenuss, bei dem eine freie Sinnlichkeit zur selbstbestimmten Rezeption und ästhetischen Erfahrung des Dargebotenem gehört: Der Meisterkoch und Chef de Cuisine diktiert, wie die Gäste seine Kunstwerke erfahren sollen, indem die Reihenfolge ihrer Darbietung und Wahrnehmung strikt festgelegt wird: Der Geschmack wird inszenatorisch ›geschult‹. Wie bei einem Eat Art Bankett der Futuristen erteilen die Kellner im *El Bulli* den Anwesenden Befehle. »Schnecke, Schnecke, Fenchel; Schnecke, Fenchel; Schnecke, Butterravioli, Schnecke.« Dann fordert der junge Mann in dunkelblauer Uniform dazu auf: »Das Glas langsam und in einem Zug leeren, ohne beim Trinken abzusetzen«.[17] Gleichzeitig werden Flöten ausgehändigt, etwas größer als Grappagläser. Sie sind gefüllt mit grüner Flüssigkeit. Wer den Kopf folgsam in den Nacken legt und schluckt, erlebt die erstaunliche Verwandlung von heißer Erbsensuppe in warme, dann kalte. Als Abgang bleibt kräftiger Minzgeschmack auf der Zunge. Angesichts dieses provokanten Didaktik der sinnlichen Wahrnehmung trifft der Kommentar zu: »Man isst nicht, man unterzieht sich einer Behandlung.« (Ebd.) Adriàs Geschmackstheater,

17 | Der Spiegel, Im Mund explodiert

diese technisch avancierteste Kochkunst im Zeitalter der Nutrigenomik und Molekulargastronomie, versteht sich auf die älteste und bis heute goutierte Kunstform, die schöne Illusionskunst: Nichts ist, wie es scheint. Das Couscous entpuppt sich als Blumenkohl in stecknadelkopfgroße Röschen zerteilt, die Soße liegt in ihre festen Gewürz- und Kräuterkomponenten aufgespalten am Tellerrad. *Royal von Seeteufelleber mit Soja und sieben Südfrüchten* verzaubert Ekel gegenüber intensiven Lebertrangeschmack in einen unvergleichlichen Gaumenkitzel. Die Entenmuscheln umgibt ein Gelee aus ihrem eigenen Wasser, ein Schaum von Algen lässt die Ahnung von Jod im Mund zurück. Auf diese ungewöhnliche Art einverleibt sich der Esser, wie einer von ihnen berichtet, das »reine Meer«: Er habe dabei den Ozean elementarer als beim Bad oder beim Strandspaziergang im Sturm erfahren – kulinarischer Genuss als sensationelles Erlebnis des essthetisch Erhabenen.

Begeisterte und erlebnishungrige Kommentatoren äußern eine oft wiederholte Einschätzung: »Mit seiner Idee vom gastronomischen Fest hat Adrià inzwischen eine ganze Generation junger Köche inspiriert. Durch seine Neuerungen in der Kochtechnik löste er einen Boom aus, von dem alle in Spanien profitieren. Was er für die Gastronomie getan hat, kommt der zweiten Revolution nach der durch die Nouvelle Cuisine ausgelösten Befreiung von stundenlangen Garzeiten gleich.« (Ebd.) Während jedoch das erklärte Konzept der Nouvelle Cuisine um Paul Bocuse war, die Produkte möglichst naturbelassen auf den Teller zu bringen und den natürlichen Eigengeschmack der Dinge hervortreten zu lassen, will Adriàs Hightech Cuisine eine skulpturale und molekulare Veränderung des Essens. Durch die konzeptuelle Nähe dieser artifiziellen Geschmacksästhetik zur Lebensmittelchemie, zu Aromadesign und Food-Processing treibt der kulinarische Neofuturismus jene fragwürdige Gewöhnung des gesellschaftlich vorherrschenden Appetits an den ›Geschmack der Zukunft‹ einen entscheidenden Schritt voran, den sich Marinetti herbeiwünschte. Die erneute Revolutionierung der Kochkunst setzt die ästhetische Utopie ihres futuristischen Vorgängers auf dem heutigen Stand fortgeschrittenster Technologie um.

Das *El Bulli* liegt direkt auf dem Weg von nordspanischen Figueres, dem Domizil des Surrealisten Salvador Dalí, zum benachbarten Cadaqués. Dieser Umstand mag einen auf den Gedanken bringen: »Was, wenn Ferran Adrià der wiedergeborene Dalí ist? Und das, was er als Essen verkauft, surrealistische Kunst?«[18] Zwar trifft zu, dass Dalí auch ein respektabler (wenngleich noch weitestgehend unbekannter) Lebensmittel-Künstler war.[19] Aber weit mehr gilt es sich klarzumachen, dass Adriàs Kunstessen heute Marinettis ›futuristische Küche‹ fortsetzt. Damit beerbt und perfektioniert die Molekularküche des *El Bulli* die, wie wir sehen werden, gesellschaftlich problematischste Kunst des Essens, der gerade jene ethischen, sozialkritischen, emanzipatorischen und (links-)politischen Implikationen fehlt, wodurch sich die anderen Positionen und Aktivitäten der zeitgenössischen Eat Art gastrosophisch auszeichnen. Ein Sachverhalt, der auch einen Schatten auf die Entscheidung wirft,

18 | Wolfgang Lechner, Der Chemiker

19 | Beil, Künstlerküche

ausgerechnet Adriàs Kochkunst im Rahmen der *Documenta 12* (2007) als Repräsentant der zeitgenössischen Kunst des Essens ins Rampenlicht der gesellschaftlichen Aufmerksamkeit zu stellen. Für die Dauer dieser international renommierten und viel beachteten Kunstausstellung wird seine Restaurantküche – als ›ausgelagerter‹ *Documenta*-Standort – einen reservierten Tisch für zufällig Auserwählte bieten. Bereits bei vorangegangen Documenta waren eat-artistische Positionen vertreten, aber sie blieben ohne eine vergleichbar große mediale Beachtung, die so weit geht, dass Ferran Adrià als der »prominenteste Teilnehmer« bezeichnet wird.[20] Bei der *Documenta 6* (1977) inszeniert sich immerhin Joseph Beuys als revolutionärer Freizeitbauer und links-politischer Aktivist einer ökologischen Landwirtschaft. (Siehe Kap. 1.3.) Ebenso ist an Matthew Ngui zu erinnern, der sich auf der *Documenta X* (1997) als Künstlerkoch präsentierte und mit asiatischen Gerichten für allgemein wohlgefälligen Kunstgenuss sorgte. Oder das für die gleiche Documenta aufgestellte *Haus für Mensch und Schwein* von Carsten Höller und Rosemarie Trockel (auf deren tierethischen und ökologischen Motive zurückzukommen sein wird). Doch mit Ferran Adrià wird erstmals kein frei schaffender Künstler, sondern das Werk eines gelernten Kochs und kommerziell erfolgreichen Gastronom als ›zeitgenössische Kunst‹ vorgestellt. Mit seiner Beteiligung an der *Documenta 12* wird das Kochen auch ›offiziell‹ zur Kunst und als gleichberechtigt in den Rang der gesellschaftlich anerkannten Künste aufgenommen. Für die kulturelle Anerkennung der kulinarischen Ästhetik ist dies zweifelsohne ein Meilenstein. In dieser ›Würdigung‹ kulminiert zum einen der (allerdings durch diese Ausstellung nicht sichtbar gemachte) Verdienst der Berufsköche, die den Sinn und Zweck der Kulinarik seit drei Jahrzehnten durch eine Ästhetisierung, d.h. durch die Transformation vom schulmäßigen Handwerk zu einer freien Kreativität, neu erfinden; darin kulminiert zum anderen die (allerdings durch diese Ausstellung nicht sichtbar gemachte) Wirkung der vorangegangenen, avantgardistischen *Eat Art* Aktivitäten, die diesen Prozess kulturell flankierten und forcierten. So hätte das Ausstellungskonzept der *Documenta 12* ein profundes, *gastrosophisches Kunstverständnis dokumentieren* können, wären auch andere Akteure der zeitgenössischen Kunst des Kochens und Essens präsentiert worden. Sowohl die diversen Positionen zur Eat Art als auch kochende Künstler wie Daniel Spoerri, Rirkrit Tiravanija und Dieter Froelich oder gar solche politischen Gegenküchen, die sich jenseits der gesellschaftlichen Aufmerksamkeit an vielen Orten der Welt für eine kulturelle Veränderung des kulinarischen Geschmacks einsetzen, hätten mehr gesellschaftliche Beachtung verdient. Dies will die vorliegende Publikation, als eine Art ›Gegenausstellung‹ der zeitgenössischen Kunst des Essens und deren vielfältigen ästhetischen Erscheinungsformen, (wenigstens ansatzweise) leisten.

Mit der Wahl Ferran Adriàs haben sich die Documenta-Macher – neben der fragwürdigen, elitären Präsentationsform, wonach es der Entscheidungswillkür der Ausstellungsmacher obliegt, wer zu den wenigen Glücklichen gehören wird, die in den Genuss dieser Kunst kommen sollen – für eine rein ästhetische, ansonsten aber

20 | Vgl. Documenta 12: Viele Rätsel, wenig Stars und ein Restaurant in Barcelona gesellschaftlich äußerst brisante, nämlich eine entpolitisierte, unkritische, kommerzielle, technoide Variante der Kochkunst entschieden. (Dazu gleich mehr.) Hingegen gehört es zur Aufgabe eines philosophischen Kunstverständnisses, mittels einer gastrosophischen Ästhetik, die sich als eine kritische Theorie der zeitgenössischen Kunst versteht, die Existenz der zur futuristischen Molekulargastronomie gegenläufigen, aber nicht weniger kreativen Positionen eines Kochens als Kunst zu bezeugen. In diesem Sinne lohnt es sich, anhand der italienischen Futuristen zu zeigen, dass die heute so gefeierte neofuturistische Koch-Kunst eines Adrià die eat-artistische Aktionskunst ihrer Vorgänger aufs Ganze gesehen weit *unterbietet*. Und es lohnt sich auch in emanzipatorischer Hinsicht, darüber im Klaren zu sein, welchen gesellschaftlichen Entwicklungen eine technologisch revolutionierte Zukunfts- oder Molekularküche potentiell zuarbeitet. Denn während Adrià scheinbar in naiv gedankenloser und verspielter Kreativität keinerlei philosophische Reflexionen über den gesellschaftlichen Kontext seines Schaffens und die ideellen Orientierungen seiner ›Revolutionierung der Kochkunst‹ anstellt, ist sich die künstlerische Avantgarde von einst sehr wohl bewusst, wozu ihre Kunst dient. Marinetti findet unzweideutige Worte: »Man muß, indem man die Art der Ernährung und ihre Bedingungen fortwährend ändert, die alteingewurzelten Gewohnheiten des Gaumens töten, um die Menschen auf die zukünftigen chemischen Nahrungsmittel vorzubereiten.«[21]

Bankettaktionen und Tafelvergnügen

In formalästhetischer Hinsicht zählt die *Ess-Aktionskunst* – neben der *Koch-Kunst* (der unmittelbaren Zubereitungsform) – zu der vielleicht einflussreichsten Innovation der italienischen Futuristen. Denn ein wesentlicher Teil ihrer Eat Art besteht darin, Essaktionen und Bankett-Happenings zu veranstalten. Diese aktionistischen Inszenierungen tragen allerdings nicht zu der angekündigten kulturellen Veralltäglichung der Kochkunst als einer Lebenskunst bei, sondern betreiben stattdessen eine Totalästhetisierung des kulinarischen Geschehens: Anstelle einer alltagskulturellen Erneuerung der kunstlosen und unästhetischen Ernährungsverhältnisse durch eine kreative Alltagsküche und ›Hausmannskost‹, wie dies später bei Joseph Beuys und anderen emanzipatorischen Eat Artisten der Fall sein wird, setzt der kulinarische Futurismus eine *Eventgastronomie* ins Werk, um *künstliche Erlebniswelten* zu schaffen. Dieser Drang zum ästhetizistischen Gesamtkunstwerk macht es konzeptuell notwendig, die futuristische Küche in der repräsentativen Form von zahlreichen, groß angelegten Bankett-Happenings und aufwändigen Festessen zu inszenieren. Beispielsweise *das große Luftbankett* am 12. Dezember 1931 in Bologna im Journalistenclub oder die eat-artistische Aktion am 22. November 1931 in Chiavari, die im Rahmen einer Ausstellung zur *Futuristischen Kunst* mit 300 Personen stattfindet,

21 | Marinetti/Fillia, Die futuristische Küche, 73

oder das *Große futuristische Bankett in Paris*: Zur Kolonialausstellung im Jahre 1932 gestaltet der Architekt Fiorini einen spektakulären Pavillon, in dem für den Ausstellungszeitraum ein italienisches Restaurant betrieben wird. Das Innere des Pavillons besteht aus einem großflächigen Saal, der über hundert traditionell weiß gedeckte Tische präsentiert. Der futuristische Maler Prampolini richtet den Raum mit acht pompös dekorierten Paneelen ein. Sie verfolgen die symbolische Anspielung zum Thema der Ausstellung und »gaben dem Lokal eine afrikanische und zugleich mechanische Atmosphäre, die glänzend den Willen ausdrückte, die kolonialen Motive einer modernen und futuristischen Empfindung gemäß zu deuten.« (Ebd., 97) Darüber hinaus bietet die Speisekarte dieses Festabends die vereinte Kreativität der Futuristen, gewissermaßen eine Werkschau ihrer Delikatessen, auf: 1. *Sämtliche Fontänen*, 2. *Alkoholkarussell*, 3. *Simultan-Vorspeisen*, 4. *Appetitanreger*, 5. *Veränderliche Vorreden*, 6. *Ganzreis*, 7. *Die Nahrungsinseln*, 8. *Äquator + Nordpol*, 9. *Luftspeise*, als Überraschung: *Hühnchen aus Stahl*, 10. *Fleischplastik*, 11. *Maschine zum Kosten*, 12. *Frühlingsparadox*, 13. *Elastiksüß*. Zwischen den Gerichten sind Tanz-, Gesangs- und Musikeinlagen vorgesehen. Den Schluss dieses Banketts bilden Duftstoffeinsätze, *Polygetränke* und Geräusche und Lieder aus Italien. Zu den Gästen, die diesem Spektakel beiwohnen, zählen Regierungsvertreter, Politiker, Rechtsanwälte, Mediziner, Kunstkritiker und Adlige – »die besten Persönlichkeiten von Paris«.

Ein schriller Gongschlag, verbunden mit dem überraschenden Einsatz von grünem Licht, eröffnet das Festmahl. Man beginnt die Gänge anzukündigen und zu erläutern: Marinetti hat die Ehre, den Bankettvorsitzenden zu spielen; er lobpreist sie als eine exemplarische Manifestation der »futuristischen Küche«. Während sich der Beifall bei seiner kurzen Ansprache erhebt, erscheint die afroamerikanische Künstlerin Joséphine Baker im Saal – ein Detail, das (wie sich gleich zeigen wird) eine gewisse Brisanz in sich birgt. Denn der Schilderung dieses Events ist der irritierende Sachverhalt zu entnehmen, dass ausgerechnet Baker – die frühe Ikone einer demokratischen Massenkultur, die als schwarze Künstlerin eine hybride Selbstkonstruktion mit weiblichem Sexappeal zu verbinden wusste – zur triumphalen Vollendung der futuristischen Kunst beitragen sollte: Sie habe, erinnern sich die Beteiligten, eine äußerst wichtige Rolle beim Gelingen des Festes gespielt, weil »ihrem unwiderstehlichen Zauber die Überwindung der letzten Zweifel bei den Teilnehmern über die Konsequenzen der futuristischen Küche zuzuschreiben« (ebd., 104) gewesen sei. Diese bemerkenswerte Allianz steht in einem krassen Widerspruch zu den weltanschaulichen Prämissen der futuristischen Künstlerbewegung, die zunehmend in den Vordergrund rückten und den gastrosophischen Ansatz ihrer Küchenkunst dann vollständig überschatten und verdrängen sollten: ihr antifeministischer Sexismus und nationalistischer Rassismus.

Attacke gegen Spaghetti

Die antidemokratische und simplifizierende Sozialkritik der Futuristen, der wir uns im folgenden zuwenden müssen, lässt keinen Zweifel darüber aufkommen, was ihrer Auffassung gemäß die wesentlichen Fehlentwicklungen der vorherrschenden Ernährungsgewohnheiten sind: Man bekämpft »die Pfützen der Soßen« und »die liederlichen Speisefetzen« der bürgerlichen Küche; vor allem aber wird das italienische Nationalgericht, die »pasta asciutta«, als Dekadenzphänomen attackiert. (Ebd., 74) Dementsprechend will eine Grundforderung ihrer revolutionären Zukunftskost die vollständige Abschaffung der Nudeln. Indessen stehen bei der Kampagne gegen die Pasta keine Geschmacksfragen im Vordergrund, vielmehr meint Marinetti in der populären Mehlspeise vielfältige Symptome einer gesundheitlich gefährlichen Diät ausmachen zu können, die das körperliche und seelische Wohlbefinden der Menschen angreife. Er werden die ernährungswissenschaftlichen Hintergründe für die entsprechenden körperlichen Vorgänge angeführt: »Im Unterschied zu Brot und Reis ist die Pasta asciutta eine Nahrung, die man hinunterschlingt, aber nicht kaut. Diese stärkehaltige Nahrung wird zum großen Teil durch den Speichel im Mund verdaut, und Pankreas und Leber sind von der Verdauungsarbeit entbunden. Dies führt zu einem Ungleichgewicht mit Störungen dieser Organe. Davon leiten sich ab: Schlappheit, Pessimismus, nostalgische Untätigkeit und Neutralismus. (Ebd., 26) Aufgrund der Untätigkeit der inneren Organe und schlaffer Verdauungskräfte blockiert demzufolge die Makkaroni-Diät jede höhere Entwicklung und zwingt den Menschen einen lethargischen Gemütszustand auf. Dadurch untergräbt sie jede psychosomatische Integrität und zukunftstaugliche Seelengröße. Daher stehe, so der selbst ernannte Trophologe und ›Heil-Künstler‹, häufiges Nudelnessen »im Gegensatz zum lebendigen Geist und zur leidenschaftlichen, großzügigen und einfühlsamen Seele.« (Ebd., 25) Zuletzt zerstört die tägliche Pasta die *physischen* Voraussetzungen für die Entwicklung eines revolutionären Geistes und lässt in ihren Konsumenten ein notwendig falsches Bewusstsein wachsen. »Indem sie Pasta essen, entwickeln sie den typischen ironischen und sentimentalen Skeptizismus, der oft ihren Enthusiasmus beschneidet«, findet der gastrosophische Materialist Marinetti.

Zwar rechnet er durchaus mit nahe liegenden Einwänden gegen diese krude Version einer materialistischen Anthropologie, doch genügt ihm die simple ›Wahrheit‹ eines alimentären Totalitarismus: »Auch wenn wir zugeben«, so der Künstler, »dass schlecht oder grob ernährte Menschen in der Vergangenheit oft Großes geleistet haben, verkünden wir dies als Wahrheit: Man denkt, man träumt und man handelt nach Maßgabe dessen, was man trinkt und ißt.« (Ebd., 24) Trotz des deutlichen Anklangs von Feuerbachs Gastrosophie und deren Grundsatz, wonach ›der Mensch ist, was er isst‹, spiegeln sich in dem reduktionistischen Materialismus der Futuristen nicht so sehr die Feuerbach'schen Gedanken wider, als vielmehr jene ethnologisch nationalistische Position des Esskulturtheoretikers Karl Friedrich von Rumohr. In seinem 1822 erschienen Werk zum *Geist der Kochkunst* ist zu lesen: »Stumpfsinnige, für sich hinbrütende Völker lieben mit schwer verdaulicher, häufiger Nahrung gleich den Masttieren sich anzustopfen. Geistreiche, aufsprudelnde Nationen lieben Nahrungsmittel, welche die Geschmacksnerven reizen, ohne den Unterleib zu beschweren. Tiefsinnige, nachdenkende Völker geben gleichgültigen Nahrungsmitteln den Vorzug, als welche weder durch einen hervorragenden Geschmack, noch durch eine schwerfällige Verdauung die Aufmerksamkeit zu sehr in Anspruch nehmen.«[22] Und doch wirkt der futuristische Fluch auf die Nudel als der Ursache für die vermeintliche Dekadenz der italienischen Kultur und der gleichzeitige Lob des Reises (oder des Brots) als dem alleinigen Heil- und Erlösungsmittel, welches den gefährdeten Gesellschaftskörper zu retten vermag, letztlich wie eine bewusste Persiflage der Idee einer ›revolutionären Diät‹, die von Feuerbach stammt.[23]

Der Philosoph und Linkshegelianer suggeriert den grotesken Glauben, es könne sich der untertänige und undemokratische Charakter der Deutschen durch einen bewussten Diätwechsel – nämlich von der Kartoffelkost zu einer Hülsenfrüchteküche – von Grund auf ändern, weil durch ›bessere‹, nämlich phosphor- und eiweißhaltige Nahrungsstoffe eine Befreiung des deutschen Gemüts von seiner preußischen Obrigkeitsmentalität und alltäglichen Bereitschaft, die Vorherrschaft von ›geistloser Stärke‹ zu ›verinnerlichen‹, möglich sei. Zwar würdigt immerhin André Breton, der führende Kopf des französischen Surrealismus sowie erklärter Gegenspieler zu Marinetti und dessen futuristischen Revolution der Küche, Feuerbachs gastrosophischen Materialismus. Dennoch aber weist er dessen revolutionstheoretisches Potential zurück – und damit auch das biopolitische Programm Marinettis. Daher kann sich Breton mit der Idee, »dass eine künftige Revolution erfolgreicher verlaufen müsse, wenn das Volk eine bessere Nahrung« genösse, nicht anfreunden.[24] Zu einem ähnlichen Urteil gelangt auch der italienische Philosoph und inhaftierte Marxist Antonio Gramsci, woran zu erkennen ist, welche Brisanz damals dieses Thema im linken Diskurs hat. Gramscis Reflexionen verdienen es, hier in vollem Umfang wiedergegeben zu werden; er notiert mit explizitem Bezug auf Marinettis Feldzug gegen die Nudeln: »Der Satz Feuerbachs: ›Der Mensch ist,

---

22 | Rumohr, Geist der Kochkunst, 28

23 | Lemke, Feuerbachs Stammtisch-These

24 | Breton, Die Manifeste des Surrealismus, 68. Daher hält Breton, trotz vieler Bedenken und Zweifel, an der marxistischen Revolutionstheorie fest und sucht zögerlich den Kontakt zur kommunistischen Arbeiterpartei – freilich um sich zuletzt die Aussichtslosigkeit auch dieses Ansatzes einer Veränderung der Gesellschaft, einer ›revolutionären Praxis‹ eingestehen zu müssen.

was er isst‹, kann, an sich, verschieden interpretiert werden. Grobe und törichte Interpretation: – der Mensch ist von Mal zu Mal das, was er materiell isst, d.h. die Speisen haben einen unmittelbar bestimmenden Einfluss auf die Denkweise. Erinnerung an die Behauptung von Amadeo [Bordiga], dass, wenn man zum Beispiel wüsste, was ein Mensch vor einer Rede gegessen hat, man besser in der Lage wäre, diese Rede zu beurteilen. Diese Behauptung ist kindisch und hat tatsächlich auch nichts mit positiver Wissenschaft zu tun, da das Gehirn nicht von Bohnen und Trüffeln ernährt wird: sondern erst wenn die Speisen in assimilierbare und homogene Substanzen verwandelt sind, die potentiell ›dieselbe Natur‹ der Gehirnmoleküle haben, ersetzen sie diese. Wäre diese Behauptung richtig, dann hätte die Geschichte ihre entscheidende Matrix in der Küche, und Revolutionen würden zeitlich mit den radikalen Veränderungen der Ernährung der Massen zusammenfallen. Geschichtlich ist das Gegenteil richtig: d.h. es sind die Revolutionen und der gesamtgesellschaftliche Prozess, die die Ernährung und die daraus sich ergebenden ›Geschmäcker‹ bei der Auswahl der Speisen geändert haben. Nicht die regelmäßige Getreideaussaat haben das Nomadentum beendet, sondern die dem Nomadentum hinderlichen Umstände haben zur regelmäßigen Aussaat geführt etc. (Vergleiche diese Behauptung Feuerbachs mit der Kampagne von Marinetti gegen die Pastasciutta).«[25]

Marinetti verschreibt sich, wie Gramsci richtig sieht, einer »groben und törichten Interpretation« des Feuerbach'schen Materialismus, d.h. der biologistischen Vorstellung, die eine Veränderung der Gesellschaft von der Substitution eines Grundnahrungsmittels durch ein anderes abhängig macht. Die Futuristen denken ihre propagierte Revolution qua Ernährungsrevolution als das Heranzüchten eines ›neuen Gesellschaftskörpers‹. Damit zerfällt die ästhetische Utopie der futuristischen Küche in zwei ungleiche und gegensätzliche Hälften: einen (semi-)gastrosophischen Teil, dessen Kern die kulturelle Aufwertung des Essenmachens als einer vollwertigen Kunst sowie des Kochens als einer täglichen Lebenskunst bildet. Im krassen Gegensatz dazu wird der Gedanke einer Erneuerung der vorherrschenden Esskultur in einen ideologischen Rahmen eingespannt, der von einem technologischen Fortschrittswahn in Verbindung mit einem antidemokratischen und profaschistischen Weltbild zusammengehalten wird. In diesem totalitären Gehäuse reduziert sich die avantgardistische Revolution der Kochkunst und der gastrosophische Aufbruch zu »neuen Küchenhorizonten, um den Geschmack und die Begeisterung für das Essen wieder zu wecken«[26], auf einen nutritiven Totalitarismus.

25 | Gramsci, Philosophie der Praxis, 156

26 | Marinetti/Fillia, Die futuristische Küche, 74

Futurismus der Nahrungsproduktion

Die revolutionäre Küche der italienischen Futuristen mutiert zu einem technoiden Nahrungsdispositiv: Nicht die Kunst des Kochens und nicht die alltägliche Vervollkommnung einer geschmackvollen Mahlkultur, sondern der Fortschritt der modernen Naturwissenschaft und deren biotechnologischen Anwendungen werden nun zu jenen phantastischen Mitteln glorifiziert, die eine – mit den Mitteln der individuellen Kreativität undenkbare – Perfektionierung der Nahrungsproduktion und die planmäßige Manipulation des Geschmacks ermöglichen, um ultimativ »den Gaumen auf die künftige Ernährungsweise« vorzubereiten. (Ebd., 77) In dem programmatischen Glauben an den technischen Fortschritt einer industriellen Nahrungsproduktion kommt der *Futurismus* als weltanschauliche Ideologie zu sich selbst und streift den revolutionär-emanzipatorischen Anspruch ab, eine künstlerische Praxis als Zuwachs an Freiheit (eines selbst gestalteten Lebens bzw. Essens) zu veralltäglichen. Unter dem elften Grundsatz des Manifests propagiert Marinetti, wie erwähnt, die »Ausstattung der Küche mit wissenschaftlichen Instrumenten.« Es wird die heroische Verbindung einer Ästhetik der Maschine mit synthetischer Chemie propagiert, die in der Verherrlichung des technischen Geräts und der Lebensmitteltechnologie als ultima ratio des alimentären Produktionsprozesses kulminiert. Es entsteht das Phantasma einer Futurologie, die heute unter dem Vorzeichen der Molekulargastronomie und Funktionskost (Functional Food) tatsächlich an Realität gewinnt.

Schon bei den Futuristen werden aromatechnologische »Ozonisatoren« in Erwägung gezogen, die flüssigen und festen Lebensmitteln den Duft des Ozons geben. Auch an den Einsatz von nahrungsfunktionellen (nutrigenomischen) Techniken wird gedacht wie beispielsweise an »Lampen für ultraviolette Strahlen«, wozu Marinetti die ernährungsmedizinische Erklärung beisteuert, »da viele Nahrungsmittel, die Ultraviolett bestrahlt werden, aktive Eigenschaften annehmen, die Rachitis bei Kindern verhindern usw.« Ähnlich wird heute diätetisch ›*vergoldeter Reis*‹, der mittels genetischer Manipulation mit Provitamine angereichert ist, an Arme ausgegeben, die mit diesem Genfood ihren Hunger stillen sollen. Der futuristischen Küche geht es ebenso um die großmaschinelle Aufrüstung des Food-Processing durch »*elektrische Geräte*, um Säfte, Extrakte usw. zu bereiten, um derart aus einem bekannten Produkt ein neues Produkt mit neuen Eigenschaften zu gewinnen.« Die heute großindustriell eingesetzten, so genannten *Extruder* erträumen sich die technokratischen Fortschrittsvisionäre als »feinste Mühlen«, die eine »Pulverisierung von Mehl, Trockenfrüchten, Gewürzen usw.« ermöglichen sollen. Des Weiteren werden Herstellungsverfahren durch »Distillierapparate für normalen Druck« und »für das Vakuum«, »Überdruckzentrifugen«, »Dialysatoren«, und vieles mehr erwogen. Und nicht zuletzt antizipiert die futuristische Essthetik die industrielle

Verwendung von technischen Hilfs- und Zusatzstoffen, so genannten Additiven oder Indikatoren. »Die chemischen *Indikatoren* werden Rechenschaft abgeben über den Säure- und Alkaligehalt der Leckerbissen und so mögliche Fehler korrigieren können: zu wenig Salz, zuviel Essig, zuviel Pfeffer, zu süß.« (Ebd., 30)

Wenn heute führende Konzerne computergesteuerte Küchentechnologien für den Hausgebrauch auf den Markt bringen, dann setzt sich darin nicht zuletzt dieser Technizismus der futuristischen Küche um, der in der Geschmacksindustrie nunmehr real im Großeinsatz ist. Mithin lebt die in dieser futuristischen Ästhetik der großindustriellen Nahrungsproduktion wirksame Rationalität von dem Kult einer automatisierten Effizienz, von der Religion der grenzenlosen Beschleunigung und Mobilmachung, die »wie der Motor eines Wasserflugzeugs auf hohe Geschwindigkeiten eingestellt« ist, wie es bei Marinetti poetisch überhöhend heißt. Was in dieser technoiden Morgendämmerung nur noch stört, ist der menschliche Faktor. Deswegen fordern die italienischen Turbogourmets auch einen »wissenschaftlichen Gebrauch der Apparate«, damit »z.B. der Fehler vermieden wird, Speisen in Dampfdrucktöpfen kochen zu lassen, deren hohe Temperaturen die Zerstörung der aktiven Stoffe (Vitamine usw.) bewirkt.« (Ebd., 31)

Durch den beiläufigen Hinweis auf die inzwischen geläufigen Vitamine bestätigt sich, dass Marinettis Diätlehre keineswegs aus dem hohlen Bauch heraus erdichtet ist. Sie stützt sich auf Kenntnisse des neuesten Standes der naturwissenschaftlichen Ernährungsforschung, die erst einige Jahre zuvor die biochemischen Eigenschaften und tropho-physiologischen Wirkungen einer neuen Stoffgruppe entdeckt hatte – eben die so genannten ›Vitamine‹. Die futuristische Utopie verherrlicht die industrielle Gesundheitskost und macht sie zum Wundermittel eines nutritiven Funktionalismus, welcher der Menschheit eine ›bessere Zukunft‹ verheißt. »Nehmen wir die Chemie in die Pflicht«, fordert der radikale Modernisierer. Kein tierlieber Vegetarismus und keine ›asketischen‹ weniger-Fleisch-und-mehr-Gemüse Ideale versprechen eine gesellschaftliche Transformation wie im ›Fall Nietzsche‹.[27] Statt einer solcher Alternativküche wird eine ›Nutriarznei‹-Diät verabreicht: »Sie soll dem Körper schnell die notwendigen Kalorien durch Nahrungsäquivalente zuführen, unentgeltlich vom

---

27 | Nietzscheanisch fällt indessen die doppeldeutige Position der Futuristen zur moralischen bzw. substitutionstechnischen Frage einer vegetarischen Kost aus: »In unserer nächsten Proklamation zum *Heiligen Gaumen* wird ganz klar gesagt, daß man, solange die Chemie keine synthetischen Stoffe mit der Kraft von Fleisch und Wein gefunden hat, Fleisch und Wein gegen jeden Angriff verteidigen muß.« (Marinetti/Fillia, Die futuristische Küche, 74) Zu Nietzsches Philosophie der Ernährung und dem Ideal eines gastrosophischen Vegetarismus siehe: Lemke, Ethik des Essens, 362-381

Staat verteilt, in Pulver- oder Pillenform, die eiweißartige Stoffe, synthetische Fette und Vitamine enthalten.« Marinetti weiß den monströsen Futurismus einer solchen staatlichen Volksverköstigung – die biopolitische Variante der karitativen ›Volksküche‹ (siehe Kap. 1.4.) – auch in das handliche Format einer akzeptablen Reformpolitik zu verpacken: »So wird man eine tatsächliche Senkung der Lebenshaltungskosten und der Gehälter bei entsprechender Minderung der Arbeitszeit erreichen.« (Ebd., 27) Ein Kommentator des Manifests der futuristischen Küche radikalisiert den Geist dieser Kochkunst der Zukunft um einen weiteren Grad, wenn dort mit dem kühnen Gedanken gespielt wird, dass es dereinst vielleicht möglich werden könnte, »Ernährungswellen über das Radio zu verbreiten.«[28] Es ist durchaus denkbar, dass diese realistischen Phantasiebilder einer Welt des Functional Food bereits dem nur einige Jahre später geschriebenen und berühmt gewordenen Science Fiction *Schöne Neue Welt* als Anregung und Vorlage dienten. Zumindest legen die von Aldous Huxley entworfenen Szenarien der zukünftigen Hightech-Ernährung nicht fern von den revolutionären Träumen der Food Designer von damals – wie von heute.[29] Die Utopie der italienischen Avantgardisten flankiert die gesellschaftliche Ausbreitung der modernen Lebensmitteltechnik und die zu dieser Zeit in der Ernährungsindustrie einsetzende Mechanisierung der organischen Substanz. Darüber hinaus treiben die Künstler-Köche die kulturelle Erneuerung und zukünftige Selbstverständlichkeit eines nutritiven Funktionalismus voran. Um aber den gesellschaftlichen Geschmack auf Hightech-Kost vorzubereiten, muss zunächst die ›gemeine‹ Nudel, der Inbegriff einer schlichten Alltagsküche, abgeschafft werden.

Nationalküche und antidemokratischer Stahlkörper

Die bizarre Zurückweisung der Nudelkultur, die Marinetti zufolge den ›Volkskörper‹ schwächt, verfolgt vor allem das nationalökonomische und protektionistische Motiv, die inländische Produktion gegenüber ungewollter Konkurrenz zu schützen. Denn »die Abschaffung der Pasta asciutta«, argumentiert Marinetti, würde »Italien vom teuren ausländischen Getreide befreien und die italienische Reisindustrie begünstigen.«[30] Dabei geht es keineswegs um eine Überwindung der kapitalistischen Wirtschaft und der Ungerechtigkeiten des Weltmarktes. Nicht emanzipatorische Kapitalismuskritik bewegt die futuristische Ästhetisierung des Politischen; stattdessen soll durch die Befreiung des politischen Körpers aus seiner globalökonomischen Unterwerfung die Geburt eines antidemokratischen Nationalismus hervorgehen. Marinettis Programm wird zeitgleich vom alliierten

28 | Marinetti/Fillia, Die futuristische Küche, 73

29 | Belasco, Meals to come

30 | Marinetti/Fillia, Die futuristische Küche, 26

Nazi-Deutschland umgesetzt: Dessen Ernährungspolitik sieht vor, dass deutsche Lebensmittel gekauft werden sollen, dass der saisonale Ernterhythmus die Kost diktiere, um die Importquoten zu vermindern. Ernährungswissenschaftler der Zeit fordern die billige, frugale Diät der Vorfahren. Letztlich ist weniger die gesundheitliche Sorge um das leibliche Wohl der Bevölkerung, vielmehr sind handgreifliche ökonomische Versorgungsprobleme und die drohende Hungersnot die eigentliche Ursache, welche zu einer Ernährungsweise zwang, die dann über einen ideologischen Gesundheitsdiskurs propagiert wurde.[31] Auf diese Weise forcierte das Hitler-Regime tatsächlich eine totalitäre »Volksernährung«.[32] Wie der beliebte und mittlerweile globalisierte deutsche *Volkswagen*, so geht auch die Verbreitung von deutschem *Vollkornbrot* auf die NS-Zeit zurück. Doch nährte letztlich nicht das Schwarzbrot den kriegerischen Volkskörper. Was die totalitären Strukturen am Leben erhielt, sind die technologischen Errungenschaften der modernen Industrienahrung – ganz wie es die italienischen Futuristen und Nationalisten herbeisehnten. Die neuen Machthaber im Deutschland der 1930er Jahre setzten auf nutritive Effizienz, auf klare Nährstoff- und Vitaminvorgaben. Neue Rohstoffe, etwa Lupinen und Soja, wurden getestet, neue Ersatzstoffe und Produkte entwickelt und neuartige Konservierungstechniken eingesetzt. So wurde die Produktion von Tiefkühlkonserven des Jahres 1942 erst Anfang der 1960er Jahre wieder erreicht. Mindestens ein Drittel der Bevölkerung Deutschlands wurde in den letzten Kriegsjahren massenverpflegt, wofür eine Heerschar effizient geschulter Fachkräfte sorgte. In der Nachkriegszeit setzt sich auch die Vorherrschaft einer »technokratisch-stofflichen Sichtweise innerhalb der Ernährungswissenschaft« fort, weil die Versorgungsprobleme blieben – »die Experten beider späteren deutschen Staaten waren größtenteils die Experten des NS-Regimes.«[33]

Vor dem Hintergrund dieser späteren Entwicklung ist noch einmal auf Marinettis Feldzug gegen die Nudel zurückzukommen. Dieser entpuppt sich auch als ein grotesker Sexismus: »Die Pasta asciutta ist zudem unmännlich, weil der beschwerte und beengte Magen niemals der physischen Begeisterung für die Frau und der Möglichkeit, sie geradewegs zu besitzen, förderlich ist.«[34] Neben Technizismus und Nationalismus wird mit diesem Sexismus deutlich, dass eine maskuline Gewaltästhetik zur ungeschmacklosen Ideologie der futuristischen Bewegung gehört. Daher versteht sich ihre Zukunftsvision einer technologischen Automatisierung der Essensproduktion auch nicht als möglicher Befreiungsprozess der Frauen

31 | Kollath, Vernünftige Ernährung und ihre Propaganda in der Schule

32 | Hirschfelder, Europäische Esskultur, 225ff

33 | Spiekermann, Der Naturwissenschaftler als Kulturwissenschaftler: das Beispiel Kollaths

34 | Marinetti/Fillia, Die futuristische Küche, 32

von einer aufgezwungenen Küchenarbeit, wie dies in den politischen Forderungen des zeitgenössischen Feminismus artikuliert wird.[35] Ebenso wenig wird der gastrosophische Aufbruch zu »neuen Küchenhorizonten« mit der expliziten Vorstellung einer Emanzipation des kochkünstlerisch untätigen Mannes vorgetragen, wofür die individuelle, also genderfreie Kochkunst die ethische Voraussetzung wäre. (Siehe 2.2.) Die kulinarische Ästhetik des technoiden Food-Futurismus soll einzig und allein der Befriedigung viriler Machtfülle und Körperkraft dienen. In der politischen Symbolik der propagierten Machtküche zeigt sich eine gewisse konzeptuelle Nähe zur traditionellen Grande Cuisine als einem repräsentativen Herrschaftsinstrument. Während jedoch beispielsweise der große Kochkünstler Marie-Antoine Carême zu Beginn des neunzehnten Jahrhunderts die Wirtschaftsmacht des entstehenden Kapitalismus in monumentalen Sättigungsformen lediglich in ›sinnlicher‹ (kulinarischer) Veranschaulichung *affirmiert*, wollen die Futuristen mit ihrem totalitären Ernährungsprogramm einen kampfbereiten neuen Nationalcharakter *schaffen*, der sich einem Krieg verherrlichenden Nationalismus zu opfern bereit ist. Im Gegensatz zu Carême, der die Tafelpracht zu einer erweiterten Herrschaftsarchitektur stilisiert, um in der Kulinarik den Triumph des Bestehenden symbolisch nachzubauen, schlagen die Futuristen einen radikal anderen Weg einer Instrumentalisierung des Kulinarischen ein: Sie totalisieren ihre Koch-Kunst zu einer rassistischen ›Bildhauerei‹, um einen aggressiven, starken, robusten, erfindungsreichen, kreativen, männlichen Menschentyp zu ›bilden‹. Diesem neuen Menschen wird, Marinetti zufolge, der Sieg in dem zu erwartenden und ersehnten Krieg gewiss sein.[36] Damit pervertiert die futuristische Revolution der Kochkunst zur brutalen Realität eines *Kanonfutters*: Kunst und Leben vereinen sich zu dem monströsen Zweck einer kriegerischen Menschenfresserei. Ihr ›Koch‹ und Chefkannibale, Filippo Tommaso Marinetti, wird – daran sei erinnert – im Jahre 1933 vom italienischen Diktator Mussolini zum Kulturminister ernannt ...

Letztlich überrascht es also nicht, dass die Künstlerbewegung des italienischen Futurismus samt der atemberaubenden Ambivalenz ihrer ›Eat Art‹ innerhalb der modernen Kunstgeschichte kaum Erwähnung finden. In einer groß angelegten Studie zum Schwerpunktthema Essen wird die ›futuristische Küche‹ an keiner Stelle erwähnt.[37] Bezüglich der bizarren Figur Marinettis kann mit gutem Grund von der »Kompromittierung seiner theoretischen und philosophischen Kühnheiten im Mussolini-Faschismus« gesprochen werden.[38] Daher ist nachvollziehbar, warum der historische

35 | Boudry/Kuster/Lorenz, Reproduktionskonten fälschen

36 | Marinetti/Fillia, Die futuristische Küche, 25

37 | Kunstforum International, Essen und Trinken I; Kunstforum International, Die große Enzyklopädie – Essen und Trinken A-Z

38 | Onfray, Die genießerische Vernunft, 21

Aufstieg der modernen Kunst des Essens lieber mit einem anderen Künstler, einem anderen Programm und einem anderen Namen assoziiert wird: So gilt allgemein Daniel Spoerri, Mitbegründer der in den 1960er Jahren in Frankreich entstehenden Künstlerbewegung des Neuen Realismus als offizielle Gründerfigur und Namensgeber der *Eat Art*. Doch trotz der aufgezeigten Ambivalenz der Kunst der italienischen Futuristen steht außer Zweifel: Mit der kulturellen Subversion, die das Kochen zur Kunst erhebt, und mit den eat-artistischen Interventionen, die den gesellschaftlich vorherrschenden Geschmack hinterfragen, haben Marinetti und seine Kombattanten eine gastrosophische Reflexion über den ästhetischen, ethischen und politischen Stellenwert ›des Essens‹ initiiert sowie durch ihre neuen künstlerischen Ausdrucksformen und performativen Strategien unbestreitbare Innovationen für eine zeitgenössische Kunstpraxis hervorgebracht.

Dass sich eine Kunst des Essens und das gegenkulturelle Bestreben, »den Geschmack und die Begeisterung für das Essen zu wecken«, in politischer Hinsicht jederzeit und ohne Weiteres wieder aus einer rechtsextremen Vereinnahmung befreien kann – zumal in Deutschland –, belegt beispielsweise die Aktion *Kochen gegen Rechts,* die im Herbst 2001 stattfand und Teil eines Happenings war, zu dem ›Köche mit Herz‹, einem lockeren Zusammenschluss bekannter deutscher Spitzenköche, aufgerufen hatten. In verschiedenen Restaurants griffen bundesweit zahlreiche Küchenchefs zum Kochlöffel und kellnerten namhafte Künstler, um mit dieser eat-artistischen Aktion ein Zeichen gegen Rechtsextremismus und Fremdenfeindlichkeit in der Bundesrepublik zu setzen.[39] Den Gästen wurde ein Mehr-Gänge-Menü serviert, dessen demonstrativer Genuss nicht nur eine neue Form der politischen Demonstration darstellte. Als positiver Protest kam diese politisch korrekte Schlemmerei auch der Anti-Rassismus Initiative »Gesicht zeigen!« finanziell zugute – nach dem Motto: *Kochen für ein weltoffenes Deutschland.*

39 | Klüver, Schlemmen gegen Rechts

1.2. Zum dialektischen Schein des ästhetischen Geschmacks

oder Daniel Spoerri, der Großmeister der Eat Art

Seit Anfang der 1960er Jahren macht Daniel Spoerri mit einer künstlerischen Thematisierung des Essens auf sich aufmerksam. Zwar kann Spoerri angesichts der Vorgeschichte der ›futuristischen Küche‹ kaum als Begründer der Eat Art im Allgemeinen, als eigenständiges Genre innerhalb der modernen Kunst, gelten. In wesentlichen Aspekten setzt er seine Vorgänger fort: Auch er gründet ein *Restaurant*, in dem mit originellen und kreativen Erfindungen neuer Gerichte experimentiert wird. Auch er veranstaltet *Bankette*, die Essen als kulturelles Ereignis inszenieren und für eine Totalästhetisierung des Kulinarischen sorgen. Aber trotz dieser Kontinuitäten erschöpft sich die Bedeutung Spoerris Eat Art nicht darin, eine bloße Neuauflage von schon Dagewesenem zu sein. Wie bislang kein anderer Künstler hat Spoerri das Essen zum *alleinigen Inhalt* der eigenen künstlerischen Arbeit gemacht: Seine Kunst beschäftigt sich ausschließlich mit Essensresten, Essenszubereitungen, Essensinszenierungen. Es ist auch Spoerri, der den Begriff der *Eat Art* erfindet. Seiner Kunst des Essens gebührt der große Verdienst, der kulinarischen Praxis als einem elementaren Bestandteil des kulturellen Lebens größere Aufmerksamkeit verschafft und maßgeblich für die mittlerweile selbstverständliche Präsenz des Essens sowohl in der Kunst als auch in den öffentlichen Medien gesorgt zu haben. So ist ein gesellschaftlicher Effekt von seiner Eat Art darin auszumachen, dass die konventionellen Grenzen zwischen der Kochkunst der professionellen Gastronomie und der Koch-Kunst bildender Künstler mittlerweile verwischt sind und, wie gesagt, ein Koch (Ferran Adrià) in einer großen, international wahrgenommenen Ausstellung (der Documenta 12) – und dies sogar in Deutschland, einem einstmals gastrosophisch unterentwickelten Land von ›Krautfressern‹ und ›Kartoffelopfern‹ – als ein *Künstler gefeiert* wird.

Die Merkmale dieser kulturellen Konvergenz von Kunst und Küche können anhand der Eat Art von Spoerri analysiert werden. Drei eat-artistische Strategien sind dabei von konzeptueller Relevanz: 1) Die Kritik am Tafelbild bzw. an der traditionellen Malerei-Kunst durch die Erfindung von so genannten *Fallenbildern*. 2) Die antimuseale Entgrenzung der künstlerischen Praxis durch die Inbetriebnahme eines eigenen Restaurants als einem autonomen Produktions- und Ausstellungsraum. 3) Die gesellschaftliche Einmischung durch eine interventionistische Kunst in Form von Bankett-Aktionen. Spoerri macht das Essen mittels dieser drei Strategien zum Inhalt der Kunst, sowohl um das Nahrungsgeschehen künstlerisch zu reflektieren als auch um grundlegende Fragen des kulturellen Selbstverständnisses (bezüglich der Kunst und des Lebens) zu thematisieren. Wie wir sehen werden, führt seine Eat Art auch die Problematik neoavantgardistischer Kunstpraxis vor Augen. Deren emanzipatorische Forderung, die gesellschaftliche und alltagsweltliche Trennung von Kunst und Leben in einer besseren Lebenspraxis aufzuheben, lässt sich nicht nur anhand Spoerris Arbeiten prüfen und konkretisieren; darüber hinaus kann an ihr die falsche Aufhebung von Leben und Esskunst in einer bloß ästhetisierten und gesellschaftlich affirmativen Esskultur erörtert werden.

Tafel-Fallenbilder

Das erste seiner berühmt gewordenen Essensarbeiten stellt Spoerri beim *Festival d'Art d'Avantgarde* in Paris im Jahre 1960 aus. Als *Fallenbilder* bezeichnet Spoerri nachträglich fixierte Mahlzeiten: An einem gedeckten Tisch wird gespeist, im Anschluss daran klebt der Künstler die Reste der Tafelrunde so, wie sie von den Gästen zurückgelassen wurden, fest. Die fixierte Tafelsituation wird schließlich als ›Bild‹ an die Wand gehängt. Eine Einladungskarte zur Ausstellungseröffnung erläutert dazu: »Nach dem Diner werden die Konstellationen der Gedecke genau in der vorgefundenen Stellung von Spoerri fixiert. Vertikal wie Tafelbilder präsentiert, werden sie die *pièces de résistance* der vorgesehenen Ausstellung ausmachen.«[40]

Man kann die Tatsache, dass Spoerri die *Fallenbilder* und frühen Werke seiner Eat Art als *pièces de résistance* bezeichnet, auch als ironischen Kommentar auf die *pièces montées*, auf die Meisterwerke der klassischen Grande Cuisine eines Carême verstehen.[41] Mit diesen, der Tradition von Bild- und Tafelkunst Widerstand leistenden, ›Tafel-Bildern‹ setzt Spoerri bewusst Marcel Duchamps Dekonstruktion der konventionellen Vorstellungen von ›schöner Kunst‹ fort. In Abgrenzung zu den herkömmlichen Prinzipien der bürgerlichen Ästhetik, beispielsweise dem Prinzip des unvergänglichen Meisterwerks oder dem Künstler als Genie und der idealistischen Gleichsetzung von Kunst mit dem (Vorschein des) ›Schönen‹, versteht sich Spoerri nicht als Urheber und Schöpfer der *Fallenbilder*. Bei diesen wird nicht die Imagination des Künstlers ins Werk gesetzt; stattdessen beschränkt sich der künstlerische Anteil am Werk im buchstäblichen Sinne auf die bloße *Wiedergabe* und *Abbildung* einer *realen Gegebenheit*. Die beendete Tafelsituation und damit ein Stück *ready made* echten Lebens wird allein durch ein Ausstellen im Museum oder in einem anderen Kunstraum zum neorealistischen ›Kunstwerk‹, dessen zufälliges, objektives Zustandekommen vom Künstlersubjekt lediglich bildartig veranschaulicht wird. Die *Fallenbilder* nehmen zwar die traditionelle Form des Tafelbildes auf und stellen so auch eine assoziative Verbindung zu den Konventionen bürgerlicher Kunstästhetik her; doch geschieht dies nur, um diese Konventionen kritisch zu modifizieren.

---

40 | Spoerri presents Eat Art, 55

41 | Onfray, Kritik der genießenden Vernunft, 141ff

Über eine solche Formkritik hinaus beinhalten Spoerris Arbeiten, insofern sie das Essen thematisieren, auch eine inhaltliche Kritik an der vormodernen Stillleben-Malerei. Spoerri erklärt zur Antikunst-Strategie seiner frühen Eat Art: »In den ›Natur mort‹-Motiven wurde seit der Renaissance die Darstellung von Nahrungsmitteln Hauptthema des Bildes. Mit der Anwendung einer perspektivischen Täuschung hatten die Maler eine illusionistische räumliche Tiefenwirkung im Bild erzielt. Bei den *Fallenbildern* hingegen stülpe ich das Bild aus der Wand heraus, indem ich die Gegenstände so fixiere, als ob es sich um eine dreidimensionale Fotografie handeln würde.«[42] Auch andere konzeptuelle Aspekte der *Fallenbilder* lassen erkennen, dass zu diesem Zeitpunkt das Kulinarische noch nicht im programmatischen Mittelpunkt von Spoerris Interesse steht. Beispielsweise wollen seine *29 Variations on a Meal – eaten by* anlässlich einer Ausstellung in der Allan Stone Gallery in New York »das Prinzip der Variation über ein Thema der Konkreten Kunst durch die Einbeziehung des Zufalls erweitern.«[43] Zu diesem Zweck werden 31 gleiche Tische angerichtet, an denen die geladenen Gäste Platz nehmen und durch den individuellen Gebrauch deren Ordnung verändern. Die *ready made* Ergebnisse werden danach in *Fallenbildern* fixiert und ausgestellt – und veranschaulichen nicht zuletzt den sich bei jedem Mahl ereignenden ›Verfall‹ zivilisatorisch normierter Tischsitten.

Freilich liegt die kunstkritische Pointe der Tafel-Fallenbilder vor allem in der Negation der konventionellen Darstellung bloß schöner Nahrungsmittel oder Esstafeln. Der visuellen Schönheit der klassischen Stillleben-Malerei halten Spoerris dreidimensionale ›Fotografien‹ abgegessener Tafeln den unschönen Dreck der Realität entgegen. So präsentiert die Hinfälligkeit der abgebildeten Tafelreste eine neorealistische Übersetzung der veralteten Vanitas-Symbolik. Dadurch wird das Programm eines *neuen Realismus* anschaulich umgesetzt, dessen sich Spoerri im Zusammenschluss mit einigen anderen Künstlern verschreibt, um die Realität des täglichen Lebens in die Kunst zu integrieren. Seine alimentären Realia konterkarieren das Schönheitsideal einer Kunst des Essens: Sie kommentieren nicht nur den Kanon der Kunstgeschichte kritisch; sie markieren ebenso einen Bruch mit den herkömmlichen Kategorien und Zuordnungen der philosophischen Ästhetik, die sich bei ihrer schöngeistigen Betrachtung der Essensthematik in der Kunst ausschließlich auf die Stillleben-Malerei zu beziehen pflegt.[44] Beispielsweise ordnet Arthur Schopenhauer die Essensbilder der niederländischen Meister dem »Reizenden« zu, das seinen kunstphilosophischen Kategorien gemäß das Gegenteil zum Genuss »schöner Kunst« sei, weil es den realen Appetit reize und die sinnliche Ess-

42 | Spoerri, Zyklus des Lebens, 77

43 | Spoerri, Topographie des Zufalls

44 | Korsmeyer, Making Sense of Taste; Telfer, Food for Thought

lust und damit den »Willen« (oder, in Kants Terminologie, das »Interesse«) errege. Dadurch aber zögen die gemalten »Esswaren« den Betrachter aus der reinen Kontemplation, die für eine rein ästhetische Erfahrung unerlässlich sei. Schopenhauer zufolge sind daher Abbildungen »aufgetischter und zubereiteter Speisen« *negative* Beispiele einer Kunst, die darauf verpflichtet wird, das interesselose Wohlgefallen am Schönen zu bilden. Der Philosoph erläutert seine Kunsttheorie des schönen Essens: »Gemaltes Obst ist noch zulässig, da es als weitere Entwicklung der Blume und durch Form und Farbe als ein schönes Naturprodukt sich darbietet, ohne dass man geradezu genötigt ist, an seine Essbarkeit zu denken; aber leider finden wir oft, mit täuschender Natürlichkeit, aufgetischte und zubereitete Speisen, Austern, Heringe, Seekrebse, Butterbrot, Bier, Wein usw., was ganz verwerflich ist.«[45]

Für den avantgardistischen Künstler Spoerri muss Kunst nicht schön sein, um als Kunst gelten zu können. Zur Veranschaulichung einer unschönen und auf ihre Art auch reizlosen Kunst wählt er – im direkten Widerspruch zu Schopenhauer und den idealistischen Prämissen der philosophischen Ästhetik – die besagte ›Abbildung‹ von Essenstafeln samt Speiseresten. »Daß ich einen Moment wählte, der nach landläufigen Begriffen nicht schön war, geschah ja gerade, weil ich die Welt so sah, hässlich, dreckig und traurig und nicht schön aufgeräumt und verlogen arrangiert.«[46] Die Wahrheit dieser nicht-ästhetischen Kunst leitet sich aus der Programmatik des Neorealismus ab, der die ganze Schäbigkeit oder Erhabenheit des Daseins unverschönt präsentieren will. Als Unschönes thematisiert Spoerris Kunst auch das Vergängliche und Verfallende: Auf einem handelsüblichen Glas mit eingelegten Rollmöpsen klebt sie das Etikett *Achtung Kunstwerk – begrenzt haltbar* (1968). Oder es werden alimentäre Materialien, die als vermeintlich unbedeutende Gebrauchsgegenstände gewöhnlich kaum eine ästhetische Wahrnehmung erfahren, zu Kunstwerken auratisiert und als Urtatsachen alltäglicher Geschmacksfragen gekennzeichnet. Entsprechend zeigt eine Objektpräsentation das umfangreiche und ausdifferenzierte Gewürzregal aus der Küche des Künstlers (*Collection d'épices*, 1963); eine andere Präsentation verleiht alten Küchengeräten und -werkzeugen den Rang von ausgestellten Kunstobjekten (*Vieux utensiles de la cuisines*, 1962).

Doch werden von Spoerri auch die ästhetischen Grenzen der *Fallenbilder* gesehen. »Als ich die zufällige Anordnung auf einem Tisch aufklebte, war ja ein Festhalten am Gegebenen, sozusagen die Anpassung an eine gegebene Situation.« (Ebd.) Aus konzeptueller Unzufriedenheit gegenüber den frühen Arbeiten seiner Eat Art, die in ihrer kunstkritischen Auseinandersetzung letztlich nicht über den eingeschränkten und bloß immanenten

45 | Schopenhauer, Die Welt als Wille und Vorstellung, § 40

46 | Spoerri presents Eat Art, 136

Bezug auf traditionelle Objektkunst hinausgeht, verlagert Spoerri schließlich den programmatischen Schwerpunkt auf die Koch-Kunst: aufs Kochen als Aktionskunst. Ein längerer Aufenthalt auf der griechischen Insel Simi im Jahre 1967 ermöglicht es dem Künstler, einen grundsätzlicheren, nämlich theoretisch fundierten Ansatz zu formulieren. Das *Gastronomische Tagebuch*, das er in dieser Zeit schreibt, dokumentiert diese konzeptuelle Fundierung.[47] Die einleitende Worten geben Auskunft über die Gegebenheiten dieser Reise, die einen seltenen, aber in der Sache nicht unwichtigen Einblick in die materiellen Grundlagen und realen Voraussetzungen des Kochens als Lebenskunst, der Essthetik als Ethik gewähren: »Personen: ein Pärchen: Kichka, die Frau, Daniel, der Mann, beide freischaffend und ausnahmsweise ohne finanzielle Sorgen (wenn auch mit sehr bescheidenen, für diese arme Insel jedoch reichlichen Mitteln). Die Möglichkeit also, sich einen nicht jedem erschwinglichen kulinarischen Luxus zu leisten und – ausnahmsweise genügend Zeit, sich mit der Kochkunst zu beschäftigen.« (Ebd., 7)

Dennoch verbindet Spoerri seine Einsicht in die tendenziell museale, ›konservative‹ Ausdrucksform seiner frühen Objektkunst nicht mit einer prinzipiellen Absage – er mumifiziert auch danach unschöne Tafelreste zu *Fallenbildern*. Was seitdem aber stärker in den Mittelpunkt seiner Eat Art rückt, ist neben dem Essenmachen selbst, der kulinarischen Praxis als ästhetischer Kreativität, gerade auch seine gastrosophischen Einsichten in die größeren Zusammenhänge der Ernährungsthematik, die ihn erkennen ließen, »dass dieser eine aufgeklebte Moment nur eine Blitzsekunde war im Ablauf eines ganzen Zyklus, der Leben und Tod, Verwesung und Wiedergeburt heißt.«[48] Diese Rekonzeptualisierung seiner Eat Art schlägt sich zunächst in dem Experimentalfilm *Resurrection* nieder: Der Film zeigt, im Rückwärtsgang, die Ernährungskette in ihrer zyklischen Ganzheit zwischen Erzeugung, Zubereitung, Verdauung, Reintegration der Fäkalien in den allgemeinen Stoffwechselprozess und die erneute Erzeugung von landwirtschaftlichen Produkten.[49] Damit erweitert Spoerri seinen Blick auf die weit reichenden Voraussetzungen und vielseitigen Hintergründe der Tafelsituation. Gleichzeitig begann der kulinarische Produktionsprozess an Bedeutung zu gewinnen. Zu dieser konzeptuellen Verschiebung von der Objektkunst zur Prozesskunst erläutert er: »Ich musste in die Küche zurück, ich wollte wissen, wie man kocht, was es dazu braucht. Ich

47 | Spoerri, Gastronomisches Tagebuch

48 | Spoerri presents Eat Art, 136

49 | Spoerri, Resurrection 1970, in Zusammenarbeit mit Tony Morgan. Diese Gelegenheit möchte ich nutzen, um mich bei Daniel Spoerri dafür zu bedanken, diesen Film der Philosophie-Gruppe AUSSEN für die Veranstaltung »Nietzsche + die Wurst« auf [Kampnagel] Hamburg während der Spielzeit 2002/2003 zur Verfügung gestellt zu haben.

wollte sogar die Hähnchen selbst schlachten, die ich nachher aß.« (Ebd.) Dieses Interesse an der kulinarischen Gestaltungspraxis, der Zubereitung und Darbietung, führt schließlich zur Gründung des *Restaurant Spoerri* als eigener Produktions- und Ausstellungsstätte seiner Koch-Kunst.

Restaurant Spoerri: Pythonschnitzel, Ameisenomelettes, Elefantenrüssel-Steaks

Über drei Jahrzehnte nachdem Marinetti mit der futuristischen *Taverne zum Heiligen Gaumen* erstmals in der Geschichte der bildenden Kunst eine Künstlerküche ins Leben gerufen hatte, eröffnet Spoerri am 17. Juni 1968 in der Altstadt Düsseldorfs ein Speiselokal, um seinerseits – anscheinend ohne von seinem Vorgänger zu wissen[50] – dem kulinarischen Produktionsprozess als einer eigenständigen Kunst programmatisches Gewicht zu verleihen. Indessen tritt die konzeptuelle und weltanschauliche Differenz zwischen den (politisch ohnehin kompromittierten) Futuristen um Marinetti und dem Realisten Spoerri deutlich zutage, macht man sich die radikal unterschiedliche Auffassung des avantgardistischen Selbstverständnisses ihrer Koch-Kunst klar: Marinetti denkt die utopische Vereinigung von Kunst und Leben totalitär über die zu mobilisierenden und zu bevormundenden Massen und propagiert folglich eine kollektive Zwangsernährung durch eine spezielle funktionelle Kostform. Im grundsätzlichen Widerspruch zur revolutionären Ernährungsdiktatur der ersten Avantgardebewegung denkt der Neorealist die praktische Verbindung von Kunst und Leben konsequent neoavantgardistisch: nämlich *ausschließlich* vom *Individuum und einzelnen Menschen* aus. Danach geht eine Revolutionierung des gesellschaftlichen Geschmacks und der vorherrschenden Ernährungsverhältnisse vom eigenen Leben aus, indem die selbstgestaltete Ernährungspraxis zum Gegenstand, ›zum Kunstwerk‹ einer kreativen Lebenspraxis wird: Der Künstler, der das Kochen als Kunst praktiziert, lebt den Menschen die Praxis einer kulinarischen Lebenskunst vor. Er nutzt gleichsam seine Kunst dafür, dieses *Vorleben* einer Kunst des Essens der gesellschaftlichen Öffentlichkeit *vorzuführen*. Ganz unpathetisch verkündet Daniel Spoerri im Jahre 1970 diesen eat-artistischen Neoavantgardismus, dem sein befreundeter Künstlerkollegen Joseph Beuys zeitgleich (siehe 1.3.) ein wesentlich ernsteres und linkskritisches Format verleiht. Spoerri erläutert: »Das Leben als ein Kunstwerk zu gestalten, scheint mir eine ganz nette Lebensbeschäftigung.«[51] Eine ganz nette Lebenstätigkeit lässt sich allenthalben beim Kochen realisieren, weil durch die freiwillige Küchenarbeit, bei der man(n) selbst kulinarisch tätig wird, ein Stück Freiheit in Form einer selbstbe-

50 | Beil, Künstlerküche, 114

51 | Spoerri presents Eat Art: 136, anlässlich einer Rede zum *Henkel-Bankett* am 29.10.1970

stimmten Essenszubereitung und eines machtvollen Weltbezugs verwirklicht werden kann.

Indessen *verspielt* Spoerri buchstäblich den neoavantgardistischen Charakter seiner Koch-Kunst, indem er sich einer exaltierten Künstlerküche, einem kulinarischen l'art pour l'art verschreibt: Daher steht das *Restaurant Spoerri* als Kunstpraxis dem kulinarischen Ästhetizismus der *Taverne zum Heiligen Gaumen* konzeptuell nahe. Beides Mal wird im eigenen Lokal keine Alltagsküche praktiziert und serviert und das Kochen wird nicht primär als eine kreative Alltagspraxis vorgelebt, sondern als ›geniale‹ und spektakuläre Koch-Kunst aus- und zur Schau gestellt. Entsprechend liegt das konzeptuelle Gewicht in der Speisengestaltung auf dem Primat eines repräsentativ gekünstelten Formprinzips: einer unbedingten Originalität der künstlichen Verfeinerung, der sensationell neuen Kombination und der erzwungenen Extravaganz der Ingredienzen. Zu der Kunst, die Spoerri seinen Gästen auftischt, gehören folglich *Pythonschnitzel, Ameisenomelettes* oder *Elefantenrüssel-Steaks, Tigersüppchen, Klappelschlangenragout* oder *gebratene Löwentatzen* und *Hahnenkämme mit Trüffeln.* Stilbestimmend für diese kulinarische Ästhetik ist die Machart des folgenden Rezeptes: »Aus Fischmousse kann man eine täuschend echte Torte machen. Statt Eischnee oder süßer Sahne nimmt man Meerrettich. Man erwartet eine süße Sahnetorte, aber sie schmeckt nach Fisch.«[52] Das verspielte, überkünstelte *Menu travesti,* wie Spoerri schließlich seine Koch-Kunstwerke tituliert, verfolgt neben einem offenkundigen Sensationseffekt die subtile Absicht, durch die Produktion von Tellergerichten als ›Ent-täuschungsbildern‹ eine kritische und provokante Verwirrung oder eben eine ›Travestie‹ von zumeist unreflektierten Wahrnehmungs- und Geschmacksgewohnheiten hervorzurufen.

Zu Gemeinsamkeiten von Spoerris Koch-Kunst mit der Küche der italienischen Futuristen zählt auch die Tatsache, dass mit dem Restaurantbetrieb keine Luxusgastronomie imitiert wird. Das *Restaurant Spoerri* bietet Speisen zu erschwinglichen Preisen. Außerdem betreibt der Neorealist, wiederum in unbewusster Übereinstimmung mit seinen Vorgängern, das eigene Lokal als einen innovativen Veranstaltungsort des kulturellen Lebens, wozu in einem Extraraum die *Eat Art Gallery* eingerichtet wird. In lockerer Folge präsentieren eingeladene Künstlerfreunde eigene Koch-Kunststücke. Unter ihnen das berühmte *Freitagsobjekt* beziehungsweise die *1a gebratenen Fischgräten* von Joseph Beuys, *Spaghettibrötchen* von Robert Filliou oder das neunfarbig glasierte Riesen-Lebkuchenweib *Der blaue Busenengel* von Richard Lindner. Einige Arbeiten werden als ›Multiples‹ in der Edition Eat Art hergestellt – wobei Spoerri mit den Multiples zugleich eine neue Werkform in die Kunstgeschichte einführt.[53] Tatsächlich gehen von

52 | Spoerri, Zyklus des Lebens, 90

53 | Stocker, Eat Art Multiples

seinen Aktivitäten als Galerist nachhaltige Impulse für die Formation der Eat Art als eigenständigem Genre innerhalb der Gegenwartskunst aus. Von 1970 bis 1972 veranstalteten der Künstler und sein Team zwanzig Ausstellungen mit 31 Editionen von fünfundzwanzig befreundeten Künstlern.[54]

Mit dieser Form einer kooperativen Netzwerkkunst tritt ein grundlegender Unterschied zum stilistischen Heroismus der Futuristen hervor. Zwar ist auch beim Düsseldorfer Ambiente die äußere und innere Raumgestaltung Bestandteil eines Gesamtkunstwerks, eines Stilwillens. Bei Spoerri wird jedoch – statt kaltem Stahlfanatismus, maschinistischer Architektur und dem programmatischen Zwang zur Gleichmachung der verschiedenen Einrichtungselemente wie bei seinen Vorgängern – ein privater Stil inszeniert, der einladende Gastlichkeit vermitteln will. Die Innenwände werden, neben den eigenen *Fallenbildern* und Arbeiten seiner Freunde, mit der persönlichen Korrespondenz des Künstlers dekoriert; ein auffällig gestyltes Markisendach soll die Besucher anlocken und auch sonst herrscht die Atmosphäre eines ›gemütlichen‹ Interieurs. Darüber hinaus geht es Spoerri, der sich zwischen verschiedenen Kulturen bewegt, im Gegensatz zu Marinetti um eine Kritik an einer Nationalküche, die nur die autochthonen Geschmacksvorlieben schätzt und den kulturellen Einfluss des Fremden – fremder Küchen oder Fusion Cuisine – als Gefahr einer multikulturellen Hybridisierung bekämpft. In seiner Eat Art Galerie bringt Spoerri seine Gäste nachfolgend an je einem Tag auf den Geschmack der indischen, rumänischen, ungarischen, schweizerischen und serbischen Küche. Bei einer anderen Gelegenheit tischt der Ethnologe der Esskulturen ein *Buffet exotique* mit Spezialitäten aus Mexiko, China, Dänemark, Bulgarien u.a. auf. »Spoerri entwirft hier gewissermaßen skizzenhaft die Konturen einer alimentären Global-Geografie und spricht damit zugleich eine Einladung zur kulinarischen Weltreise mit und durch den Magen aus, die trotz aller Internationalität der modernen Gastronomie keineswegs selbstverständlich ist.«[55] Zweifelsohne haben Spoerris eat-artistischen Interventionen über die letzten drei Jahrzehnte dazu beigetragen, dass kulinarischer Kosmopolitismus und internationaler Gastrotourismus mittlerweile zu kulturellen Selbstverständlichkeiten gehören. Mit dem ebenso exotischen und exaltierten Speiseangebot im Düsseldorfer *Restaurant Spoerri* verbindet sich jedenfalls von Anfang an das Anliegen, »die Sinne für das Essbare zu erweitern, im wahrsten Sinne des Wortes andere Kontinente des Essens zu entdecken, die vorher als *terra incognita* jenseits der Vorstellungskraft und/oder Ekelgrenze lagen.« (Ebd., 121)

Dennoch veranschaulicht Spoerri mit seinem *Gastronoptikum* (1970), einer Ansammlung von Koch- und Küchenkuriositäten, die konzeptuelle Problematik, dass die Irritationstechnik seiner Kunst nicht über die klassi-

54 | Violand-Hobi, »Das Beste an mir sind meine Freunde« (Spoerri)

55 | Beil, Künstlerküche, 116

sche Ästhetik eines l'art pour l'art der Kochkunst hinauskommt: Die Exotik der Zutaten, die raffinierte Verfälschung der Materialien, die Extravaganz der kombinatorischen Originalität, der ›schöne Schein‹ einer verspielten Künstlichkeit und geschmacklichen ›Verfeinerung‹ bzw. die bloß symbolische Verkehrung der etablierten ›feinen Unterschiede‹ des gesellschaftlichen Geschmacks – alle diese Kunstgriffe ziehen sich wie ein roter Faden durch die Geschichte der Kulinarik. Und dieser Essthetizismus gewinnt auch bei Spoerri konzeptuelle Bedeutung. Neben den erwähnten *Menu travesti* wird beispielsweise beim *Bananatrap-Dinner* eine *Lady-Curzon-Suppe* in einer Mokkatasse serviert und am Ende des Menüs der Kaffee in einer Suppenschale. Die Vorspeise besteht aus Spoerris Kreation des *banana prick*: Eine aufrecht hingestellte Bananenschale ist gefüllt mit Lachsmousse, begleitet von zwei Wachteleiern, das Ganze auf einem Feigenblatt. Andere Kunstwerke kombinieren Genuss und Grauen auf – mindestens – irritierende Weise: Sie bieten Kaviar als Scheiße, Tomatenpüree als Blut, Lammkeule mit Truthahnklauen. Doch wie zurecht hervorgehoben wurde: »Der Umkehreffekt funktioniert natürlich nur vor dem Hintergrund der Erfahrung bürgerlicher, klassisch französischer Menükonstruktion in der Tradition des 19. Jahrhunderts, die heute noch in der Gastronomie eine wesentliche Rolle spielt.«[56]

Angesichts dieser teilweise bewusst ›geschmacklosen‹ Küche mag mancher Kritiker den Einwand vorbringen, dass dies keine Kochkunst sei, weil sie nicht schmecke. Freilich verrät diese Meinung, dieser Degout ein, mit Adorno gesprochen, banausisches Kunstverständnis. Denn wer Kunstgenuss *ausschließlich* nach dem Modell realen Genießens denkt, gibt sich als ein in der Sache Unkundiger, als ein »Banause« zu erkennen.[57] Ein solches kunstphilosophisches Banausentum legt beispielsweise Wolfram Siebeck – seit Jahrzehnten *der* Kochkunstkritiker Deutschlands – an den Tag, wenn er während einer Vernissage im Pariser Museum Jeu de Paume nach dem Genuss von Spoerris Kunst (wohin ihn der Künstler als Ehrengast eingeladen hatte) sich über »Magenbeschwerden« und seine Zweifel über Kunstwerke äußert, die »so richtig gern nur das Auge isst«.[58] Siebeck scheint sich nicht über die kunstphilosophische Differenz der Eat Art gegenüber der professionellen Kochkunst im Klaren zu sein. Der Umstand, dass die *Krokodilaugen in Aspik*, mit denen Spoerri das Geschmacksurteil von Siebeck herausfordert – wie überhaupt alle Kunstwerke, die hier als Eat Art behandelt werden –, nicht schmecken und ihren Konsumenten eventuell keinen kulinarischen Genuss bereiten, mag zwar beklagenswert sein und im Einzelfall vielleicht sogar schädlich für das gesundheitliche Wohl des Publikums sein, weil sich diese Kunst auch physisch als unge-

56 | Esterhazy, Eat Art Bankette, 129

57 | Adorno, Ästhetische Theorie, 27

58 | Siebeck, Krokodilaugen in Aspik

nießbar erweist. Die Eat Art stellt jedoch ihre prinzipielle Autonomie gegenüber der realen Kochkunst (der professionellen Restaurantküche oder des heimischen Herds) darin unter Beweis, dass ihre Kunstwerke *nicht* schmecken müssen und ihre Produkte ebenso ungenießbar wie geschmacklos sein können und *trotzdem* Kunst und Koch-Kunst sind, die dem Konsumenten und Kenner gerade nicht nach dem Modell des kulinarischen Genießens als Kunst, eben als Eat Art ›schmeckt‹. Diese Freiheit hat die reale Kochkunst nicht. Denn ihr Sinn und Zweck ist es, dass die eigenen Werke kulinarisch und physisch genießbar und geschmackvoll sind. Die reale Kochkunst versucht sich in einer solchen Kunst, die ihren Konsumenten kulinarisch-ästhetisch schmecken *soll*. Anders als der eat-artistische Umgang mit Essen (im weitesten Sinne) bemisst sich die Wahrheit der realen Kochkunst daran, ob sie im realen Genuss mündet. Die Koch-Kunst Spoerris und anderer Künstlergastrosophen, über die noch zu sprechen sein wird, braucht im Prinzip tatsächlich, wie Siebeck bedauert, nur für die Augen – bzw. für den geistigen Sinn für zeitgenössische Kunst – gut zu sein, um als Kunst gut zu sein.[59] Mit anderen Worten: Vorbehalte gegenüber der Eat Art, wie sie beispielsweise von Siebeck gegenüber Spoerris Kunst vorträgt, sind nicht triftig. Außerdem untergräbt der Gastrokritiker das eigene Kunstverständnis und Geschmacksurteil durch den Stolz darüber, dass »der Meister« bei dieser Gelegenheit lobende Worte für die eigene Kleinkunst gefunden habe: »Dann trat der Meister an unseren Tisch und stellte ein Körbchen ab, bei welcher Gelegenheit er mein Kuttelrezept lobte. Leider lobte er auf Deutsch, was natürlich keiner [der französischen Gäste] verstand.« (Ebd.)

Indessen sollte die kunsttheoretische Kritik an einem Banausentum, das Kunstgenuss und mithin den Genuss der Werke von kochenden bzw. das Essen thematisierenden Künstlern nur nach dem Modell realen Genießens beurteilt und fälschlicherweise die eat-artistische Koch-Kunst mit alltäglicher Kochkunst gleichsetzt, nicht über ihr Ziel hinausschießen. Dies tut, wie gesagt, Adornos ästhetische Theorie, wenn sie behauptet, das Verhältnis zur Kunst dürfe »keines von Einverleibung« sei.[60] Auch die Idee ist falsch, die behauptet, Eat Art könne in dem Maße nicht als Kunst gelten, wie sie realen Genuss bereitet, weil sie ihren Konsumenten gut schmeckt, anstatt diesen ein rein geistiges, asketisches, »interessenloses Wohlgefallen« abzuverlangen. Selbstverständlich kann Eat Art einen Kunstgenuss nach dem Modell realen Genießens bereiten, wie viele Werke – beispielsweise die Curry-Suppen von Rirkrit Tiravanija, auf die näher einzugehen sein wird – köstlich beweisen.

Dennoch tritt an Spoerris *Gastronoptikum* und dessen *Krokodilaugen in Aspik*-Küche ein problematisches Merkmal *seiner* Eat Art hervor. Denn in-

59 | Lemke, Zu einer nicht-ästhetischen Kunstphilosophie

60 | Adorno, Ästhetische Theorie, 27

dem er die kulinarische Praxis als geniale Künstlerküche inszeniert, bleibt seine neoavantgardistische Kunstpraxis hinter ihren eigenen Ansprüchen und Möglichkeiten zurück. Einen neuen Avantgardismus, der die emanzipatorischen Defizite der futuristischen Revolution der Kochkunst beheben würde, hätte erforderlich gemacht, dass er das eigene Restaurant dazu nutzt, das Kochen als eine individuelle Lebenskunst einen kreativen Alltagsküche zu zeigen, um damit dieser *Kunst* die bis dato verwehrte gesellschaftliche Anerkennung zu verschaffen. Stattdessen aber setzt Spoerri seine eigene Kunst mit dem Leben gleich: Für ihn erschöpft sich der progressive Übertritt der Kunst ins Leben mit der *Praxis seiner Eat Art*: »Dieses als Kunstwerk gestaltete Leben verwirklichte der Künstler in seinem Düsseldorfer *Restaurant Spoerri*, das er zum ›Multimedia-Super-Happening-Kunstwerk‹ deklarierte.«[61] Wegen dieser verabsolutierten Gastrosophie, die die eigene Kunst für das ganze Leben hält und die ganze Lebenspraxis auf das eigene Kunstschaffen reduziert, trifft für Spoerri gerade nicht die Behauptung zu, dieser hätte »einen wesentlichen Beitrag zur Rehabilitierung der Alltagsküche geleistet.« (Ebd.) Wenn Spoerri neuerdings, in selbstkritischer Fortsetzung seiner Düsseldorfer Anfänge, wieder ein Restaurant betreibt, das keine bloße Koch-Kunst auftischt, sondern »ganz normale toskanische Küche« und »Typisches aus der Region« anbietet[62], dann zeigt sich darin eine weitere ›Kehre‹ von Spoerris Kunst des Essens: nämlich die konzeptuelle Hinwendung seiner Eat Art zu einer echten Alltagsküche und einer alltäglichen Kochkunst als einer gastrosophischen Lebenskunst. Bezeichnenderweise trägt das toskanische Lokal den programmatischen Namen *Non solo Eat Art ...*

Eat Art Aktionen und Eventgastronomie

Indessen besteht Spoerris Eat Art zu einem Großteil aus Aktivitäten, die die Künstlerküche des eigenen Restaurants und die Produktion von Tafel-Bildern konzeptuell ausweiten. So veranstaltet das *Restaurant Spoerri* neben dem Tellerspektakel der *Menu travesti* auch thematische Abendmahle, wie das von Claude und François-Xavier Lalanne realisierte *Dîner cannibale,* bei dem einige ihrer Körperteile in essbarer Gestalt aufgetischt werden. Mit derartigen Dinnershows und Eat Art Happenings, den *Dîner travesti,* ergänzt Spoerri seine künstlerischen Ausdrucksformen. Darüber hinaus lösen diese sich von der lokalen Verortung im Düsseldorfer Restaurant. Mit seinen, ab 1970 inszenierten, großen Dinnershows setzt Spoerris Eat Art den heute weit verbreiteten Trend zu Großveranstaltungen einer Eventgastronomie in Gang, die nicht die Nähe zur pompösen Ästhetik der traditionellen feudalen Bankettorgien scheuen. Für die Vorbereitung zu einem

61 | Stocker, Eat Art Multiples, 105

62 | Spoerri, Zyklus des Lebens, 91

Dîner travesti, das im Rahmen des steirischen herbstes 1988 in Graz stattfindet, hält der Künstler ein Kochseminar, in dem die technischen Voraussetzungen in Kooperation mit professionellen Köchen erarbeitet werden. Esterhazy erläutert rückblickend: »Das *Dîner travesti* in Graz erwies sich als eine Aufarbeitung von Spoerris Eat Art Hintergrund im Allgemeinen sowie als eine perfektionierte Inszenierung des *Menu travesti* im Besonderen. Rund um das Essen gab es gebackene, signierte Brotteigobjekte und auch das Besteck war an beziehungsweise in Brötchen eingebacken. Die Tische waren in einem labyrinthischen Zickzack angeordnet, große Kirchenkerzen wurden als Beleuchtung benutzt, rundherum waren skulpturale Objekte von Spoerri aufgestellt. Instrumente, gefüllt mit überquellendem, gebackenem Brotteig. Präsentiert wurden auch Butterplastiken, mit denen [...] auf die klassische Bankettskulptur angespielt wurde. Vom Band rückwärts abgespielte Barockmusik sorgte für atmosphärischen Hintergrund. [...] Einzelne Gänge, etwa der Hahn im Federkleid, wurden zeremoniell aufgetragen. Ein Teil der Speisen war auf einem großen Buffet angerichtet, an dem sich die Gäste selbst bedienten. Zwischen den Gängen trug Spoerri Anmerkungen zu den Gerichten und ihrem Hintergrund vor.«[63] Mit derartigen *Eat Art Banketten* bringt sich Spoerri erneut in die Nähe zu seinen futuristischen Vorgängern. Allerdings spiegelt sich in dem deutlichen Kontrast des konzeptuellen Sinns der jeweiligen Bankett-Inszenierungen eine gewichtige Differenz. Denn im Unterschied zu Marinettis Bankett-Aktionen erheben Spoerris Gesellschaftsessen nicht den totalitären Anspruch der Erzeugung eines neuen Menschen durch eine technologisch veränderte Ernährung. Spoerris Eat Art entgeht (um das Mindeste zu sagen) einer falschen Politisierung der Ernährungsfrage durch eine weitestgehende *Entpolitisierung der Tischgesellschaft*. Dies ist freilich nur zu dem nicht unbeträchtlichen Preis einer *affirmativen Ästhetisierung* der gesellschaftlich vorherrschenden Esskultur zu haben. Allenthalben ersetzt die Interventionskunst von Spoerris Veranstaltungen das revolutionäre Ziel der modernen Avantgarde durch eine postmoderne Theatralisierungen aktionistischer Kunstpraxis.

Hommage à Karl Marx

Mit welchem Grad an inhaltlicher Distanz sich Spoerri zu jedem politischen, mithin auch gesellschaftskritischen und links-alternativen Gedankengut positioniert, wird deutlich an den Implikationen seines Karl-Marx-Essens. Mit der *Hommage à Karl Marx* feiert Spoerri seinen Einstand an der Kunsthochschule Köln im Jahre 1978. Wie zur gleichen Zeit sein Eat Art Kumpane (und Antipode) Peter Kubelka in Frankfurt das Kochen als Kunstgattung zu lehren beginnt, so gibt auch Spoerri als Professor für

63 | Esterhazy, Eat Art Bankette, 130

Kunst Kochunterricht. Beide sind sich darin einig, dass es sich bei der Kochkunst, wie Kubelka proklamiert, »um eine bildende, ja um die älteste Kunst überhaupt handelt.«[64] Während jedoch Kubelka das Kochen als eine Lebens-Kunst lehrt (siehe 1.4.), spezialisiert sich Spoerri auf die Inszenierung spektakulärer Bankette. Als sich der frisch gebackene Professor beim Dekan der Kölner Kunsthochschule vorstellt, stutzt er über dessen Namen: Karl Marx. Dies weckt die Idee, weitere Personen mit berühmten Namen aus den Bereichen der Musik, bildenden Kunst, Literatur und Philosophie für ein Festessen einzuladen. So kommt es zu einer erlauchten Gästeliste, unter ihnen sind Friedrich Engels, Richard Wagner, Johann Wolfgang von Goethe, Friedrich Schiller, Albrecht Dürer, Wilhelm Tell, Arthur Schopenhauer, Immanuel Kant, Georg Wilhelm Friedrich Hegel und Friedrich Nietzsche, aber auch Herr Hinz und Frau Kunz. Das präsentierte Menü folgt ebenfalls der Methode einer homonymen Ironie und besteht folglich nur aus berühmten Namen. Es werden aufgetischt: geräucherte Bach-Forellen, Bismarck-Heringe, Schillerlocken, Heine's Leberpastete, Cicero- und Pascal-Sardinen, Mozartkugeln, Franz-Schubert-Marzipan, Idee-Kaffee und Leibniz-Keks.[65] Zugunsten einer spaßigen Persiflage gibt dieser Eat Art Event demonstrativ jegliche ernsthafte Auseinandersetzung mit Marx' Philosophie preis. Es wird nicht der – wie auch immer aussichtsreiche – Versuch ins Spiel gebracht, aus der Kunst und der Philosophie heraus eine gesellschaftliche Alternative zum Kapitalismus zu formulieren, wie bei Spoerris befreundeten Kollegen Beuys. *Karl Marx*, dessen Name eigentlich an gesellschaftspolitische Probleme denken lässt und das emanzipatorisch Revolutionäre wachruft, wird zu einem bloßen Namensspiel karikiert und in Form einer kunstgenüsslichen Volksverköstigung abgefeiert. Der kritische und gastrosophische Impuls von Spoerris aktionistischer Kunst des Essens mutiert zum affirmativen Charakter einer essthetisierten Kultur: Statt subversiver Koch-Kunst, die die alltägliche Selbstverständlichkeit eines wenig kunstvollen Nahrungsgeschehens und eines allgemein verarmten Geschmacksinns durch neue kulinarische Erfahrungen erschüttert, wird ein Geschmackstheater zelebriert, dessen vergnügliche Belustigung jede Form von gastrosophischer Kritik und politisch-ökonomischer Hinterfragung der globalen Ernährungsverhältnisse ausblendet. Mit gutem Grund hat man Spoerris eat-artistischen Festivals auch als »gastronomische Spektakel« bezeichnet.[66]

Wie weit Spoerris Eat Art Bankette die kulturelle Ambivalenz einer Eventgastronomie vorwegnehmen, zeigt der im Jahre 1980 im französi-

64 | Kubelka, Kochen die älteste bildende Kunst, 94

65 | Im Laufe der Jahre inszeniert Spoerri eine Reihe weiterer Homonymie-Essen wie die *Hommage à Raymond Hains*, das *UBU Club Bon Snob FrEssen für André Thomkins*, oder *La Faim du C.N.A.C.*

66 | Esterhazy, Eat Art Bankette, 130

schen Chalon-sur-Saône stattfindende, über drei Wochen andauernde *Griff in den Kutteltrog/L´Attrape Tripes.* Konzeptuell besteht dieser Festschmaus aus verschiedenen Themenabenden, die *Menu travesti* und *Diner travesti* Kunststücke im ganzen Umfang abspielen: *Homonymes Bankett*, eine *Küche des Mittelalters*, ein *Kräuter-und-Gräser-Abend*, ein *Plastic Food Abendmahl*, ein *Weinverköstigungsabend*, ein *astrologisches Abendessen im Zeichen des Widders* u.a. Weitere Eat Art Events, die Spoerri bis in die Gegenwart hinein veranstaltet, sind: das *Henkel-Bankett, Kunst in Torte* oder auch das Mahl *Was passiert im Kopf während man isst*, das *Palindromische Diner* oder *L'ultima Cena* (›das letzte Abendmahl‹: ein Leichenschmaus, das erstmals 1970 anlässlich der förmlichen Beerdigungsfeier der Künstlergruppe des Neuen Realismus veranstaltet wurde). Zur Veranschaulichung derartiger Aktionskunst kann hier die *Astro-Gastro 12 Sterne Küche* dienen. Dieses Riesenspektakel, das 1983 während einer Jubiläumswoche der Münchner Kunstakademie stattfand – anlässlich ihrer 175 Jahre zurückliegenden Eröffnung durch den Philosophen Friedrich Schelling. Dem dorthin berufenen Professor für Eat Art eröffnet dies die Möglichkeit, ein imposantes Festmahl für zweitausend Personen zu inszenieren. Ein Teilnehmer berichtet über die tumultuarischen Zustände des Volksfest-ähnlichen Kunstereignisses, das Reminiszenzen an alte Schlaraffenland-Exzesse hervorruft: »Schon am Abend war der Andrang am Hauptportal nur noch schwer zu kontrollieren. In den folgenden Stunden brach man Tore auf, kletterte über den Eisenzaun, besetzte den Park und stürmte den Bau. Gegenüber der entfesselten Vergnügungs-Meute war das Hauspersonal machtlos.«[67] Entsprechend orgiastisch ist der weitere Verlauf der Ereignisse: Das dionysischen Festgelage verkehrt sich in die Exzesse einer archaischen Spaßgesellschaft von fünf- bis sechstausend Leuten. Mit dem Alkohol floss schließlich auch die Grenze zwischen Schickeria und Barbarei über. Am nächsten Morgen, so der Bericht, »sah das Schlachtfeld im hundertjährigen Gebäude schlimmer aus als auf dem Höhepunkt der Studentenrevolte. Vom geborgten Geschirr lag mehr als zwei Drittel in Scherben, die Leih-Firma soll daran Pleite gegangen sein. Wenn man so will, hatte also auch der Morgen nach der *Astro-Gastro 12 Sterne Küche* seine allegorische Bedeutung, indem sich hier ein Wendepunkt zwischen elitärem Künstlerfest und Event zeigte, an dem der spätrömische Luxus einer Wohlstandsgesellschaft im Vandalismus unterging.« (Ebd.)

67 | Zacharis, Darf eine ›Jungfrau‹ Weißwürste zuzeln?, 179

Provokante Tischgesellschaften: Gefängnismenü, Das Arm und Reich Essen

Die totale Konvergenz von Kunst, Küche und Kommerz, die sich in diesen Banketten abzeichnet und heute ihre perfekteste Fortsetzung erfährt (worauf gleich zurückzukommen sein wird), wendet Spoerri durch die Integration von Elemente der Provokation ab. Diese verhindern, dass seine Eat Art eine affirmative Spaßkultur nährt. So veranstaltet der Künstler – nicht zuletzt auf Anregung durch eine Hungeraktion seines Fluxus-Kollegen Ben Vaultier in der Eat Art Galerie und sicherlich auch unter dem Einfluss der politischen Kunst seines weit bekannteren Kollegen Joseph Beuys – parallel zu seinem Geschmackstheater ab den 1980er Jahren teils provokante *Gesellschaftsessen*. Vor dem Hintergrund der linkskritischen Kunstszene und dem antikapitalistischen Geist der damaligen Zeit »war es auch für Spoerri an der Zeit, sich des anderen Endes vermeintlicher Gaumenfreuden anzunehmen und die ›Küche der Armen‹ dem verwöhnten und oft privilegierten Kunstpublikum nahezubringen.«[68] Bei der Aktion *Gefängnis-Essen* wird den teilnehmenden Gästen jene Nahrung serviert, die an dem gleichen Tag die Insassen des örtlichen Gefängnisses vorgesetzt bekommen. Die konzeptuelle Idee, die Spoerri mit diesem Arrangement umsetzt, lässt jedoch erkennen, dass ihn weniger gesellschaftskritische und machttheoretische Fragen des Gefängnisses interessieren, die einige Zeit zuvor den Philosophen Michel Foucault dazu bewegt hatten, den *Knastfraß als Strafe* zu problematisieren. Spoerri hingegen versteht seine Eat Art nicht als politische Kunst, sondern lediglich als Provokationskunst: »Es ist nicht die Tatsache, dasselbe schlechte Essen zu sich zu nehmen, die mich interessiert, sondern das Element der Gleichzeitigkeit. Man isst zur gleichen Zeit das gleiche Essen wie ein Sträfling. Dadurch stellt man sich auf die gleiche Stufe, man identifiziert sich mit ihm durch dieses Essen, das man mit ihm teilt.«[69]

Auch das wiederholt veranstaltete *Arm und Reich Essen*, das Spoerri erstmals 1980 während des Eat Art Festivals von Chalon-sur-Saône realisiert, steht in diesem Zusammenhang. Die Tischgesellschaft, die diese Aktion erfindet, bietet für die eine Hälfte der Teilnehmer ein luxuriöses Menü und für die andere Hälfte eine Arme-Leute-Mahlzeit. An den parallel zueinander angeordneten Tischen ist auf der einen Seite auf goldenen Stühlen Platz für die Reichen, während sich die Armen gegenüber mit einfachen Sitzbänken begnügen müssen. Doch nicht die gesellschaftlichen Positionen und die sozial ungleich verteilten Chancen bestimmen hier über die jeweilige Lebenslage der (Tisch-)Gesellschaftsmitglieder – darüber, wer zu den Reichen und wer zu den Armen gehört. Jeder, der an dieser Mahlgemeinschaft partizipieren will, muss den gleichen Eintrittspreis zahlen –

68 | Esterhazy, Eat Art Bankette, 126

69 | Spoerri presents Eat Art, 176

und erwirbt eine nummerierte Karte. Der Zufall eines Würfelwurfs in Verbindung mit der Kartenummer entscheidet, wer arm (dran) ist und wer das Glück hat, an der Tafel der Reichen teilnehmen zu dürfen. Dieses schicksalhafte Verfahren entsagt sich einerseits jeder positiven Orientierung auf eine explizite Idee gleicher Versorgung und dem egalitärer Glück eines geteilten Wohllebens; andererseits ermöglicht es dem Einzelnen den realen Vorschein veränderter Verhältnisse. Die gleiche Erfahrung ungleicher, besserer und schlechter Mahlverteilung ruft einen Sinn für politische Verteilungsgerechtigkeit hervor: Die zufällig von der Armut Betroffenen finden sich in einer ungleichen Situation wieder, deren Ungerechtigkeit ihnen sofort bewusst wird. Spoerris *Arm und Reich Essen* veranschaulicht mit diesem unfairen Arrangement jenen gerechtigkeitstheoretischen »Urzustand«, der John Rawls einflussreichen *Theorie der Gerechtigkeit* bereits als Gedankenspiel dient.[70]

Welche weit reichenden Konsequenzen für die Welt hätte es gehabt, wenn Spoerri im Jahre 1999 zum Weltwirtschaftsgipfel in Köln eingeladen worden wäre und das Staatsbankett, welches der deutsche Regierungschef in diesem Rahmen seinen Gäste im Ambiente des Römisch-Germanischen Museums servieren ließ, durch sein *Arm und Reich Essen* ersetzt worden wäre? Den Sozialphilosophen Vittorio Hösle veranlasste die ungerechte Situation, dass zum Auftakt des ›Weltgipfels für nachhaltige Entwicklung‹ in Kapstadt (1996) von den UN-Delegierten und den Politikern der führenden Industrienationen ein Essen der Reichen inmitten der afrikanischen Armut zelebriert wurde, zu einer deutlichen Kritik. Hösle erteilte den Reichen den ethischen Rat, als allererstes *ihr* Essen zu ändern: Eine Verbesserung der Welt im Sinne einer nachhaltigen Entwicklung und einer Abschaffung der globalen Ungleichheit zwischen Reich und Arm sowie des milliardenfachen Hungers in der dritten Welt verlange vor allem eine Veränderung des Ernährungsstils der Wohlstandsländer der ersten Welt.[71]

Spoerris Kunst greift indessen nicht auf solche gerechtigkeitsphilosophischen Forderungen nach einer besseren Welternährungspolitik aus. Seine Eat Art bleibt apolitisch, doch nicht ohne die Süffisanz einer ästhetischen Wahrnehmungsirritation ins Spiel zu bringen: Während anfangs beim *Arm und Reich Essen* die Reichen als Entrée Champagner und einen Crevetten-Salat gereicht wird und den Armen nur eine Brotsuppe, wird in neueren Versionen dieses Eat Art Banketts eine konzeptuelle Subversion wirksam. Diese Subversion verfolgt die Absicht, das kulinarische Wertesystem und die feinen Unterschiede des ›guten Geschmacks‹ zu untergraben. »Inzwischen lege ich«, erläutert Spoerri, »auch großen Wert darauf, dass beim Armenessen die Zutaten so gut wie möglich sein müssen: Die ›Ar-

70 | Rawls, Theorie der Gerechtigkeit

71 | Hösle, Philosophische Hilfestellungen für UN-Delegierte zwischen Austern und Austerität; Ders., Moral und Politik, 1092ff

men‹ bekommen ein gutes Graubrot, die ›Reichen‹ hingegen nur dieses Standardbrot aus dem Supermarkt. Den ›Reichen‹ stelle ich irgendeine Flasche teuren Wein mit einem hochtrabenden Namen hin, aber für die ›Armen‹ suche ich einen guten Landwein aus. Es muss zwar billig sein, aber gut. Das geht mit den anderen Zutaten so weiter, bis die ›Reichen‹ merken: Die ›Armen‹ essen eigentlich viel besser als wir.«[72] Damit verwischt der Neorealist freilich gerade die reale Dürftigkeit und das schlechte Essen der alten und neuen Armut. Seine Eat Art Dinnershows erzeugen einen ästhetisierten, im wahrsten Sinne des Wortes *künstlichen Schein* eines für alle irgendwie ›guten Essens‹. Auf diese oberflächliche Weise suggeriert seine Kunst eine leichte Veränderbarkeit und die nötige Umwertung der gesellschaftlich vorherrschenden Ernährungsverhältnisse. Dabei bleiben die gesellschaftspolitischen Inhalt des globalen Nahrungsgeschehens (der ökonomischen, ökologischen, geschmacksindustriellen, gender-relevanten und gesundheitlichen Zusammenhänge) unthematisiert.

Doch es steht außer Zweifel: Daniel Spoerri hat durch seine Eat Art wie kaum jemand anders in den letzten Dezennien die alltägliche und nebensächliche Beschäftigung mit ›Essen‹ aus einer kulturellen Marginalisierung befreit und über das künstlerische Ins-Werk-Setzen des Kochens und Speisens den potenziellen (gastrosophischen) Gehalt des Essens als mögliche Lebenskunst freigelegt.[73] Diese großen Verdienste für die gesellschaftliche Ausweitung einer Ästhetik des kulinarischen Geschmacks werden gleichsam von einem dialektischen Schatten begleitet. Statt die Esskunst als die ethisch-ästhetische Praxis einer Alltagskultur zu präsentieren, stilisiert Spoerri seine Eat Art zu spektakulären Spaßveranstaltungen, von denen maßgebliche Impulse einer unpolitischen Ästhetisierung des Essens als integraler Bestandteil einer florierenden Ess-Kulturindustrie ausgegangen sind. Heute bieten Food Entertainer, Partyservice-Unternehmen für Catering Events, Koch-TV-Shows etc. in unzähligen Variationen die kommerzialisierten Schlemmerspektakel einer affirmativen Erlebnisgastronomie an. An dieser popkulturellen Konvergenz von unbeschwerte Gaumenfreude und gesellschaftlicher Vereinnahmung lässt sich nicht zuletzt jenes immanente Dilemma einer gesellschaftsorientierten Kunst ablesen, vor dem bereits Herbert Marcuse warnte: Das Dilemma einer *falschen Aufhebung avantgardistischer Kunst*, die einen schönen Schein produziert, der nur die schlechte Realität einer letztlich unveränderten, kunstlosen Essistenz versüßt.[74] Entsprechend tischt eine in emanzipatorischer und gastrosophischer Hinsicht falsche Kunst des Essens lediglich eine spektakuläre Fertigküche auf, von der sie weiß, dass der gesellschaftlich vorherrschende Geschmack diese mit interesselosem Wohlgefallen goutiert.

---

72 | Spoerri, Zyklus des Lebens, 85

73 | Metzler Lexikon, Kultur der Gegenwart: Art. Esskultur

74 | Marcuse, Über den affirmativen Charakter der Kultur

Eckart Witzigmanns Dinnershow für alle Sinne

Während Spoerri mit seiner Eat Art den schlechten Geschmack der ›Fresswelle‹ (der 1960er Jahre) konterkariert und ein neues Genre in der Kunstwelt etabliert, das schließlich im kulturellen Leben der Gegenwart langsam Wurzeln zu schlagen beginnt, wird zeitgleich im Feld der professionellen Gastronomie Eckart Witzigmann als erster deutscher Koch mit drei Sternen des Guide Michelin ausgezeichnet. Witzigmann wird schließlich für die Kochkunst, die er in seinem Münchner Restaurant *Tantris* nach den Kriterien der *Nouvelle Cuisine* kreiert, zum ›Jahrhundertkoch‹ gekürt – ein Titel, der weltweit bisher erst vier Köchen verliehen wurde –, er wird in die ›Hall of Fame de Grands Chefs‹ aufgenommen und nicht zuletzt zum Ehrenpräsidenten der Deutschen Akademie für Kulinaristik ernannt. Sein jüngster Beitrag zur Verfeinerung der deutschen Esskultur ist die Dinnershow *Palazzo* bzw. das *Witzigmann Roncalli Bajazzo*: ein Restaurant-Theater, das seit 2001 an verschiedenen Veranstaltungsorten in Deutschland regelmäßig Hunderte von Gästen anzieht. Während einer mehrstündigen Abendveranstaltung wird ein Vier-Gänge-Gourmet-Menü serviert. Für die kulturelle Umrahmung der »Eventgastronomie der gehobenen Art« sorgt ein Showprogramm, »das von stillen, poetischen Momenten hin zu temporeichen, spannungsgeladenen Darbietungen reicht. Eine Riege an international renommierten Artisten begeistert mit gleichermaßen akrobatischen wie ästhetischen Showeinlagen.«[75] Neben dem Unterhaltungsprogramm dürfen sich die Palazzo-Gäste auf ein besonderes kulinarisches Ereignis freuen. Für jede Spielzeit entwirft Witzigmann ein neues viergängiges Einheitsmenü für alle Palazzi. (Wobei das seit 2006 neu konzipierte Programm des *Geschmackstheaters Palazzo* in Kooperation mit anderen deutschen Starköchen stattfindet.) Die Kunst des Essens besteht hier indessen weder in dem avantgardistischen Projekt, die Menschen auf einen neuen Geschmack zu bringen und sie mit einem ›revolutionären‹ Sinn für Neues zu konfrontieren, noch in der provokanten Absicht, den vorherrschenden Geschmack zu problematisieren oder anhand von tiefsinnigen Experimenten eine erlahmte Urteilskraft zu reaktivieren. Anders als bei Spoerri und Marinetti muss die Kunst, die Witzigmann schafft, den Konsumenten schmecken – denn mit üppigen 120 Euro pro Person darf das Publikum einen garantierten Kunstgenuss erwarten. Das *Geschmackstheater* ist und inszeniert ausschließlich ein Bankett für Betuchte. Gleichzeitig muss das kostspielige Menü vielen unterschiedlichen Ansprüchen und Wünschen gefallen. »Wenn ich Wachteln nehme, haben einige Menschen aus Tierschutzgründen Vorbehalte«, weiß Witzigmann. Und »den Geschmack von Hammel wiederum mag nicht jeder«. Dagegen scheint Perlhuhn mit Trüffeln nicht nur repräsentativ für die Kunst eines außergewöhnlichen Kochens, sondern gefällt vielen auch deshalb, weil es neben den gewünschten Assoziationen (Trüffel = teuer = gut) keine appetitlichen Dissonanzen erregt (Perlhuhn = fremdartiges niedriges Tier und fettarmes Fleisch = tierethisch und gesundheitlich unbedenklich).

---

75 | Witzigmann Roncalli – *Bajazzo*. Die Dinnershow für alle Sinne; www.witzigmann-palazzo.de

Trotz der Tatsache, dass Witzigmanns »Dinnershow für alle Sinne« ein kommerzielles Vergnügungskonzept verfolgt, weiß das Palazzo-Gesamtkunstwerk den Koch zu einem genialischen Künstlersubjekt zu heroisieren. Ähnlich wie Adrià (siehe 1.1.), so wird Witzigmann als ›Großmeister‹ und ›Starkoch‹ zelebriert, dessen Meisterwerke – wie in vormodernen Epochen der Kunstgeschichte – ohne die Arbeit unzähliger Gehilfen undenkbar wären. Die vielköpfige Kellner- und Kochbrigade reproduziert die Menüelemente eine ganze Saison lang nach dem gleichen Zeitmanagement. Die monotonen Arbeitsabläufe folgen einem genau ausgetüftelten Zeitplan, jeder Zubereitungsvorgang oder jedes Anrichten ist exakt berechnet. Die fabrikmäßigen Produktionsabläufe im »Gourmettempel« leben von keiner kreativen Selbstbestimmungspraxis, die in der eigenen Küche abwechslungsreiche Köstlichkeiten bastelt. Hinter der bunten Showbühne und dem eleganten Bankett-Glanz verlangt Witzigmanns Kochgroßkunst die Großküchentechnik einer profitablen Vergnügungsindustrie. Diese setzt auf die von den Futuristen einst geforderte und heute übliche Technologisierung des kulinarischen Produktionsprozesses durch den optimalen Einsatz spezieller Warm-, Kalt-, Anrichtegeräte. Die perfekte Logistik einer stählernen Systemküche erfüllt die komplexen Anforderungen dieser exquisiten Variation der ursprünglichen Eat Art Happenings. An die Stelle avantgardistischer Ideale ist die Logik einer banalen Unterhaltung getreten: Statt zum Kochen als einer Lebenskunst zu ermutigen, mit der man sich und Anderen und vielem in der Welt Gutes tun kann, wird man ›schön‹ bedient – ausnahmsweise, als Belohnung, nicht mit preisgünstiger Fertigküche und häuslichem convenience food wie sonst. *Das* ist der *feine Unterschied* des heute gesellschaftlich vorherrschenden ›guten Geschmacks‹. Wie schon bei den großen futuristischen Dinnershows, so spielen auch heutzutage prominente Künstlerinnen und Persönlichkeiten eine glamouröse Vorzeigerolle. Statt Joséphine Baker tragen Uschi Glas und Barbara Schöneberger oder solche jedem Kunstsinn erhabenen Medienstars wie Wladimir Klitschko und Boris Becker, laut Pressebericht, zum Gelingen des Festes bei. Ihnen ist – um Marinettis Worte zu variieren (siehe 1.1.) – »die Überwindung der letzten Zweifel bei den Teilnehmern über die Konsequenzen dieser Erlebnisgastronomie zu verdanken«. Witzigmanns *Geschmackstheater*, darf man sagen, kommerzialisiert und trivialisiert Spoerris Eat Art Bankette zu einem *Spaßessen für Reiche*.

1.3. Jeder Mensch ist ein Kochkünstler

oder Joseph Beuys' unentdeckte Gastrosophie

Die sicherlich bekannteste Maxime des »erweiterten Kunstbegriffs« von Joseph Beuys lautet: »Jeder Mensch (ist) ein Künstler«. Erstmalig taucht dieses Motto im Jahre 1979 als Titel einer im Fernsehen gesendeten Dokumentation auf, die den Künstler beim Gemüseputzen, Kohlrabi- und Kartoffelschälen zeigt.[76] Beuys Kochtätigkeit und Speisedarbietung werden zum konzeptuellen Rahmengeschehen des ganzen Films. Den biographischen Aufzeichnungen einer langjährigen Freundin verdanken wir weitere Einblicke in die Beuys'sche Kunst des Essens: »In seinem Studio in Düsseldorf bereitete er Mahlzeiten zu mit der gleichen Selbstverständlichkeit, wie er Kunstwerke schaffte. Wenn Freunde oder Mitarbeiter oder renommierte Kulturleute dort zufällig um die Mittagszeit auftauchten, stellte sich der Zauberkünstler hinter den großen Herd und begann den Kochlöffel zu schwingen.«[77] Mit dem Bild vom kochenden Mann in der häuslichen Küche entwirft Beuys das, was er eine »soziale Plastik« nennt. Die plastische, ebenso gestalterische wie wertschöpfende Arbeit an der Verwandlung von natürlichen Kräften in menschliche Energiequellen begreift er als eine »anthropologische« Kreativität, die jeden Menschen, der so tätig ist, zu einem sich selbst bestimmenden und einen elementaren Lebensalltag frei gestaltenden Menschen macht. Die (Fernseh-)›Bilder‹, die Beuys im häuslichen Kontext bei der Küchenarbeit abbilden, reterritorialisieren die kulinarische Praxis jenseits der professionellen Gastronomie und der traditionellen Geschlechterrollen und deren Arbeitsteilungen. In einem gewissen Sinne reagiert das Beuys'sche Vorbild (eines kulinarisch emanzipatorischen Mannes) auf Martha Roslers feminismustheoretisches Video *Semiotics of the Kitchen* aus dem Jahre 1975, in dem die traditionelle Hausfrauenrolle problematisiert und die weibliche Küchenarbeit persifliert wird. So sagt es viel über den gegenwärtigen Stand des Emanzipationsprozesses aus, wenn der Videofilm der französischen Künstlerin Susan Chales de Beaulieu unter dem Titel *Das ist meine Küche* aus dem Jahre 2006 ausschließlich Frauen am Herd zeigt und dazu auch noch erläutert wird, es sei »vielleicht nicht unbedingt in der Küche, wo man am besten die Befreiung der Frauen im Lauf der letzten vierzig Jahre beurteilen kann«.[78]

Beuys proklamiert kein eigenes ›Manifest der anthropologischen Küche‹, auch wenn dies in der Sache nahe gelegen hätte. Gleichwohl versteht er, der Sozialutopist par excellence, die gewissermaßen transsexuelle, individuelle Kochkunst als eine *konstitutive* Praxisform eines erweiterten Kunstbegriffs. Deswegen führt die »Kapitalfrage des Menschen« direkt in

76 | Beuys, Jeder Mensch ein Künstler

77 | De Domizio Durini, Beuys: Art of Cooking, 20

78 | Kunstverein Linda, Hamburg, 4. November 2006

den Kontext eines kulinarischen Tätigseins sowie der konvivialen Mahlpraxis als ethischer Lebenskunst. Trotz der konzeptuellen Tragweite der Beuys'schen ›Eat Art‹ hat die kulturelle Hegemonie eines ungastrosophischen Geistes dazu geführt, dass unter den unzähligen Publikationen und Einzelstudien zu Beuys dieser ›kapitale‹ Aspekt des erweiterten Kunstbegriffs kaum Erwähnung findet und *Beuys als Gastrosoph* unbekannt geblieben ist. Allgemeine Bekanntheit erlangte lediglich der Großmeister und Mythenbildner legendärer Fett- und Filz-, Honig- und Wachsplastiken; der Schamane, der in geheimnisvollen Aktionen dem »Bruder Tier« die Welt und die Kunst und vielleicht ja auch dessen Schutzrechte erklärt. (Allerdings steht Beuys, wie wir sehen werden, für eine inkonsequente Haltung gegenüber »Bruder Tier«. Der Tierrechtsaktivist erliegt der kulinarischen Unvernunft: Anstatt sich einen tierethischen Vegetarismus zu Eigen zu machen und kein Fleisch oder Fisch zu essen, lässt er sich ein mit Rosmarin gewürztes Stück Lamm, spezielle Fischgerichte und dergleichen mehr mit Freude schmecken.) Unter der ›Beuys'schen Philosophie‹ wird – weit entfernt davon, darin eine Gastrosophie zu vermuten – am ehesten noch an das tendenziell christlich-spirituelle Gedankengut seiner Anthroposophie gedacht.

Die Evidenz all dieser Zuschreibungen und vor allem Selbstinszenierungen steht außer Zweifel. Gleichwohl gibt es noch einen anderen Beuys: eben den veritablen Gastrosophen, der hier porträtiert werden soll. »Im Künstler als Küchenchef«, so Beuys-Experte Beil zurecht, »bündeln und realisieren sich alle plastischen, synästhetischen, anthropologischen und ethischen, aber auch ökologischen Leitideen des Joseph Beuys«.[79] Sicherlich wird dieses Urteil angesichts der Rezeptionsmuster auf Verwunderung stoßen. Vom Standpunkt einer philosophischen (gastrosophischen) Theorie der Kunst, die einen Sinn fürs Essen und für kulinarische Fragen des ›ästhetischen Geschmacks‹ hat, ist Beuys eine respektable Größe der Eat Art, die ansonsten ausschließlich mit dem Namen seines Künstlerkollegen Daniel Spoerri in Verbindung gebracht wird. Indes findet sich in der zeitgenössischen Kunst weder vor Beuys noch nach ihm eine vergleichbar systematisch umfassende Position zum Essen. Wie kaum jemand anders, verkörpert er die historischen und ästhetischen Anfänge einer »Counter Cuisine« (Belasco), die mit den Aktivisten der Umweltbewegung und linken Alternativkultur seit den 1970er Jahren zu wachsen begann: Eine *Gegenküche*, die sich seitdem in ein kaum überschaubares Spektrum von Aktivitäten und Geschmäckern zerstreut und, wie wir sehen werden, auch ›verfeinert‹ hat. Beuys' gastrosophische Kunst umfasst drei wesentliche Aspekte des Sujets: 1. die Verwendung von Lebensmitteln als Rohmaterial für die künstlerische Arbeit. 2. Nahrungserzeugung als Wirtschaftsfaktor und damit der politisch-ökonomische Zusammenhang zwischen Küche und

79 | Beil, Künstlerküche, 224

Land-Wirtschaft unter dem Gesichtspunkt eines ökologischen Naturverhältnisses und 3. das Kochen als alltägliche, lebenskünstlerische Kreativität.

Erste Erweiterung: Lebensmittel als Kunstmaterial

Joseph Beuys ist eine Zentralfigur der Lebensmittelkunst des 20. Jahrhunderts. Wie kaum jemand hat er die Materialwertigkeiten von Lebensmitteln in sein Denken einbezogen und mit Naturalien und Esswaren als Rohstoffe, Konsumgüter, Energiequellen und Gestaltungsobjekten gearbeitet. Dazu gehören Werke wie: *Fond* (1957), der Birnenhälften im Einmachglas zeigt; *Tierdenkmal* aus Blockschokolade (1961), *Fingernachabdruck* (1971) aus gehärteter Butter, *Sauerkrautpartitur* (1969), einer Aktion, bei der Sauerkraut statt Musiknoten auf einen Partiturständer platziert wird, *Honigpumpe am Arbeitsplatz (1977)*, einer groß angelegten Installation, bei der Honig durch ein Schlauchsystem gepumpt wird, *Gib mir Honig* (1979), ein signierter Blecheimer mit Honig, *Unschlitt/Tallow* (1977), eine monumentale Skulptur hergestellt aus reinem Waltalg, *Wein* (1982), eine Kiste voll biologisch angebauten Weines aus der Toskana, die von der Freien Internationalen Universität (FIU) zertifiziert ist, *Zitronen-Batterie* (1985), bei der eine Glühbirne an eine Zitrone als Energiequelle ›angeschlossen‹ ist. In vielen Arbeiten kommen weitere alimentäre Realia zum Einsatz. Um einen gewissen Eindruck die Vielfalt und Menge der Lebensmittel, die Bestandteil der Beuys'schen Kunst sind, zu vermitteln, sind hier über die bekannten Rohstoffe *Fett* und *Honig* hinaus zu nennen: Äpfel, Bier, Bonbons, Blutwurst, Brot, Doppelkorn, Dörrfleisch, Eier, Fisch, Gebäck, Gelatine, Grieß, Grütze, Haferflocken, Himbeeren, Hirse, Karamell, Kartoffeln, Kekse, Knoblauch, Kuchenteig, Kümmel, Maggi, Majoran, Malzkaffee, Milch, Olivenöl, Orangen, Passionsfrucht, Pilze, Salz, Sandkuchen, Schokolade, Senfkörner, Speck, Speisekuchen, Sülze, Süßmost, Tee, Vollsoja, Waffelteig, Weizen, Zucker, Zwieback. Eine ähnliche Liste ließe sich für verwendete Küchengeräte erstellen.[80] Beuys wählt dieses Material einer arte povera nicht aus einer persönlichen Vorliebe, sondern bewusst und programmatisch, um einen inhaltlichen Bezug zu den elementaren Dingen und existenziellen Grundlagen des Alltagslebens herzustellen. Die Verwendung von Lebensmitteln *erweitert* den verengten Gegenstandsbezug der Kunst und deren traditionellen Ausdrucksmitteln. Wenn Beuys von einem »erweiterten Kunstbegriff« spricht, dann ist dabei auch an diese von ihm intensiv betriebene *Lebensmittelkunst* zu denken.

80 | De Domizio Durini, Beuys: The art of cooking

Zweite Erweiterung: Land-Wirtschaft und die Kunst der bäuerlichen Arbeit

Aus der Sicht eines gastrosophischen Kunstverständnisses ist darüber hinaus bemerkenswert, dass sich die Beuys'sche Eat Art nicht darauf beschränkt, Esswaren als Material zu verwenden. Seine Auseinandersetzung mit Essen geht über Strategien und Mittel der Objektkunst hinaus. Die Erweiterung der Kunst, die mit seinem Namen verbunden ist, besteht ebenfalls darin, dass das gesellschaftliche Leben zum Gegenstand der künstlerischen Reflexion gemacht wird. Dabei schlägt Beuys freilich einen anderen Weg ein als Spoerri. Stärker als dieser entwickelt Beuys seit den 1970er Jahren eine interventionistische Kunstpraxis, die ihre Themen – und mithin auch die Essensthematik – in größere gesellschaftspolitische Zusammenhänge stellt, als dies bei Spoerri und dessen eat-artistischen Happenings der Fall ist. Indem Beuys seinen Kunstbegriff auf den »*Wirtschaftsbegriff*« und damit auf politisch-ökonomische Fragen erweitert, kann er den gastrosophischen Sachverhalt erfassen, dass das menschliche Nahrungsgeschehen ein grundlegender Wirtschaftsfaktor ist und Lebensmittel nicht nur Material für die Kunstproduktion, sondern weit mehr auch ganz reale Güter der gesellschaftlichen und globalen Warenproduktion sind. Die große Rauminstallation, die Beuys im Jahre 1980 durch ein Regalsystem arrangiert, zeigt Nahrungsmittel wie Mehl, Maggi, Margarine, Fischkonserven, Reis, Erbsen. Er inszeniert auf diese Weise Esswaren als *Wirtschaftswerte* – so lautet auch der Titel dieser Installation. Indem Produkte aus den antagonistischen Wirtschaftssystemen der ehemaligen DDR einerseits sowie des ehemaligen Westdeutschlands ausgestellt werden, wird auf die globale Problematik des Ost-West-Konflikts und die damit verbundene politische ›Systemfrage‹ zwischen Kapitalismus und Sozialismus angespielt. Über zahllose Vortragsaktivitäten und Workshops zur kapitalistischen Geldwirtschaft und zu theoretischen wie praktischen Ansätzen für ein alternatives Wirtschaftssystem sucht Beuys in den 1980er Jahren das ökonomische Denken in ökologische (naturphilosophische und umweltethische) Reflexionen zu integrieren.[81] Als einer der maßgeblichen Köpfe der linken Alternativbewegung macht er sich klar, dass eine Veränderung der kapitalistischen Wachstumsimperative nur durch eine Überwindung der modernen Agrarindustrie mithilfe einer Ökologisierung der Landarbeit möglich ist, weil in der konventionellen Landwirtschaft eine Hauptursache für die rücksichtslose Ausbeutung der planetaren Lebensgrundlagen und ebenso eine Hauptursache für die Fortsetzung der globalen Ungerechtigkeit der Weltwirtschaft bzw. der Welthungerproblematik steckt. Kurz, eine auf Wirtschaftsfragen erweiterte Kunst dehnt eine Kunst des Essens not-

---

81 | Kurt, Der umgedrehte Spazierstock

wendig auf die *politisch-ökologischen Fragen der Landwirtschaft* und der ›landbaukünstlerischen‹ Zukunft des Planeten aus.[82]

Der Bauer Beuys

Beuys bezieht seinen gastrosophisch erweiterten Kunstbegriff in wirtschaftlicher Hinsicht auf die Agrikultur als einem *Feld gesellschaftlich notwendiger Arbeit*. Entsprechend werden von ihm die konventionelle Wahrnehmung der bäuerlichen Existenz als einer ›niedrigen‹ und ›rückständigen Arbeitskraft‹ kritisch hinterfragt und die landwirtschaftlichen Tätigkeiten als ein künstlerisches Schaffen aufgewertet. Denn, »wenn ein Mensch als Bauer etwas Wahrhaftes nachweisen, wenn er ein lebenswichtiges Produkt aus der Erde entwickeln kann, dann muss man ihn doch als ein wirklich schöpferisches Wesen auf diesem Felde bezeichnen. Und insofern muss man ihn doch als Künstler akzeptieren.«[83] Mit dieser ungewöhnlichen Sicht der Dinge wendet sich Beuys nicht nur gegen den globalen Bedeutungsverlust der kleinbäuerlichen Existenzform, die die hochtechnologische Rationalisierung der Agrarproduktion mit massenhafter Arbeitslosigkeit bezahlt und weltweit über die Abwanderung aus dem ländlichen Raum sowie mit der Zuwanderung in die städtischen Ballungsgebiete für einen anhaltenden Migrationsstrom sorgt. In der programmatischen Absicht einer Umwertung des ›Bäuerlichen‹ macht sich Beuys zum Initiator einer Landbau-Kunst, die das Anbauen von Nahrungsmitteln als kreativen Akt und als wertschaffende Arbeit begreift. In einer Aktion im März 1977 pflanzt der Künstler Kartoffeln in den Vorgarten des Berliner Galeristen René Block: Mit einem Rucksack auf dem Rücken betätigt er sich als Subsistenzbauer und beackert das Gärtchen. Am Ende der *Documenta 6* im Oktober des gleichen Jahres gräbt der Vorzeige- und Vorlebe-Bauer Beuys das Erntegut dieser ökologischen Landbaukunst aus. Die geernteten Kartoffeln sind die natürlichen Früchte eines kreativen Widerstands gegen die kapitalistische Agrarindustrie und deren ›Schweinesystem‹ (im realen wie übertragenen Sinne). Angesichts der Tatsache, dass Deutschland in jenem Jahr den ›deutschen Herbst‹ – im Banne der gewaltsamen Terroraktionen der Roten-Armee-Fraktion – erlebt, sieht er in der widerständigen Kreativität und ertragreichen Subversion einer Landbaulebenskunst ein »elementares Bild unangepassten Überlebens jenseits von Stadtguerillagewalt«.[84] Das Kultivieren eines eigenen Gemüsegartens lässt sich, mit Beuys, als eine Wiederaneignung der Kontrolle über ein Stück selbstversorgtes, eigenes Leben verstehen: eines von der Massenproduktion des Agrarkapitalismus befreites, kulinarisches Leben. Zwar lässt sich dieser Gedanke bereits lange

82 | Belasco, Appetite for Change

83 | Beuys et al., Ein Gespräch, 115

84 | Beuys, in Beil, Künstlerküche, 225

vorher bei einer Reihe von gastrosophischen Freigeistern wie Epikur, Rousseau, Marx und Nietzsche finden; doch während die Philosophen nur den Begriff davon erfassen, setzt der Künstler diesen auch in die Tat um. In der unmittelbaren Nähe zu seinem Düsseldorfer Studio ebenso in seinem kleinen Landhaus im holländischen Veert und erst recht auf seinem eigenen Stück Land in der Toskana betätigt sich Beuys in der Kunst eines ökologischen Ackerbaus. De Domizio Durini berichtet von einer geradezu kitschigen (auf alle Fälle aber bloß zeitweiligen) Idylle des toskanischen Landlebens: »Hier wurde Joseph Beuys zum Bauer, zu einem echten Landwirt. Er kümmerte sich um seine Pflanzen, unternahm Vorkehrungen für den Misthaufen und machte Kompost aus biologisch abbaubarem Abfall; stapelte Brennholz und beschnitt die Pflanzen. [...] Er erntete Gemüse und Kräuter aus seinem Gemüsegarten, um seine delikaten Gerichte herzustellen.«[85]

»Difesa della natura« – Verteidigung der Natur

Dass die organische Landwirtschaft einen programmatischen Stellenwert in Beuys' Wirtschaftsbegriff einnimmt, spiegelt sich in zahlreichen umweltpolitischen Aktionen wider. Unter anderem in der *Foundation for the Rebirth of Agriculture,* die 1978 im Kontext des Gründungsaktes der von Beuys inaugurierten *Freien Internationalen Universität* in Pescara/Italien stattfindet. Dort wird das Forschungsprogramm formuliert, alternative Formen des Anbaus und der Biotechnologie zu suchen sowie Methoden der landwirtschaftlichen Produktion zu entwickeln, die die globale Agrikultur unter die humanen Kriterien der sozialen Gerechtigkeit und Nachhaltigkeit stellen.[86] Auch die Gründung der *Organisation der Nichtwähler* (1970) bzw. die Einrichtung eines Büros der *Organisation für direkte Demokratie durch Volksabstimmung* während der *Documenta 5* (1972) sowie der Gründungsaufruf zur *Freien Internationalen Hochschule für Kreativität und interdisziplinäre Forschung* (Free International University) belegen, dass der erweiterte Kunstbegriff nicht von einer politischen Lebenskunst zu trennen ist. Dieser konzeptuelle Bezug zur Politik führt jedoch zu keiner Ästhetisierung des Politischen beispielsweise durch die Diktatur einer futuristischen Küche und Weltanschauung (siehe 1.1.), sondern zu einer kapitalismuskritischen Repolitisierung der globalen Nahrungsverhältnisse und, vor allem, des eigenen Essens.

In diesem Zusammenhang steht auch Beuys' anfängliches Engagement bei der Gründung der Partei *Die Grünen*, die zu dieser Zeit der politische

85 | De Domizio Durini, Beuys: The art of cooking, 22

86 | *Foundation for the Rebirth of Agriculture,* Präsentation am 12. Februar 1978 an der FIU Bolognano (Pescara); und *Defense of Nature – Difesa della Natura* am 13. Mai 1984 am gleichen Ort.

Hoffnungsträger einer ökologischen Erneuerung der Industriegesellschaft ist. 1979 kandidiert der Künstler und ›Revolutionär‹ für das Europaparlament, 1980 für *Die Grünen* im Landtag von Nordrhein-Westfalen. Allerdings erkennt Beuys früher als so mancher, dass die parlamentarischen Vertreter der Demokratie- und Umweltbewegung die großen politischen Erwartungen nicht erfüllen und wendet sich von ihnen ab. Erst neuerdings besinnen sich die *Europäischen Grünen* der Gastrosophie ihres namhaften Mitbegründers und dessen erweiterten Kunstbegriffs eines guten Essens. Im Beuys'schen Geiste wird eine »Food Revolution« proklamiert. Entsprechend heißt es auf der Webseite der Grünen im Europäischen Parlament: »*Gutes Essen ist politisch.* Daher brauchen wir eine gute Ernährungspolitik, die den Ärmsten das Recht auf Nahrung gibt, die die Nachhaltigkeit und Vielfältigkeit der AgrarKultur widerspiegelt und bei der Landwirte und Verbraucher gemeinsam die Verantwortung für gerechte Preise und gerechten Handel tragen. Die Europäischen Grünen haben eine neue Kampagne gestartet – ›Für eine europäische ErnährungsKultur‹. Zusammen mit Euch möchten wir für ein stärkeres öffentliches Bewusstsein, persönliches Engagement und für partizipative Demokratie kämpfen, um der Ernährungspolitik in ganz Europa eine neue Richtung zu geben und sie zu verbessern.«[87] Beuys' Interventionen für eine naturnahe Landwirtschaft und eine Alternative zum globalisierten Agrarkapitalismus veranlassen ihn schließlich zu einer Reise auf die tropischen Seychellen, um in direkter Kooperation mit der ländlichen Bevölkerung eines Entwicklungslandes der Dritten Welt erste Schritte zur Agrarwende in die Wege zu leiten. Das Projekt verbindet Aspekte der biologischen Diversität und ökologischen Nachhaltigkeit mit postkolonialem Wirtschaftswachstum und lokaler Demokratie.[88] Durch diese ›zivilgesellschaftliche Initiative‹ setzt der Sozialutopist ein entwicklungspolitisches Modell in Gang, das heute mithilfe von zahlreichen Nichtregierungsorganisationen wie der Menschenrechtsorganisation *Fian*, der internationalen Bauernbewegung *Via Campesina* oder der indischen Frauenorganisation der *Women's Charter of Food Rights* an vielen Orten des Globus professionelle Fortsetzung findet.[89]

Dritte Erweiterung: Kochkünstler-werden

Eine besondere Stärke der Beuys'schen Gastrosophie hängt mit der Tatsache zusammen, dass sie den ökologisch-politischen Landwirtschaftsbezug mit der kulinarischen Alltagspraxis und dadurch Politik mit Ästhetik ver-

87 | Die Grünen/EFA (im Europäischen Parlament); www.eat-better.org/eat-better.php

88 | De Domizio Durini et al., Joseph Beuys: Diary of Seychelles

89 | Lutzenberger/Gottwald, Global denken, lokal essen; Lappé/Lappé, Hoffnungsträger

bindet. Die eingangs erwähnte Dokumentation *Jeder Mensch (ist) ein Künstler* veranschaulicht dies ›plastisch‹: Indem sich Beuys bei der unspektakulären Tätigkeit des Kartoffelschälens und Suppeschöpfens filmen lässt und schließlich diese Bilder durch das Fernsehen der allgemeinen Öffentlichkeit gezeigt werden, lenkt er die Aufmerksamkeit auf den alltagspraktischen Ursprung dieses Selbst- und Weltbezugs. Es entsteht ein *Wärmeobjekt* zur Speisung der Familie und Freunde als einem Lebens-Kunstwerk, das kreative Individualität und gastrosophisch kultivierte Selbstbestimmung verkörpert. Seine Praxis des Kochens ist dabei ebenso unprätentiös wie seine Haltung als Chef de Cuisine. In welchem Sinne jeder Mensch als Kochkünstler sein eigener *Küchen-Chef* ist, erläutert Beuys mit folgenden Worten: »Der Chef da drin ist das menschliche Haupt. Das Wort Chef kommt vom Kopf. Und den hat jeder Mensch. Jeder Mensch hat seinen Chef. Jeder Mensch hat also die Möglichkeit zu bestimmen. Es ist also das Moment der Selbstbestimmung drin. Das heißt Chef.«[90] Damit distanziert sich die Beuys'sche Kochkunst grundsätzlich von der herkömmlichen Hierarchie in der Küche und dem Herrschaftsmodell des Chefs, das sowohl bei Marinetti als auch bei Spoerri – beide lassen Andere für sich kochen – und erst recht in der professionellen Gastronomie eines Witzigmanns und anderer Meisterköche für ungleiche Machtverhältnisse zwischen dem Meister und seinen Untergebenen sorgt.[91] Wird das Kochen als individuelle Lebenskunst potentiell eines jeden Menschen anstatt als Praxis von einigen Künstlern oder Berufsköchen verstanden und kultiviert, ist die ›Kunst‹ daran die ethisch aktivierte Gestaltungstätigkeit, in der menschliche Kreativität alltäglich gelebt wird. Zwar ist die Überwindung der vorherrschenden Nicht-Kochkunst, der überwiegenden kulinarischen Untätigkeit und gastrosophischen Selbstentfremdung, nur *ein* widerständiges Handlungsfeld neben anderen, aber dafür ist es ein *von vielen jederzeit* ergreifbares Veränderungspotential. Beuys' gastrosophisch erweiterter Kunstbegriff, der das Essenmachen als kreative Alltagspraxis umfasst, verleiht dem herkömmlichen Verständnis einer avantgardistischen Überwindung von Kunst und Leben in einer besseren Lebenspraxis einen radikal neuen Sinn. Wie die volle Wirklichkeit einer demokratischen Gesellschaft dem Beuys'schen Neoavantgardismus zufolge reale Gestalt nur durch die politischen Mitbestimmung und alltägliche Beteiligung eines jeden annehmen kann, weil nur dann politische Freiheit allgemein gelebt und verwirklicht wird, so veralltäglicht nur das kulinarische Selbsttätigsein eine kreative Selbstbestimmungspraxis, die – neben dem Genuss der eigenen Kochkunst sowie der Kochkunst Anderer – über das Einkaufverhalten die landwirtschaftlichen Produktionsverhältnisse *gestaltet* und an einer umwelt- und sozialgerechten Transformation des globalen Agrarkapitalismus *mitwirken kann*.

90 | Beuys in Beil, Künstlerküche, 246

91 | Götze, Les Chefs

Statt Künstlerküche – Alltagsküche

In der eingangs beschriebenen Dokumentation, in der sich Beuys als erster »TV-Koch« Deutschlands in Szene setzt, wird ein denkbar einfaches Essen zubereitet: ein Eintopf aus Kartoffeln, Kohlrabi und Zwiebeln, gewürzt mit Pfeffer und Salz. Als Lebenskunst verstanden und gelebt, beruht Kochkunst nicht auf einer spektakulären Koch-Kunst. Anders als Spoerri, Marinetti und andere Künstlerköche, die Restaurants als Ausstellungs- und Versammlungsräume für ihre Eat Art arrangieren, kocht Beuys, um nichts weiter zu tun, als sich und seinen Freunden oder seiner Familie Essen zu machen. ›Nichts weiter‹ – das aber schon. Insofern verfehlt man den gastrosophischen Kern der Beuys'schen Kunst, wenn man sagt: »Mag sich auch der kochende Beuys gerade aufs Äußerste alltäglichen Erfahrungen annähern, scheint das Schaffen des Künstlers hier ganz in Lebenstätigkeit überzugehen.«[92] Was man bei dem Bild, das Beuys beim Essenmachen zeigt, sieht, ist nicht der Künstler, der seine Kunst auf irgendeine Lebenstätigkeit appliziert, ›übergehen‹ lässt. Was ausgestellt wird, ist das sorgsam inszenierte Bild eines in der privaten Wohnküche stattfindenden alltäglichen Kochens und Mahlhaltens als einer ›revolutionären‹ Lebenskunst. Worauf es bei dieser das kulinarische Leben verändernden Praxis ankommt, ist offenbar der *ethische* Schritt vom Nichtkochen zum Selbstkochen, der aus dem eigenen Leben (Essen müssen) eine Kunst (Essen zubereiten können) macht. Jeder Mensch kann diese Kunst lernen; jeder Mensch ist der Möglichkeit nach ein Kochkünstler. Beuys' Widerwillen, die gastrosophische Lebenskunst in eine eat-artistische Ästhetik zu überführen und als Künstler mit kulinarischen Dingen zu spielen, verdeutlichen seine Beiträge zur Eat Art Galerie seines befreundeten Kollegen Spoerri. Die *1a gebratenen Fischgräten*, die Beuys als *Eat Art Objektkunst* in Spoerris Galerie zeigt, ist weder ein Koch-Kunstwerk noch eine Dinnershow, sondern buchstäblich ungenießbare Kunst: unappetitliche Speisereste, die auf den vorgegangenen Genuss als der vollen Erfahrung der Sache selbst verweisen. Der ausgestellte Rest erinnert an seine Zubereitung und seinen Verzehr an einem Ort außerhalb der Eat Art Galerie – in der eigenen Küche. Weniger bekannt ist die *Schweinshaxe*, die Beuys im *Restaurant Spoerri* gekocht hat, um auf andere Weise deutlich zu machen, dass es ihm nicht um eine extraordinäre und bloß repräsentative Kochkunst geht, sondern um nährende und deftige Hausmannskost als Ausdruck einer Alltagsküche: einer ›einfachen‹ Alltagskunst. Beuys, der stets auf die Öffentlichkeitswirksamkeit und den popkulturellen Zuschnitt seiner Aktionen achtet und dafür bewusst mythische Symbolik verwendet, zielt auf das ebenso Populäre wie Mythische einer ›Volksküche‹, um seinem erweiterten Kunstbegriff gesellschaftliche Aufmerksamkeit zu sichern.

92 | Beil, Künstlerküche, 221

Im Zusammenhang der Kunst des Essens bzw. der Eat Art als Populärkultur ist an den künstlerischen Austausch zwischen Joseph Beuys und Andy Warhol, dem Mitbegründer und bedeutendeste Vertreter der Pop Art, zu erinnern. Ihre von gegenseitigem Respekt geprägte Beziehung überbrückt die ansonsten absolut konträren Positionen. Ohne Zweifel ist Warhol auch im eat-artistischen Sinne der weit populärere Künstler: Seine legendären *Campbell's Soup Cans* stehen bis heute für die modernen Nahrungsindustrie und die globale Dominanz der Fast-Food-Kultur. Warhols nicht minder provokanter Ausspruch, er »möge *Hamburger*« und »das Schönste an Tokio« – der Hauptstadt eines Landes mit der vielleicht ausgeprägtesten Ästhetik des Essens – seien »die *McDonald's*«, drückt treffend wie nichts anderes die Mentalität und den populären Geschmack unter der westlichen Bevölkerung aus. Ohne Zweifel ist es diese kulturelle Globalität und Popularität, die sich auch Beuys für seine gastrosophische Gegenküche erhoffte. Tatsächlich bietet ein publikumswirksamer Grundgedanke seines Kunstverständnisses, der gerade in seiner Kunst des Essens praktisch zum Tragen kommt, eine Brücke zur Alltagskultur der Massen: die Idee der menschlichen Kreativität. Anschaulich thematisiert die Aktion *Sauerkrautpartitur* (1969) die ästhetische Utopie einer Menschheit der freien Kreativität. Während eines Happenings am 27. Februar 1969 in der Berliner Akademie der Künste spielt Beuys nach einer ›Sauerkrautpartitur‹ Klavier, nachdem er zuvor echtes Sauerkraut statt Noten auf den Klaviernotenständer platziert hatte. An die Stelle eines sklavischen Gehorsams gegenüber konventionellen Regeln (in diesem Fall dem Notensystem) und tradierten Formen künstlerischen Ausdrucks soll die kreative Improvisation treten. Der Titel der Aktion verdeutlicht die Idee: *Ich versuche dich freizulassen (machen)*. Dabei dient das vermeintlich Urdeutsche – Sauerkraut als deutsches ›Nationalgericht‹ und Verweis auf ›deutsche Tugenden‹ – dazu, die geistige Befreiung und die universelle Idee der individuellen Kreativität der Menschen zu nähren. Wie die musikalische Kreativität, beispielsweise das Klavierspielen, nicht unnötigen Regeln unterworfen werden soll, so entwirft Beuys auch für die kulinarische Lebenskunst das Prinzip einer kreativen Selbst-Bestimmung als einer höheren Form des Denkens und Tuns, welches die Kochkunst von phantasielosem Rezepte-Nachkochen befreit: *Intuition (... statt Kochbuch)* lautet die Titel-Ergänzung des *Multiples Intuition* aus dem selben Jahr. Jeder Mensch ist ein Kochkünstler besagt dann auch, dass jeder, der kocht und kulinarisch selbst tätig wird, seine eigene Kunst kreieren und ganz persönliche Kompositionen erfinden kann. Diese (bislang nicht populäre) Kunst befreit sich konzeptuell auch von der aufwändigen Gastronomieküche, deren repräsentative Ästhetik dem Zwang zur Originalität und extravaganten Kreation unterworfen ist. Wer unter Kochkunst lediglich eine Kochhochkultur und die Großküche von Berufsköchen versteht, und sich einen ›Kochkünstler‹ nur als besternten Spitzengastronom vorstellt, den der Hobby-Gourmet nachzueifern versucht, lässt erkennen, dass die eigene Küche noch keine vom gesellschaftlich vorherrschenden Geschmack befreite Zone einer gastrosophischen Lebenskunst ist.

Das Bild, das den kochenden Beuys zeigt, porträtiert deshalb keinen Künstler, der die kulinarische Praxis als künstlerische Arbeit inszeniert; es zeigt das Vorbild und Vorleben eines kreativen Menschen, der kulinarisch tätig ist. Von dessen Kreationen berichtet Beuys-Biographin De Domizio Durini: »Seine Spezialität war ein kreatives Gericht aus Fleisch und Gemüse, das er oft für seine Freunde kochte. Ich titulierte es *Drakeplatz-Eintopf*.«[93] Dazu werden in einem großen Drucktopf verschiedene Sorten Fleisch und Gemüse aufeinander geschichtet, mit viel klein gehakten Zwiebeln, einem Haufen Schmalz, ganzen Knoblauchzehen, zwei oder drei Esslöffeln Margarine und großen Kartoffelstücken. Zuletzt gibt Beuys verfügbare Kräuter und Gewürze hinzu: Rosmarin, Lorbeer, Thymian, Salbei ... zusammen mit Salz, gemahlenem Pfeffer und großen Mengen an Chili-Schoten. Schließlich wird das ganze Gemisch mit Wasser, wahlweise zusätzlich mit zwei Gläsern guten Rotweins, übergossen und dann unter geringer Hitze gekocht. »Schon nach wenigen Minuten war das ganze Studio von einem intensiven Aroma erfüllt. In Ruhe begann er den Tisch für seine Gäste zu decken.« (Ebd.) Auch das Kunstwerk *Gesalzener Dorsch à la Veert*, ein 1a gekochtes Fischgericht, das Beuys nach seinem niederländischen Wohnort benennt, wo er Zugang zu frischen Dorsch aus der Region hatte, vermittelt die leitende Idee eines unaufwändigen, alltagspraktischen Kochens, das Aspekte einer gesunden (d.h. mediterranen) Ernährungsweise mit politisch korrekten Zutaten, delikatem Geschmack und persönlicher Note verbindet. Neben dem *Drakeplatz-Eintopf*, verdiente auch dieses Werk einer erweiterten Kunstpraxis mindestens soviel kulturelle Bekanntheit wie Beuys' legendäre *Fettecke*. Es entsteht, indem der Fisch vorsichtig mit einem weißen Leintuch abgewischt wird. Im nächsten Arbeitsschritt wird er mit frischen Rosmarinzweigen ›geschlagen‹, so dass das Aroma in das weiche Fischfleisch eindringt. Dann wird der Fisch in eine ovale Schale gelegt mit einer großen Mengen Sojaöl. Dazu kommen einige geschälte, aber ganze Zwiebeln und verschiedene aromatische Kräuter. Außerdem ein wenig Rosmarin und weißer Chili-Pfeffer, Salz und viel Knoblauchzehen. Schließlich wird die ganze Sache mit Wasser und zwei Gläsern Weißwein ›abgedeckt‹ und dann langsam etwa eine Stunde ohne umzurühren gekocht. (Ebd., 19)

De Domizio Durini erinnert sich, dass der Stil von Beuys' Kochkunst einer Art Landküche entsprach, die mit der Wirkkraft der Dinge, ihres wohlnatürlichen, d.h. durch biologischen Landbau kultivierten Eigengeschmacks arbeitete und oft nach einer Mischung aus scharfen Gewürzen und aromatischen Kräutern duftete. Wegen des direkten Zusammenhangs

93 | De Domizio Durini, Beuys: The art of cooking, 17

von Küche und Landwirtschaft setzt Beuys' gastrosophische Lebenskunst *das Naturgute* einer ökologischen Naturästhetik in die Welt. Während die traditionelle Ästhetik das Naturschöne in einer von Menschen unberührten und ungenutzten Natur hineinprojiziert, beinhaltet bei Beuys das ästhetische Denken einer gut genutzten und behandelten Natur ein Denken von Stoff- und Energiekreisläufen und mithin die profane Tatsache, dass der organische Abfall, wie die Kartoffel- und Kohlrabischalen, die Beuys' Kochpraxis erzeugt, schließlich an den im Haushof lebenden Hasen zum Essen verfüttert wird.[94] Dementsprechend kommt in einer guten Alltagsküche der bewusste Gebrauch der Materialwertigkeiten, der die spezifischen (biologischen, eubiotischen) Eigenschaften der Naturalien betont, zum Tragen und wird dort zum Maßstab einer materialgerechten Formgebung. Die Natur wird auf diese Weise nicht beherrscht oder überwunden, sondern als etwas kultiviert und in etwas verwandelt, das seinen eigenen Wert und seine Seinsfülle behält. Die Kochmethoden dieser naturnahen oder mimetischen Kulinarik, die den Vorrang des ›Objekts‹ bewahrt, verweist so auf Substanz- und Formfragen einer Kunstwürdigkeit der Natur und auf die energetischen Kräfte ihrer kulinarischen Transsubstantiation und Zweckmäßigkeit. Die kosmologische Fundierung einer dem agrarischen Naturguten gerechten Kochkunst verarbeitet der Mythopoet Beuys zu einer Naturphilosophie der heilwirksamen Lebenskräfte (der Lebensmittel). So verwendet er beispielsweise Knoblauch nicht nur in der Küche, sondern steckt ihn auch als Medizin in die Erde, weil dessen wohltuende und therapeutische Wirkkraft sowohl der Bodenfruchtbarkeit diene als auch auf das Umfeld reinigend wirke. Daher fällt es nicht schwer, in Beuys einen Erdgeistanbeter, Schamanen und Spiritualisten zu sehen, der an die Seele und Würde alles Lebendigen ›glaubt‹. In diesem Sinne spricht Durini von einer »Beuys'schen Mystik des Kochens«, die über die simple Weisheit von Erfahrung und Geschmack hinausgehe, »um die versteckten Harmonien und das großartige Zusammenwirken der Natur einzubeziehen.«[95] Freilich ist dieser Mystizismus nicht weiter verwunderlich, greift doch die Anthroposophie, in deren Nähe sich Beuys' Denken bewegt, auf eine magische Kosmologie zurück.[96] Indes wird mittlerweile das, was Beuys noch für die »energetischen Wirkkräfte« des Knoblauchs und anderer Küchenkräuter oder Küchengemüse hält, heute von der Naturwissenschaft als so genannte »bioaktive Substanzen« entzaubert. Was bedeutet, dass die Existenz dieser gar nicht so magischen Energien und Wirkkräfte bewiesen und nicht als bloßer Glauben widerlegt ist.

94 | Beuys, Jeder Mensch ist ein Künstler

95 | De Domizio Durini, Beuys: The art of cooking, 21

96 | Steiner, Geisteswissenschaftliche Grundlagen zum Gedeihen der Landwirtschaft

Foucault und Marcuse als Paten von Beuys' Idee einer revolutionären Lebenskunst

Es gehört zur Faszination des Beuys'schen Lebens-Kunst, dass man deren Wahrheiten nicht einfach als Spleenigkeiten eines Mythologen und Anthroposophen abtun kann. Das wird spätestens dann evident, wenn man sich seine radikale politische und sozialkritische Position vergegenwärtigt und sich den gesellschaftstheoretischen Hinterlagen des erweiterten Kunstbegriffs in Erinnerung ruft. Noch unter dem persönlichen Eindruck der Zerstörungen des Zweiten Weltkriegs – bekanntlich entkommt Beuys als Luftwaffenpilot nur knapp dem Tod – und angesichts der Herrschaftsstrukturen der kapitalistischen Gesellschaft in der Nachkriegszeit sowie der anschließenden Bedrohung durch das atomare Wettrüsten in der Ära des Kalten Kriegs, der fortgesetzten Ausbeutung der Dritten Welt durch ein ungerechtes Weltwirtschaftssystem, der fortgesetzten Zerstörung der Natur, der parteipolitischen Verhinderung demokratischer Mitbestimmung sowie der Ausweitung von kulturindustrieller Kommerzialisierung und alltäglicher Selbstentfremdung – angesichts dieser gesellschaftlichen Situation verharrt Beuys nicht in einem linken Kritizismus. Stattdessen verbindet er die theoretische Kritik dieser Verhältnisse mit dem Versuch, eine transformative, »bessere Praxis« aufzuzeigen, wie dies zur gleichen Zeit auch Michel Foucault und Herbert Marcuse auf ihre je eigene Art versuchen. Foucaults Machtanalyse zur Disziplinargesellschaft mündet, was in der vorherrschenden Foucault-Rezeption oft übersehen wird[97], nicht im resignativen Negativismus der totalen Herrschaft, einer »total verwalteten Welt« (Adorno/Horkheimer). An Foucaults Machtanalyse knüpfen programmatische Überlegungen zu einer »Ästhetik der Existenz« im Sinne der »Freiheitspraxis« einer »ethischen Lebenskunst« an.[98] Auch Marcuses kritische Theorie des »eindimensionalen Menschen« und des »affirmativen Charakters der Kultur« steuert praxisphilosophische Ausführungen zu einer selbstbestimmten Alltagskultur und ästhetischen Umgestaltung des Daseins an.[99] Bei beiden Philosophen gewinnt ein Konzept der Lebenskunst und Individualethik an systematischer Bedeutung, das sich in Beuys' Grundgedanken des *erweiterten Kunstbegriffs* und der *sozialen Skulptur* in Sinne einer vernünftigen Gestaltung der Lebenspraxis wiederfindet. Auch Beuys erweitert die theoretische Kritik der Herrschaft durch die ergreifbare Praxis der Freiheit. Der auf die Lebenspraxis erweiterte Kunstbegriff weist den *Weg* zu einer menschengemäßen Gesellschaft jenseits von

97 | Auf diesen Punkt bin ich an anderer Stelle ausführlich eingegangen: Lemke, Kritik des Gouvernementalitäts-Diskurses

98 | Schmid, Auf der Suche nach einer neuen Lebenskunst

99 | Marcuse, Versuch über die Befreiung; Ders., Konterrevolution und Revolte

Kapitalismus, sondiert die *Richtkräfte* einer zukunftsfähigen Wirtschafts- und Lebensweise – um hier an den Titel einer großen Installation in der Nationalgalerie Berlin (1977) zu erinnern.[100]

Beuys wendet sich – wie Marcuse und Foucault auch – der Idee der ›Lebenskunst‹ zu aus Distanz gegenüber der traditionell marxistischen Vorstellung, die ›gesellschaftsverändernde‹, ›revolutionäre‹ Praxis bestünde ausschließlich in einem kollektiven Aufbegehren der Arbeiterklasse, der unterdrückten Massen. Obgleich er immer noch bereit ist, der Arbeiterschaft idealisierende Zuschreibung entgegenzubringen – wenn er beispielsweise von einer subversiven Kreativität der Müllmänner schwärmt[101] –, macht er sich angesichts des realen Scheiterns der Theorie vom revolutionären Proletariat klar, dass eine Rekonzeptualisierung des orthodoxen Revolutionsbegriffs erforderlich ist. Demnach ist ›revolutionäre Praxis‹ überhaupt nur über den rhizomatischen Prozess denkbar, dass nur »vom Menschen«, d.h. »vom freien Individuum, das selbst seine eigene Kultur schafft«, praktische Veränderung ausgehen *kann*. Und schlechtweg ausgehen *muss*, weil das gesellschaftliche Ganze nichts anderes ist als die Summe der handelnden Einzelnen, deren Widerstandspotential gerade nicht von staatlichen und ökonomischen Machthabern total beherrscht wird. Während bei Spoerri die individuelle Lebenskunst lediglich »eine ganz nette Lebensbeschäftigung« (siehe 1.2.) ist, verleiht Beuys der neoavantgardistischen Rede von der Lebenskunst bzw. vom »erweiterten Kunstbegriff« einen politisch-kämpferischen Gehalt. Diesem revolutionären Neoavantgardismus entsprechend erläutert er: »Was wir bisher als Revolutionen hatten, waren keine solchen. Das waren Putsche, usurpatorische, erzkonservative Vorgänge.« (Ebd., 119) Anders als Foucault und Marcuse bringt Beuys die polit-agitatorische Bereitschaft auf, an einer pathetisch vorgetragenen Rede von »der Revolution« festzuhalten und die Lebenskunst als »die einzig revolutionäre Kraft« zu proklamieren. Dieser mutwillig stilisierte Pathos einer revolutionären Lebenskunst bzw. einer Revolution durch die individuellen Lebenskunst trägt der aufklärerische Mythenbildner Beuys in der Aktion *Die Revolution sind wir* kaum überbietbar zur Schau, in welcher der zielstrebig und tatkräftig dahin schreitende Künstler sich gleich einer Person zeigt, die – ausgerüstet mit dem Wesentlichsten: selbstverständlich mit einem kleinen Proviantranzen als Feldküche – sich auf ›den Weg‹ macht ...

Die Vorherrschaft der kapitalistischen Lebensverhältnisse ist, so der Befreiungstheoretiker Beuys, »weder durch die Demokratie, noch durch die Rechtsfragen und auch nicht durch die Wirtschaft selbst, wie Marx das meinte, [zu beenden], sondern: Das ist nur durch das Konzept der Kunst

100 | Lange, Beuys: Richtkräfte einer neuen Gesellschaft

101 | Beuys et al., Ein Gespräch, 109f

überwindbar.«[102] ›Kunst‹ steht in diesem Fall und für jeden, der *vom Marxisten zum Praxisten* wird[103], für das regulative Ideal einer Lebenskunst, die in allen Lebensbereichen und ethischen Praxen (des Kulturellen, des Politischen, der Wirtschaft, des Wohnens, der Bildung, der Beziehungsverhältnisse, des Essens) zu verwirklichen wäre. Lediglich in einem synekdochischen Sinne steht die erweiterte ›Kunst‹ – stehen die künstlerische Praxis und die kreative Autonomie moderner Kunst – für die lebenskünstlerische Utopie einer selbstbestimmten Gestaltung der wesentlichen Praxisformen eines besseren Lebens. Das Primat der Kunst meint *nicht* die gesellschaftliche Ausweitung der bildenden Kunst und ihrer Ausdrucksmittel, wie dies bei Spoerri der Fall ist, wenn er seine Koch-Kunst in Form von Eat Art Festivals zu pompösem Spektakel totalisiert und damit das unverändert Bestehende bloß oberflächlich ästhetisiert. In einer solchen Entgrenzung und affirmativen Popularisierung der Kunst sieht Beuys nichts weiter als eine langweilige Provokation, einen »Bürgerschreck« der »alten Kunst«. (Ebd., 156) Eine solche Kunst will »nur etwas Besonderes machen, eine Extrawurst braten« – was bei Dinnershows und sonntäglicher Erlebnisgastronomie im wahrsten Sinne des Wortes zutrifft. Der bloß ausweitende Kunstbegriff dieser Ästhetisierung übergeht die Tatsache – wenn er nicht ohnehin ganz andere Zwecke verfolgt –, dass in jedem Lebensbereich jeweils spezifische Lebenskünste und Formen der Freiheitspraxis erforderlich sind, von denen alle, außer der Kunst, nichts mit künstlerischer Arbeit zu tun haben. In diesem Sinne inszeniert das Bild, das *Beuys beim Essenmachen* zeigt, nicht den Künstler bei irgendeiner Verrichtung. Es zeigt einen öffentlich bekannten Mann und ›Praxisten‹, der die Kunst, kochen zu können, (vor-)lebt.

Gleichwohl ergibt sich für Beuys aus der gesellschaftlichen Sonderstellung des Künstlers durchaus eine spezielle, über die anderen Lebensbereiche und potentiellen Lebenskünste bzw. Lebenspraxen hinausgehende oder vorausgehende, buchstäblich avant-gardistische und vorbildliche Verantwortung, eben die Wege und Kräfte der gesellschaftlichen Veränderung aufzuzeigen. Denn »was könnte überhaupt der Sinn der Kunst sein, wenn es nicht die humane Frage wäre, wenn sie nicht etwas liefern kann, was substanziell für den Menschen unentbehrlich ist!«[104] Dabei ist sich Beuys bewusst, dass nur wenige Künstler diesen emanzipatorischen Impuls haben: »Die meisten Künstler wären sehr erschreckt, wenn sich die Verhältnisse der Gesellschaft verändern würden. Denn sie leben in dieser Brühe

102 | Beuys et al., Ein Gespräch, 130

103 | Zur Gegenüberstellung von Marxisten versus Praxisten, Marxismus und Praxismus siehe: Lemke, Was ist Praxologie?

104 | Beuys in Beil, Künstlerküche, 213

geradezu phantastisch.«[105] Für diese angepassten Künstlerkollegen, die – um im Bild zu bleiben – die Brühe des Massengeschmacks mit ihren Extrawürsten appetitlich machen, hat Beuys nur wenig Verständnis, aber dafür deftige Worte übrig.[106] Insofern ist er sich darüber im Klaren, dass die Kunst in seinem Sinne keinen leichten Stand hat: Unter den vorherrschenden Bedingungen wird »die Kunst an die Peripherie oder in die Nicht-Existenz gedrängt.« (Ebd., 168) Beuys weiß, wovon er spricht. Im Jahre 1972 wird ihm die Universitätsprofessur aberkannt und das zuständige Ministerium (unter dem späteren Bundespräsidenten Rau) suspendiert Herrn Beuys vom Hochschuldienst, weil er sich hochschulpolitischen Ausschlussmechanismen widersetzt und trotz Numerus Clausus nach dem demokratischen Gleichheitsprinzip jeden, der bei ihm studieren will, auch studieren lässt. Befreit von akademischen Zwängen und staatlicher Kontrolle, meint Beuys, dass nur aus der gesellschaftlichen Position der freien Kunst die nötigen Begriffe und Bilder von Zuständen jenseits des Kapitalismus generiert werden können. »Ein Mensch, der im Augenblick sehr weit von sich selbst entfremdet ist«, macht er sich klar, »verlangt, dass man ihm eine Methode nennt, wie er aus der Entfremdung herauskommt. Ich glaube schon, dass die Kunst das leisten kann, und radikal gesagt gibt es überhaupt keine andere Methode, die noch übrigbleibt als die Kunst. Also werde ich der Kunst auch die zentrale Rolle einräumen.« (Ebd., 101) Hier sei dahingestellt, ob diese Einschätzung der Bedeutung und der Möglichkeit der Kunst zutrifft und ob nicht mit gleichem Recht auch andere Bereiche der Gesellschaft in Frage kämen. Entscheidend ist vielmehr der unbestreitbare Sachverhalt, dass Vorstellungen von Lebensweisen, die über die bestehenden Selbstentfremdungen hinausgehen, gebraucht werden und folglich irgendwie und von irgendwem entwickelt werden müssen. Und es ist Beuys recht darin zu geben, dass sicherlich die Kunst aus den beschriebenen Gründen dazu beitragen kann. Kann sie dies und tut sie dies auch und, ebenfalls angenommen, nur sie alleine wäre dazu in der Lage, dann gilt zweifelsohne das Beuys'sche Diktum: »Die einzig revolutionäre Kraft ist die Kunst.« Damit wird gerade nicht gesagt, die Kunst als Kunst und jeder berufstätige ›Künstler‹ per se – jede Extrawurst – sei eine revolutionäre Kraft; vielmehr ist damit lediglich gesagt, dass aus der Kunst heraus ein brauchbares Verständnis von revolutionärer Praxis möglich ist, und dass eine Kunst, die diesen Revolutionsbegriff erfasst und vermittelt, zeigt und vorlebt, wirklich eine revolutionäre Kraft ist. Die *Kunst*, an die Beuys

105 | Beuys et al., Ein Gespräch, 152

106 | »Denn die Künstler sind zum großen Teil opportunistisch, sie sind Arschlöcher, das muss ich jetzt auch mal sagen. Die Künstler sind die reaktionärste Klasse. Eigentlich gibt es ja keine Klassen mehr, aber die Künstler sind so reaktionär, dass sie schon fast wieder eine neue Klasse bilden.« (Beuys et al., Ein Gespräch, 110)

bei diesem Satz denkt, ist selbstverständlich seine eigene: die auf eine revolutionäre Lebenspraxis der Individuen erweiterte Kunst. Mit anderen Worten: »Der größte Künstler ist der Lebenskünstler.«

Die pathetische Formel von einer revolutionären Lebenskunst – besser bekannt als der »erweiterte Kunstbegriff« – bezweckt die tief greifende Reflexion und Umwertung elementarer Kategorien des gesellschaftlichen Lebens wie Staat, Geld, Kapital, Konsum, Ökonomie, Demokratie und – Ernährung: die großen Themen der Beuys'schen Kunst. Hätte der Künstler Beuys brauchbare *philosophische* Begriffe und Werkzeuge zur Hand gehabt, um seine Gedanken entsprechend philosophisch – und gastrosophisch – zu artikulieren, wäre ihm vielleicht verschont geblieben, trotz seiner ausdrücklichen Kritik und Zurückweisung religiöser Heilslehren durch allzu treue Verehrer und spirituell Ausgehungerte anthroposophisch und christologisch vereinnahmt zu werden. Bedauerlicherweise hat die Philosophie seiner Zeit, insbesondere die von Foucault und Marcuse, keinen erkennbaren Einfluss auf Beuys' Denken ausgeübt. Freilich gilt das Gleiche auch umgekehrt. Beuys' Kunst des Essens hätte der unbestimmten Rede von der »Lebenskunst« und einer »Ästhetik der Existenz« bei Foucault einen konkreten Sinn verleihen können. Auch hätte sie Marcuses Ansätze zu einer gastrosophischen Ethik und Ästhetik weiterhelfen können. Denn tatsächlich hat Marcuse die Kochkunst als exemplarische Form einer vernünftigen Alltagspraxis und einer unerlässlichen Möglichkeit der Weltverbesserung im Sinn, weil in dieser Tätigkeit die übliche Trennung von Kunst und Leben überwunden werden kann. »Dies würde die Aufhebung von Kunst bedeuten: das Ende der Trennung des Ästhetischen vom Wirklichen, aber ebenso das Ende der kommerziellen Vereinigung von Geschäft und Schönheit, Ausbeutung und Freude. Die Kunst gewönne einige ihrer ursprünglicheren »technischen« Nebenbedeutungen zurück: als Kunst der Zubereitung (Kochkunst!), der Kultivierung der Dinge, die ihnen eine Form verleiht, die weder ihre Materie noch die Sinnlichkeit verletzt«.[107]

Doch, wie Foucault, scheint auch der Philosoph Marcuse nichts von der Kunst (und Gastrosophie) eines Beuys zu wissen. Diese gegenseitige Unkenntnis hat dazu beigetragen, dass Beuys wahlweise auf Rudolf Steiners Anthroposophie und zwangsläufig auf das kulturell vertraute, christliche Gedankengut zurückgreifen muss, um über seine Ethik und Ästhetik zu philosophieren.[108] Doch zweifelsohne wollte Beuys' Philosophie mehr und anderes sein als eine Erneuerung des Christentums oder eine künstlerische Anwendung des anthroposophischen Weltbildes. Allenthalben sind viele seiner visionären Thesen zu Politik und Gesellschaft, zu Natur und

107 | Marcuse, Versuch über die Befreiung, 5; zu Ansätzen einer gastrosophischen Ethik bei Marcuse siehe: Lemke, Ethik des Essens, 437f.

108 | Mennekes, Beuys zu Christus; Zumdick, Über das Denken bei Beuys und Steiner

Umwelt inzwischen von der Geschichte bestätigt worden und der kämpferische Impetus, mit dem er sie vortrug, scheint wenigstens im Rückblick nicht ganz unberechtigt. Außerdem bleibt sein Bestreben, dem kapitalistischen Weltbild eine – wiewohl kritisch reflektierte – Spiritualität und kreative Selbst-Gestaltung des Menschen entgegenzusetzen, angesichts der jüngsten Entwicklungen wie der neoliberalen Globalisierung und der gentechnologischen Götterdämmerung äußerst aktuell. Entsprechend lautet das Beuys'sche Vermächtnis: In dem Maße, wie eine Veränderung ›der Gesellschaft‹ von der Veränderung des Selbst – des Lebens der Individuen, des einzelnen Menschen – abhängt, geht ›die Revolution‹ auch von vermeintlich kleinen und unwichtigen Dingen der Alltagspraxis aus. Eines dieser ebenso unscheinbaren wie revolutionären Dinge ist das Essen, gerade weil es in unmittelbarem Zusammenhang mit ökonomischen, ökologischen, sozialen, kulturellen, gesundheitlichen und ästhetischen Weltverhältnissen steht. Deshalb kann und muss auch in der Küche »die Weltdiskussion beginnen«.[109] Folglich lässt sich aus den globalen Zusammenhängen des Nahrungsgeschehens ein *gastrosophischer Weltbegriff* herleiten, den sich Beuys in einem Vortrag klarmacht: »Was heute in der Küche erscheint, ist vergiftet, das weiß man. [...] Man muss fragen: Wo kommt das her? Das kommt aus dem kapitalistischen System. Wie sind die kapitalistischen Systeme entstanden? Ja, und ist es überhaupt noch ein Begriff von Kreativität, wenn die Produkte für die Menschen, gerade die aus der Natur, also aus der Landwirtschaft, schon so degeneriert sind und so kaputtgemacht sind? Also muss die ganze Sache nicht stimmen, und der Sache muss eine andere Richtung gegeben werden. Das sag ich doch, da fängt es doch an, beim Salatkopf, da fängt es doch an.« (Ebd.)

Im Kontext der seit den 1980er Jahren wachsenden Bewegung einer sozialpolitischen Gegenkultur verkörpert Joseph Beuys' »Counter Cuisine« (Belasco) exemplarisch den erweiterten Kunstbegriff einer ethischen Lebenspraxis. Dieser hält an der Möglichkeit einer gesellschaftlichen Veränderung fest, ohne dem tragischen Gedanken an einen Typ von Revolution nachzuhängen, der sich die Verwirklichung eines besseren Lebens nur über eine totale Mobilisierung der Arbeitermassen vorstellen kann. Zwar taucht in Beuys' Gastrosophie das erstmals von der Futuristen-Künstlergruppe proklamierte, avantgardistische Programm einer »Revolution der Kochkunst« erneut auf und damit die Einsicht, dass Gesellschaftsveränderung nicht ohne eine Revolution der Ernährungsweise und Esskultur denkbar ist. Insofern teilt Beuys deren Idee einer kulinarischen Lebenskunst als einer wesentlichen Aktivität des kulturellen Widerstands und einer transformativen Alltagsästhetik. Aber Beuys' ökologischer Humanismus unterscheidet sich radikal von der totalitären Ideologie des Futurismus: Während dieser glaubt, den neuen Menschen durch den biopoliti-

109 | Beuys in Beil, Künstlerküche, 224

schen Einsatz von Lebensmitteltechnologie und Hightech-Diät heranzüchten zu können, lebt Beuys eine ebenso politisch korrekte wie kulinarisch kreative Alltagsküche vor.

1.4. Aktive Künstlerküchen
oder Aktuelle Positionen zur Eat Art und jenseits davon

Die Vielzahl von künstlerischen Arbeiten zur Essensthematik, die in den letzten zwanzig Jahren entstanden sind, läßt erkennen, dass mittlerweile nahezu alle erdenklichen Aspekte und Faktoren des Nahrungsgeschehens behandelt werden. Mit der kürzlich erschienenen *Großen Enzyklopädie zum Essen und Trinken* bietet das *Kunstforum Internationale* einen guten Überblick über das umfangreiche Spektrum eat-artistischer Aktivitäten und dokumentiert deren wachsende inhaltliche Bedeutung in der zeitgenössischen Kunstwelt.[110] Das Spektrum erstreckt sich von Saatgut und Tierhaltung, Landwirtschaft und Gentechnologie, über das Einkaufen und die Lebensmittelregale der Supermärkte, die Küche als Produktionsort und Geschmacksgenerator, die kulinarischen Codes der Esssitten, das Phänomen der Mahlgemeinschaft bis hin zur Verdauung, Essensresteverwertung und zum Abwasch.[111] Eine große Anzahl an eat-artistischen Arbeiten lenkt unsere Aufmerksamkeit auf gewöhnliche Nahrungsmittel, die wegen ihrer Alltäglichkeit und fraglosen Zuhandenheit selten zu Objekten einer ästhetischen Wahrnehmung gemacht werden. Hier sind exemplarisch zu erwähnen: Dieter Roths *Schimmelobjekte,* die physische Lebendigkeit und organischen Verfall der alimentären Materialien inszenieren; Installationen wie der *Milchstein* von Wolfgang Laib, wo auf großen, leicht ausgeschalten Marmorblöcken ein kleiner Milchsee ruht; essbare *Schokoladenskulpturen* von Sonja Alhäuser; der Augenschmaus, den Patricia Wallers *gehäkelten Gerichte* bieten; das *japanische Gastro-Tagebuch* von Heike Breitenfeld, das die allmähliche Einverleibung des Fremden sowie die Angleichung an das Fremde dokumentiert; die *Brothefe-Skulpturen* und deren Fermentationsprozess bei Judith Wagenbach; die raumgroße Installation *Cloaca* von Wim Delvoye, ein in Zusammenarbeit mit Wissenschaftlern entwickelter künstlicher ›Verdauungsapparat‹ aus einem Arrangement von Glaskolben, Pumpen, Zentrifugen, Kompressoren und Schläuchen; das Environment *Austernpilz frisst Altlast* von Georg Dietzler, das die Verwendbarkeit von gentechnikfreier Biochemie anhand bakterieller Müllverwertung, der Tafelfreuden von Pilzen, zeigt; die schönen Arrangements von *eingelegtem Gemüse* durch Jason Rhoades; die *Käsearbeiten* von Dan Peterman, bei denen chemisch verseuchte Milch zu oberflächlich delikaten Käselaibern verarbeitet werden; oder die *halbierten Kuhkörper* bei Damien Hirst. Diese Beispiele der zeitgenössischen *Lebensmittel-Kunst* unterziehen gesellschaftlichen

110 | Kunstforum International, Essen und Trinken I; Kunstforum International, Die große Enzyklopädie – Essen und Trinken A-Z

111 | Einen Überblick über einige aktuelle Eat Art Arbeiten bietet: Hartung, Mit vollem Munde spricht man nicht!; Dies., Kunst – Essen – Kommunikation

Wahrnehmungsgewohnheiten, die der Nahrung gewöhnlich keine ästhetische Einstellung entgegenbringen, einer Irritation und thematisieren auf diese Weise den allzu selbstverständlichen und unreflektierten Umgang mit den kulinarischen Dingen.

Andere und eher *interventionistische Positionen* der Eat Art nehmen Beuys' politisch-ökologische Erweiterung der Kunst auf und problematisieren Fragen des menschlichen Naturverhältnisses, der globalen Landwirtschaft bzw. des ländlichen Lebensraums oder der urbanen Nutzgartenkunst. Ein Beispiel dieser *Land Eat Art,* welches das eingangs erwähnte und von Anke Haarmann ›archivierte‹ *Wachstum-Grünkohlessen* als künstlerische Maßnahme einer subversiven und kreativen Stadterneuerung variiert, ist das *Projektbüro Landwirtschaft und Kunst* unter der Leitung von Patrick Meyer-Glitza und Helena Rytkönen. In Projektwochen und Sommerschulen mit Vorträgen, Lesungen, Diskussionen und Seminaren, die zwischen 1995 und 2003 stattfanden, ging es um Themen, wie dem Verhältnis von Landwirtschaft und Kunst, dem Nutztier, der Arbeit des Bauern und dem Landbau als Kunst sowie der Agrikultur als kultureller Keimzelle für neue, interdisziplinäre und interkulturelle Lehr-, Lern- und Forschungsformen. Weitere Beispiele für derartige eat-artistischen Interventionen sind – neben denen, auf die später genauer einzugehen sein wird – das von der britischen Kunststiftung Littoral lancierte internationale Kulturprogramm *Art and Agriculture* oder die deutsche Künstlervereinigung *Slap. social land art project,* die durch Projekte wie *Künstler treffen Landwirte* (2004) eine öffentliche Auseinandersetzung mit der gegenwärtigen Agrarkultur und deren landschaftsgestalterischen Auswirkungen herstellen. Ebenso wird von anderen künstlerischen Arbeiten eine zentrale Problematik der heutigen Landwirtschaft reflektiert: die Massentierhaltung. Auch unter diesem Gesichtspunkt werden Impulse der Beuys'schen Gastrosophie kritisch fortgesetzt. Während Beuys' symbolische Annäherung an die Tiere (in seiner berühmten *Coyote* Aktion) den moralischen Gedanken einer ›Verbrüderung‹ noch nicht mit den gesellschaftlichen sowie wirtschaftlichen Zusammenhängen der modernen Fleischproduktion verbunden hatte, wird dieser Bezug in der Arbeit *Haus für Schweine und Menschen* von Christian Höller und Rosemarie Trockel ausdrücklich hergestellt. Ausgehend von tierethischen Überlegungen bestand ihr Beitrag zur *Documenta X* in der Installation eines komfortablen Schweinestalls, der auch den Besuchern einen kontemplativen Raum bot, um über das Verhältnis von Mensch und Schwein und die landwirtschaftliche Alternative zwischen dem industriellen Elend und dem artgerechten Glück von Nutztieren nachzudenken: »Sind die grausamen Zustände in der Tierproduktion und ihre Duldung oder Stützung durch Kauf der entsprechenden Produkte nicht ursächlich mit den jeweiligen gesellschaftlichen Zuständen verknüpft, und zwar in dem wie folgt ausgeführten Sinne?: Übermittelt sich durch den Verzehr des Fleisches von offensichtlich gequälten Tieren nicht auch etwas aus dieser Qual?«[112]

Noch eindeutiger als die artistische Subversion des agrarkapitalistischen ›Schweinesystems‹ durch Trockel und Höller findet die politisch-ökonomische und gesellschaftskritische Perspektive der auf Beuys zurückgehenden alternativen Agrarforschung eine sachliche Fortsetzung durch die *BioTech Projekte* der amerikanischen Künstlergruppe *Critical Art Ensemble* (CAE).[113] Das Projekt *Free Range Grain* beispielsweise, das im Rahmen der Ausstellung *Auf eigene Gefahr* (2003) in der Schirn Kunsthalle Frankfurt realisiert wurde, hinterfragt die wirtschaftlichen und wissenschaftlichen Verheißungen der Gen-Biotechnologie.[114] Dafür entwickelte die Gruppe eine Art ›Gen Food Messgerät‹, um so – gewissermaßen mit technisch avancierten Mitteln einer Ästhetik des Widerstands – dem interessierten Publikum die Möglichkeit zu geben, Nahrungsmittel testen zu lassen und ihren Verdacht auf gentechnische Manipulation oder unzureichende Lebensmittelkontrolle durch entsprechende wissenschaftliche Instrumente eines öffentlich gemachten Gegen-Wissens klären zu können.

Während die Interventionen der hier unter dem Oberbegriff Land Eat Art zusammengefassten Arbeiten vor allem die landwirtschaftliche Dimension sowie die biologischen, technologischen und politisch-ökonomischen Aspekte der globalen Nahrungsproduktion thematisieren, leben in einigen eat-artistischen Aktivitäten der Gegenwartskunst eher die Koch-Kunst und die gestalterischen Aspekte des Essensmachens fort. Sowohl die kulinarische Praxis des Zubereitens als auch der geschmackliche Genuss und das konviviale Gemeinschaftsmahl werden dabei zum Gegenstand einer Reflexion der zeitgenössischen Essalltagskultur auf eine Art, die sich von der Ästhetik der (bereits behandelten) Künstlerküchen à la Marinetti, Spoerri und Beuys unterscheidet. Anhand der Arbeiten von Peter Kubelka, Dieter Froelich und Rirkrit Tiravanija soll die gastrosophische Bedeutung dieser Varianten einer Kunst des Essens ausführlicher erörtert werden.

---

112 | Höller/Trockel, Haus für Schweine und Menschen: 11; vgl. Höller, Der Geruch, die Vogeljagd, das Essen und die Kunst

113 | Critical Art Ensemble (CAE), Molecular Invasion

114 | Was jüngst zu einem bizarren und bedenklichen Vorfall führte: Aufgrund der biotechnischen Kunstprojekte des *Critical Art Ensemble*, bei denen harmlose Bakterienarten involviert waren, wurde ein Gruppenmitglied, Steve Kurtz, in den USA des Bioterrorismus verdächtigt, nachdem dessen Lebensgefährtin unerwartet starb. Die grundlosen Verdächtigungen und die künstlerische Freiheit unterminierenden Ermittlungen wurden zum Skandal und schließlich eingestellt.

Kubelkas Kochvorlesungen

Im Jahre 1978 tritt der österreichische Künstler Peter Kubelka eine Professur für *Film und Kochen als Kunstgattung* an der Staatlichen Kunsthochschule Frankfurt (Städelschule) an, die er bis 2000 innehält. Zwar ist Kubelka nicht der erste bildende Künstler, der Kochen als künstlerisches Schaffen begreift. Dennoch ist Kubelka der erste freie Künstler, der außerhalb des kommerziellen, gastronomischen Ausbildungswesens explizit eine *Kunst des Kochens* lehrt. »Ich möchte«, so erläutert Kubelka dazu, »Kochbewegungen zeigen, einfach die Tätigkeit zeigen, wie es gemacht wird. Handarbeit, Handkunst. Ich bin der Ansicht, dass es sich beim Kochen um eine Kunst handelt. Genauso wie beim Malen, Bildhauern, Musizieren, um nichts weniger geistig.«[115] Anders als Daniel Spoerri, der einige Jahre zuvor mit seinem *Restaurant Spoerri* dem kulinarischen Produktionsprozess einen inszenatorischen Sinn als eigenständiger Kunstform verleiht und der die Koch-Kunst in Form eines öffentlichen Speiselokals der kommerziellen Gastronomie und deren professionellen Kochkunst angleicht (siehe 1.2.), lässt sich Kubelka einen Veranstaltungsraum der Staatlichen Kunsthochschule zu einer Küche einrichten und beschränkt so seine Eat Art auf den internen Kunstkontext, den Kontext der künstlerischen Ausbildung. Diese Ausrichtung auf ein per se lernbereites und kunstinteressiertes ›Publikum‹ ermöglicht es Kubelka, die Kunst als eine Aktivität des Forschens und Philosophierens freizusetzen. Er nutzt die Möglichkeit, mit seinem eat-artistischen Programm das Bildnerisch-Geistige der kulinarischen Praxis zu *zeigen* und sich dem philosophischen Selbstverständnis einer bis auf Platon zurückgehende Kulturentwicklung zu widersetzen, die dem Kochen jedes geistige und künstlerische Wesen abspricht.[116]

Indem seine *Kochvorlesungen* die gastrosophische Grunderkenntnis vermitteln, dass es sich bei der alltäglichen Gestaltung des Essens »um eine bildende, ja um die älteste Kunst überhaupt handelt«, konterkariert seine Küchenkunst auch Adornos idealistische Ästhetik und deren dogmatisches Vorurteil, dass die Emanzipation der Künste von den Erzeugnissen der Küche unwiderruflich sei. (Siehe 1.1.) Kubelkas Seminare vermitteln die Tätigkeit des Essenmachens als eine fröhliche Wissenschaft, die das praktische Denken über das Kochen auf ein philosophisches Niveau hebt und den Studierenden den Gedanken unterbreitet, dass die Gestaltung des Essens eine schöpferische Tätigkeit ist. Damit wird Beuys' praktische Ethik der Kreativität, wonach sich jeder Mensch auch zu einem Kochkünstler machen kann, durch Kubelka konkretisiert. Da alle kulinarischen Bestand- oder Bauteile eine unterschiedlich lange Zubereitungszeit haben, muss der Koch – wobei unter Koch nicht der Profikoch, sondern jeder gemeint ist,

115 | Kubelka, Kochen die älteste bildende Kunst, 94

116 | Platon, Gorgias 464b-466a

der kocht – stets die spezifischen Zeitabläufe genauestens kennen und beispielsweise die Bearbeitung zu verschiedenen Zeitpunkten beginnen. Er muss alles genau vorplanen und die temporalen Dynamiken im Kopf haben. Jede Speise enthält auf diese Weise Aussagen über Zeit und ist das Sein dieser Zeit. Neben dieser Kunst des Zeitigens und der Kochkunst als Zeitkunst gehen auch räumliche, skulpturale Gestaltungsfaktoren in die kulinarische Praxis ein. Der Koch agiert als Bildhauer lebender Objekte und Baukörper, weshalb Kubelka vom Kochen bzw. der Speisenzubereitung auch als »Speisenbau« spricht. Ebenso ist die Komposition von Farben, Formen, Temperaturen und Texturen ein konstitutives Element der künstlerischen Arbeit des Speisenbaus. »Was die Energie und Fähigkeiten betrifft, die dieser schöpferische Kochprozess voraussetzt, so ist das Kochen mit jeder anderen Kunstausübung vergleichbar. Der Dirigent eines Symphonieorchesters denkt nicht komplexer als ein Koch oder eine Köchin.«[117] Indes fallen in der Alltagsküche die zahlreichen Mit- und Zuarbeiter weg, auf die sich der Dirigent oder Chefkoch stützen kann und muss, um als ›Meister‹ in seiner Kunst zu brillieren. Auf die hierarchische Arbeitsteilung und negative Dialektik ›großer Kunst‹ kann verzichten, wer – wie es der Künstler Kubelka vollführt und vormacht – die Kochkunst als Lebenskunst praktiziert: Weshalb die kreative Alltagsküche als die vollkommenere Kunst gelten darf. Dabei ist eine gleichberechtigte Zusammenarbeit mit anderen Kochkünstlern jederzeit möglich und auch sinnvoll, weil das gemeinsame Kochen mehr Spaß macht und auch mehr schafft. Dementsprechend lässt die althergebrachte Vorstellung, wonach ›viele Köche den Brei verderben‹, ein auf das geniale Künstlersubjekt fixierte Kunstverständnis erkennen (einmal abgesehen davon, dass dies speziell für die Zubereitung von Brei sicherlich zutrifft).

So verwundert es nicht, dass eine gesellschaftskritische Intention von Kubelkas Kochvorlesungen mit der essthetischen Weigerung zu tun hat, sich durch den Geschmack von bereits fertig fabriziertem Essen im wahrsten Sinne des Wortes bevormunden zu lassen. Seine Kritik an der Ess-Kulturindustrie setzt sich für eine Küche ein, deren (lebens-)künstlerische Wahrheit eines ganz persönlichen, individuellen Geschmacks einer Verfälschung durch den künstlichen Geschmack von industriellen Fertigprodukten gegenübergestellt werden. »Wenn man nämlich alles irgendwie künstlich macht, also auf beliebige Weise verändert, so lösen sich die Dinge so weit von den überlieferten, ritualisierten Wahrheiten ab, dass sie gar nichts mehr bedeuten.« (Ebd.) Das lebensweltliche Zusammenspiel zwischen der Wahrheit des kulinarischen Geschmacks und seiner handwerklichen, kochkünstlerischen Produktion lebt von der Kenntnis und Vertrautheit der natürlichen Herkunft und technischen Veränderung der Speisen, die deren großindustrielle Herstellung erzwingt und zugleich verschleiert. Deshalb

117 | Kubelka, Kochen die älteste bildende Kunst, 109

vergegenwärtigen Kubelkas Veranstaltungen das Kochen als eine Wissensform, welche die größeren Zusammenhänge der Welt des Essens zu ergründen sucht. Deshalb auch versteht der Künstler die kulturell gering geschätzte Tätigkeit des Essensmachens als eine »angewandte Philosophie, in Praxis umgesetzte Weltkenntnis«. (Ebd., 105) Wie Beuys, so lebt auch der Eat Art Aktivist Kubelka die Kochkunst als eine selbstzweckliche Tätigkeit vor. Aber anders als Beuys zeigt Kubelka weit programmatischer und ganz ohne neoavantgardistisches Pathos, wie die vorherrschende gastrosophische Selbstentfremdung überwunden werden kann, indem anstelle der kulinarischen Untätigkeit und des üblichen Nicht-Kochens die alltägliche Kreativität eines kulinarisch aktiven Lebens tritt. »Gegen den eindimensionalen Menschen, wie ihn die Technik im Dienst der liberalen Ideologie will und fabriziert, will Kubelka«, wie Michel Onfray richtig feststellt, »ein unverwechselbares Subjekt, das Akteur seiner eigenen Existenz, Baumeister seiner eigenen Form, Künstler seines eigenen Lebens ist. Er will die Entfremdung überwinden, die aus dem Individuum ein Rädchen macht, und den Menschen in seiner vollständigen Sinnlichkeit befreien.«[118]

Zum Zwecke einer Befreiung der verkümmerten Sinnlichkeit und der Veralltäglichung einer Essthetik der Existenz entwickelt der Künstler eine gastrosophische Metapherologie, die der kulinarischen Praxis eine neue Sinndimension verleiht. Dafür greift er auf die ursprüngliche Bedeutung des griechischen Wortes *Metapher* als dem *Transfer von etwas an einen anderen Ort* zurück. In diesem weiten Sinne ist jedes Essen eine Metapher, weil es ein aus verschiedenen Substanzen Zusammengesetztes darstellt. Demnach verfügt das kulinarische Subjekt über eine tatsächliche, auch essbare und lebenserhaltende Metapher, die, so Kubelka, »wie die sprachliche die gesamte künstlerische schöpferische Kraft aufweist, aber in einem viel stärkeren Maße«.[119] Der epistemologische Befund, dass die Technik des Übertragens und Bildens einer neuen sinnvollen Form nicht nur in der Sprache stattfindet, sondern auch beim Essen, lässt sich dann zu einer allgemeinen Theorie der Sprachentstehung in Beziehung setzen und daraus sogar zwecks einer metapherologischen Erkenntnistheorie schlussfolgern, dass »das System der Metaphernbildung als Grundlage der Sprache der Speisenbereitung entstammt. Jedoch ist in der Speisebereitung die Metapher etwas Reales.« (Ebd.) Kubelka will, dass wir Nahrungsmittel als metaphorische Realitäten verstehen lernen und seine Ess-Kunst veranstaltet ein Entziffern dieser realen Metaphern als echte Weltbilder. Eine Zeichnung aus dem Jahre 1981 mit dem Titel *Bilderrahmen und Tellerrand* veranschaulicht die Philosophie dieser kulinarischen Weltanschauung: Was für das traditionelle Tafelbild die Umrahmung ist, ist in der Metaphorik einer gastrosophischen Lebenskunst der Tellerrand, der das dargebotene Werk (der

118 | Onfray, Kritik der genießenden Vernunft, 222

119 | Kubelka, Kochen die älteste bildende Kunst, 96

Kochkunst) als ein eigenständiges und bedeutungsvolles Bildnis umgrenzt. Darüber hinaus setzt Kubelka die bildende Kunst des Essens bzw. des Speisenbaus von der Malerei mit dem Hinweis ab, dass das Kochen die »ursprünglichere Kunst« sei: Denn sie existierte »früher als die Bilder an den Zimmerwänden«. Und so entsteht auf jedem vollen Teller die köstliche Poesie eines realen Weltbildes, dessen Sinn – wie bei jedem anderen Tafelbild auch – erfasst werden kann. »Die Suppe im Teller ist«, führt Kubelka aus, »nichts anderes als ein See in einem Tal. Dort schwimmen die Fische, und in der Suppe die Einlage. Die von mir so geliebte Sternchensuppe ist etwas Hochpoetisches. Die Einlage besteht aus Teigelementen in Form von Sternchen. Man schöpft mit dem Löffel, also mit der künstlichen hohlen, genau in den Mund passenden Hand die Suppe aus dem Teller. Im Grunde ein heißer See, in den Sterne eingekocht wurden. [...] Es gibt meines Erachtens kein poetischeres, kraftvolleres Dokument einer conditio humana als eine Suppe in einem Teller. Nur ist es uns so alltäglich geworden, dass es uns nicht mehr überrascht.« (Ebd., 106) Kubelkas Eat Art will nichts weiter, als diese erneute Überraschung und Achtung gegenüber der Suppe als einem Weltbild und Dokument unseres kulinarischen Selbst auszulösen. Erst in einer solchen essthetischen Einstellung zur Welt und zu sich Selbst erkennt und versteht man die Suppe als eine »Skulptur, die unsere Existenz feiert und darstellt«. (Ebd.)

Wie einst die Kochvorlesungen des römischen Kochkünstlers Apicius, deren intellektuellen Reiz sich der stoische Philosoph Seneca nur mithilfe von Polemik und Diffamierung zu entziehen wusste[120], so lehren auch Kubelkas Kochvorlesungen die Küchenarbeit als eine unvergleichlich künstlerische Tätigkeit, deren Kreativität einem göttlichen Schaffensprozess gleichkommt: Letztlich spiegelten sich in der Vorstellung von einem ›Schöpfergott‹ lediglich die kulinarischen Wesenskräfte der Menschen wider. In Ergänzung zur gastrosophischen Religionskritik Ludwig Feuerbachs macht sich Kubelka klar: »Im Grunde werden Gott die Eigenschaften des Koches angedichtet. Der kochende Mensch benutzt die Elemente Wasser, Feuer, Luft und Erde, um seine Speisen herzustellen.«[121] Nicht nur in dem unmittelbaren Sinne des Ressourcengebrauchs, sondern auch in der Analogie des Kochens: Wie die Sonne scheint und die Natur wärmt, so wird die Speise mit Feuer in Berührung gebracht und durch diese künstliche, auf eine bestimmte Distanz gehaltene Sonne gestaltet. Wie der Regen die Erde benetzt und sie nicht vertrocknen lässt, so lässt der Kochende, der einen Braten zubereitet, es regnen, indem er den Braten mit einer Flüssigkeit übergießt. Wie der Schnee sich auf die winterliche Landschaft senkt, so schneit der Staubzucker aus dem Zuckerstreuer auf die Oberfläche eines Apfelstrudels. »Die ewige Wiederkehr der Jahreszeiten lässt das Wachstum

120 | Seneca, Briefe an Lucilius über Ethik, 95. Brief

121 | Kubelka, Kochen die älteste bildende Kunst, 107

der Pflanzen im Winter stagnieren und erweckt sie im Frühling zu neuem Leben. Der Koch entzieht Früchten oder Fleisch das Wasser, indem er sie der Sonne aussetzt – er lässt altern. Und zu einem späteren Zeitpunkt führt er wieder Wasser zu – er lässt auferstehen.« (Ebd.) Dem göttlichen Willen des kochenden Menschen unterstehen Raum und Zeit; er gebietet über Leben und Tod; er stellt eine wie Wasser rinnende Flüssigkeit her, die in sich das Feuer und die Seele jenen Wesen trägt, mit denen er zwar die Welt teilt, die er aber beherrscht und deswegen essen kann. »Wenn ich eine Rindssuppe im Wissen um die Kuh esse, so [bin ich] der Herr der Kuh. Der Herr des Feuers. Der Herr des Wassers. Der Herr der Schwerkraft, denn ich halte die Suppe in meinem künstlichen Becken.« (Ebd.) Diese gottgleiche Herrlichkeit kann etwas altern oder sich verjüngen lassen: Die getrockneten Pflaumen werden wieder saftig; das steinhart getrocknete, zerkleinerte Tierfleisch wird wieder kau-, schluck- und essbar. Der kochende Mensch hat den Raum in der Hand, indem er Dinge in Form von essbaren Metaphern und Skulpturen zusammenführt, die in der Natur nicht vorkommen. Es werden vorher getrennte Substanzen und Kräfte zu etwas Neuem, zu kunstvollen Entitäten synthetisiert. So entsteht aus Olivenöl und Eigelb durch Bewegung und Vermischung ein neu geschaffenes Gebilde: es vereinigt Öl, Eigelb, Salz, Knoblauch zu einem neuen Wesen, über das wir gewöhnlich wenig nachdenken und *Mayonnaise* nennen: ein reiner Schöpfungsakt.

Kubelka lässt seine Eat Art in den Grundzügen einer alimentären Anthropogenie kulminieren. Der Künstlergastrosoph macht sich klar, dass für die herkömmliche Anthropologie die Genese der Menschheit mit dem Einsatz von Werkzeugen (Kultur) in der so genannten Steinzeit beginnt, während alles Frühere noch in eine vorzivilisatorische Wildheit zurückverweist. Der primitive Wilde lebt dieser Auffassung zufolge ganz ohne Küche und eben dieser vorkulinarische Zustand macht ihm zum Wilden und bloßen Vorläufer des Menschen. Demnach wird der Mensch zum Mensch, zum Homo sapiens eigentlich erst mit der kulturellen Herausbildung der Landwirtschaft und der Küche, des untrennbaren Zusammenspiels von Agri-Kultur und Koch-Kultur. Dieser geläufigen Anthropologie hält Kubelka entgegen, dass die Kulturgeschichte der Menschheit bereits vor der Steinzeit und vor der Existenz einer Küche eingesetzt habe. Diese vorkulinarische Ära nennt er die »Weidezeit«, in der sich die Menschen noch ohne Werkzeuge weidend ernährt hätten. Der vorkulinarische Mensch versorgte sich durch gefundenes Fressen: *nourriture trouvé*. Ausgangspunkt dieser eigenwilligen Theorie bildet das Marcel Duchamp entliehene Konzept des *ready made* oder *objet trouvé*. Das objet trouvé in der Welt des Essens zielt auf den Seinsmodus einer totalen Versorgung durch Fertigkost, d.h. durch verzehrfertig vorgefundenem oder fertig zubereitetem Essen, und zielt somit auf die *Geburt der Menschheit aus dem Geist des Fast Food.* »Man suchte und fand in dieser Epoche«, so diese Mutmaßung über die

Anfangsgründe der Menschheit, »die von der Natur gefertigten Speisen aufgrund von Erfahrung und Wissen«. (Ebd., 98) Es handelte sich dabei um Nomaden, die in der Wildnis nicht einfach herumirrten, wie die herkömmliche Anthropologie abschätzig annimmt. Ihr zufolge sollen frühe nomadisierende Wesen und Vorläufer des heutigen Menschen kein Gebiet gehabt haben, so dass die irrtümliche Vorstellung entstehen konnte, dass nomadische Völker bloß umherirrten und dadurch überlebten, weil sie zufällig irgendwo und irgendwann irgendetwas zu essen fanden. Dem hält Kubelkas alimentäre Anthropogenie entgegen, dass die frühen Menschen ihre großen Gebiete bestens kannten und diese ihnen auch gehörten. Sie hätten sowohl gewusst, was in ihrem Gebiet vorging, als auch, wo und wann es die fürs Überleben notwendigen Quellen gab: Das alimentäre Nomadisieren an sich ist dann Teil der Speisenzubereitung, das wilde Zusammenlesen des Genießbaren ist folglich eine Art Kochprozess des *nourriture trouvé*. Damit erweitert Kubelka die zivilisatorische Kategorie eines verfeinerten Genießens aufgrund einer durch Kochkunst gewährleisteten Esskultur zu einer raffinierten Kunst des Essens jenseits des Kochens. Entsprechend kann man davon ausgehen, dass der *wilde Gourmet* solche Orte aufsuchte, von denen er wissen konnte, dass er dort verzehrfertige Leckereien findet. Im fundamentalen Unterschied zu der kochenden Menschheit übten die frühen Fast Food Hominiden eine bewusste Tätigkeit der geschmacklichen Komposition ihrer Speisen aus, ohne dafür zu kochen. Dennoch arbeiteten sie mit Elementen und Medien, die heute allen, die kochen, vertraut sind. »Wenn diese heute mit Wasser, Feuer, Luft und Materie zur Speisezubereitung umgehen, so eignete man sich während der Weidezeit die Naturereignisse so an, um zu finden, was man zum Speisen benötigte.« (Ebd.)

Daher wussten die frühen Menschen und edlen Wilden Bescheid über den Lauf der Natur, den Wechsel der Regen- und Trockenzeit, der Reife und Saisonalität der Genüsse. Sie hatten ein kenntnisreiches Wissen über alle Details, über jede Pflanze und jedes Tier, über jedes Gewässer und jahreszeitliche Spezifikum. »Sie waren in der Lage, ihre Nahrung im Fertigzustand vorzufinden. Dieser Zustand wird in der Bibel mit dem Begriff des Paradieses beschrieben. Das Heimweh nach der Weidezeit existiert noch immer.« Mit diesem immer noch existierenden Heimweh nach einer paradiesischen Zustand eines Ernährtseins ohne Küchenarbeit und Kochkunst spielt Kubelka auf die *nourriture trouvé* und *ready made* Praktiken unserer Tage an, mittels derer sich die heutigen Fast Food Nomaden und vorkulinarischen Wilden wieder dieser unvordenklichen Vorgeschichte ihrer (Ess-)Kultur anzunähren scheinen – dies freilich mit dem unwiederbringlichen Unterschied, dass die üppige Vielfalt von Fertigkostprodukten weder von allen umsonst abgeweidet werden kann noch ihre Qualität die ursprüngliche Frische und Vollwertigkeit von damals haben. Und auch das edle Wissen, wo es wann das Beste gibt, fehlt den neuen unedlen wilden

Fast Food Hominiden. So entwirft Kubelkas Anthropologie in gastrosophischer Absicht zwar den utopischen Gedanken einer menschenwürdigen Zukunft einer Fast Food Esskultur. Doch zugleich bereitet seine eigene Kunst des Kochens die Menschen auf die entgegengesetzte Entwicklung vor: Auf die Zukunft einer essthetischen Menschheit und neuer Feinschmecker – echter Homo sapiens sapiens –, die gerade nicht von der Abschaffung der Küche und vom Ende der kulinarischen Selbsttätigkeit lebt, sondern der Entdeckung des Essensmachens als einer weltbildenden Lebenskunst, als einer – um diese Formulierung noch einmal aufzugreifen – »angewandter Philosophie, einer in Praxis umgesetzte Welterkenntnis.« Das hellenistische Altertum gab dieser Welterkenntnis und Philosophie eines guten Geschmacks den gleichen Namen wie der Weisheit: *sapientia*.[122]

Froelichs Restauration

Während Peter Kubelka aufgrund seiner Professur für das Kochen als Kunstgattung eine Eat Art praktiziert, die im Wesentlichen innerhalb der Kunsthochschule und des Kunstbetriebs verortet bleibt, entwickelt Dieter Froelich, der bei Kubelka das Kunstkochen studierte, eat-artistische Aktivitäten in der konzeptuellen Form eines mobiles Speiselokals weiter: Einem barocken Wanderkoch gleich, betreibt Froelich seit 2003 die temporäre Künstlerküche *Restauration a.a.O.* Diese in der gesellschaftlichen Öffentlichkeit agierende interventionistische Kochpraxis stellt wieder stärker Bezüge her zu Eat Art Aktivisten wie Daniel Spoerri oder Gordon Matta-Clark und deren außerhalb des institutionellen Kunstbetriebs inszenierten Künstlerküchen. Wie bei ihnen schon, so gewinnt auch bei Froelich wieder ein avantgardistischer Impetus an konzeptueller Bedeutung, indem die Koch-Kunst im Leben verortet wird. Während Spoerri oder Matta-Clark und andere jedoch eigene Speiselokale in Betrieb nehmen, um dadurch neuartige Kunsträume zu etablieren, bei denen das Kochen und Essen tendenziell zugunsten anderer (Kommunikations- und Vernetzungs-)Zwecke in den Hintergrund treten, arbeitet Froelich mit einer *Restauration a.a.O.*, die weder eine feststehende Lokalisation noch geregelte Öffnungszeiten hat. Ort und Zeit der Restauration werden jeweils rechtzeitig vor dem Ereignis in der Tagespresse, per Newsletter und auf der Website angegeben: daher a.a.O. – am angegebenen Ort.[123] Wenn die ästhetische Praxis des *Restauration a.a.O.* das Ess-Kunstgeschehen aus dem institutionellen, musealen Kontext befreit, schließt dies nicht aus, dass sie zeitweise auch wieder

122 | Luck, Zur Geschichte des Begriffs sapientia

123 | Die *Restauration a.a.O.* ist ein Projekt von Dieter Froelich unter Mitarbeit von Vera Burmester und Maja Langreder. Ich knüpfe hier an frühere Überlegungen an, die anlässlich der Ausstellung *Restauration a.a.O.//Dieter Froelich* in Hannover (2005) vorgetragen wurden; vgl. Lemke, Kochen als Kunst

in den Kunstraum einwandert und dort eine Zeitlang ihre Feuerstelle einrichtet. Entscheidend ist die Mobilität und Mobilmachung der kulinarischen Praxis. So kann mit dem französischen Philosophen Gilles Deleuze gesagt werden, Froelichs mobile Küche *deterritorialisiert* die Kunst des Kochens, indem sie den Transfer des Essenmachens und des Essensgenießens von der häuslichen Privatsphäre in den öffentlichen Raum zeigt und auf diese Praxis gesellschaftlich aufmerksam macht, indem sie an jedem erdenklichen Ort – einem leerstehenden Ladenlokal, einer Werkstatt, einer Galerie, einem Museum oder ähnlichen Lokalitäten – *reterritorialisiert* wird.[124]

Konzeptuell steht Froelichs Eat Art für eine Alltagsküche ein, die den Ästhetizismus sowohl der professionellen Kochkunst als auch einer plakativen Koch-Kunst untergräbt. Genie-Kreationen aus bizarren Kombinationen und Zutaten oder extravaganten Spezialitäten und anderen spektakulären Augenweiden einer repräsentativen Kochhochkultur wird, wie bei Beuys, die unkomplizierte Schönheit einer regionalen Küche entgegengestellt. Dementsprechend müssen die Gäste und Teilnehmer der *Restauration a.a.O.* auf alle ›Effekte‹ der Erlebnisgastronomie: auf Arrangements, Potpourris, Carpacchios, Variationen von[...] und an[...], überpuderte Dessertteller, manierierte Amuse Gueules, gut gemeinte Tischdekorationen, Hintergrundmusik und spaßigem Begleitprogramm verzichten. »Die Kochkunst«, so erläutert Froelich das eigene Konzept, »wird nicht in einer ›falsch verstandenen Kreativität‹ im Zubereiten oder Erfinden von Speisen gesucht. Der in der Gastronomie verbreitete Hang zur angestrengten Selbstverwirklichung und Originalität ist überflüssig.«[125] Stattdessen übt sich Froelich lieber im Ungekünstelten einer alltagsweltlichen Kulinarik, um mit einer Möhrensuppe oder einer sauer gekochten Schweinswurst ein anderes Weltbild entstehen zu lassen als das von Elefantenrüttelsteaks oder Blumenkohlparfaits unter der Kaviarhaube mit sautiertem Rochenflügeln. Trotz, oder gerade wegen, der anti-ästhetizistischen Programmatik einer Hausmannskost richtet sich seine Kunst des Kochens an Menschen, die sich auch auf ungewohnte und fremdartige Speisen einlassen wollen. Statt das Ungewohnte wie üblich durch eine Effekt erheischende Küchenexotik des Fremdländischen und Skurrilen zu erzwingen und letztlich den mittlerweile an dererlei Ungewohntes gewöhnten Geschmack der Konsumenten oberflächlich zu bedienen[126], wertet Froelich die Kategorie des Ungewohnten und einverleibten Fremden gastrosophisch um. Seine Küche erzeugt die essthetische Erfahrung des Fremden durch die Wiederaneignung des entfremdeten Eigenen: Den Gästen werden kulinarische Erkundungen

124 | Deleuze/Guattari, Was ist Philosophie?; Dolphijn, Foodscapes: Towards a Deleuzian Ethics of Consumption

125 | www.restauration-a-a-o.de

126 | Heldke, Exotic Appetites

der Regionen und die site-specifity der jeweiligen Gegebenheiten der landwirtschaftlichen Erzeugnisse und lokalen Biodiversität nahegebracht. Mit der Philosophie, traditionelle Gerichte beziehungsweise in Vergessenheit geratene Nahrungsmittel, Zutaten und Zubereitungsweisen neu zu entdecken, will Froelich keinen altbackenen Traditionalismus auftischen. Statt die konservative Nostalgie der ›guten alten Rezepte der Großmutter‹ als vermeintlich letzten Ausweg zu beschwören, den Verfall der Kochkunst entgegenzuwirken, wird der Begriff *Restauration* als eine *Wiederherstellung* wörtlich genommen, die nicht nur die physischen Lebenskräfte wiederherstellt, sondern eben auch ein kulinarisches Grundwissen und Kochen-Können. Seine Seminare zum *Kochen als Kunstgattung* an der Fachhochschule Hannover (1999-2002) beschäftigen sich beispielsweise mit *Grünkohl*, dessen regionalen Varianten und Zubereitungsarten, oder mit Speise-Archetypen wie *Nudeln, Suppe, Wurst, Gemengsel* und deren spezifischen Gestaltungsprinzipien. Unter der Kategorie Gemengsel werden Falaffel, Semmelknödel, Griesklößchen und andere Kloß-, Klops- und Knödelparameter unter allgemeinen Gesichtspunkten wie Zutatenauswahl, Produktionsmethoden, Aufbau, Größe, Konsistenz, Kochzeit und chemisches Reaktionsverhalten erforscht.

Froelichs Küchenphilosophie betreibt Aufklärung im besten Sinne des Wortes: Seine Kunst vermittelt Erkenntnisse über gastrosophische Zusammenhänge und ein elementares Wissen, das den Menschen hilft, besser zu essen und kulinarisch besser zu leben. Sie leitet zu einer Lebenskunst an und setzt damit anhand der kulinarischen Praxis das ursprüngliche Anliegen des künstlerischen Avantgardismus wirklich um, indem Leben und Kunst (als Prinzip gestaltender und gestalteter Freiheit) zu einer besseren Lebenspraxis vereint werden. Froelichs Eat Art lebt eine Ethik vor, die ihre moralische Implikation, das tägliche Kochen als Lebenspraxis zu wählen statt nicht zu kochen, im Reiz der Ästhetik schmackhaft macht. Zur ethischen Vorbildlichkeit dieser Kunst des Essens gehört insgleichen die Tatsache, dass die verwendeten »Grundstoffe aus ökologischem Anbau und artgerechter Tierhaltung« (ebd.) kommen.

Die Besucher der seit Beginn des Jahres 2007 veranstalteten *Kochkurse* der *Restauration a.a.O.* erfahren eine Kunst, deren ganzer Sinn darin liegt, grundlegende Kenntnisse der Speisezubereitung zu präsentieren. Damit setzen sich Froelichs Kochveranstaltungen von populären Kochkurs-Angeboten kritisch ab. »Viele dieser Kochkurse laufen nach einer ähnlichen Dramaturgie wie ihre TV-Vorbilder ab. Der Eventcharakter steht im Vordergrund und im unglücklichsten Fall sollen die Kochlehrlinge auch noch gegeneinander kochen.« (Ebd.) Statt auch noch das Kochen unter das Leistungsprinzip zu stellen oder einzelne Gerichte vom Zuschauer als Kunstwerke bestaunen zu lassen, stellt Froelich die künstlerischen Grundprinzipien des Kochens in den Mittelpunkt seiner Kurse. Diese vermitteln ein technisches und kompositorisches Verständnis beispielsweise des *Prinzips*

Knödel, das die Teilnehmer dazu befähigt, fortan jede Art von Knödel kochen zu können statt ein spezielles Knödelrezept bloß nachzukochen. Diese Prinzipienlehre versetzt die Beteiligten in die Lage, als Produzent und eigener Küchenchef aktiv zu werden. Entgegen des ersten Anscheins operiert diese Eat Art nicht mit fragwürdigen partizipatorischen Elementen, die die pädagogisch motivierten Mitmach-Aktionen der 1970er Jahre wieder beleben. Wenn die Teilnehmer und Gäste aufgefordert werden, selbst Rezepte für einfache, ihnen vertraute Speisen mitzubringen, gelingt es den Kochkursen und Kochaktionen des *Restaurants a.a.O.*, Elemente einer didaktischen Kunstvermittlung mit einer interventionistischen Kunstpraxis zu verbinden, die die Grenzen zwischen künstlerischem und außerkünstlicherem, lebenskünstlerischem Kochen nahezu vollständig aufhebt.

Indem Froelichs mobile Feldküche allerdings ausschließlich Geschirr verwendet, das aus weiß glasiertem Porzellan ist, setzt sie bewusst den White Cube Purismus konventioneller Kunstausstellungspraxis inszenatorisch ein. Diese formalästhetische Strategie der arrangierten Installation wird noch unterstützt durch die Tatsache, dass jedes Geschirrelement mit dem Schriftzug *Restauration a.a.O.* signiert ist und es so als einen äußeren Bestandteil eines Gesamtkunstwerks markiert. Doch anders als beispielsweise die Kochgeschirr-Kunst von Lingner und Ohno, bei der die Teller mit kunstphilosophischen Sentenzen und trivial-tiefsinnigen Fragen beschriftet sind[127], geht es Froelich mit seinem Geschirr-Environment nicht um plakative Denkanstöße, sondern um eine phänomenologische Konzentration der Aufmerksamkeit auf die Wahrnehmung des Inhalts: des präsentierten Essens. Darüber hinaus gewinnt mit dieser Installation bei ihm ein zentraler Aspekt einer Kunst des Essens erneut an programmatischer Bedeutung, der bei seinem Lehrer Kubelka in den Hintergrund getreten war: Der Essensgenuss wird als *soziales, konviviales Happening* veranstaltet. Dies lässt eine konzeptuelle Nähe zu den Eat Art Banketten von Spoerri erkennen. Während Spoerri aber, wie wir sahen, die eat-artistischen Happenings zu einer Eventgastronomie popularisiert und trivialisiert, bringen Froelichs Tafelrunden die alltagsweltliche Sozialität einer Mahlvergemeinschaftung ins Spiel. Indem das Kochen im gemeinsamen Genuss mündet, machen die Beteiligten eine fundamentale essthetische Erfahrung der gastrosophischen Lebenskunst. Stärker noch als bei Froelich kommt die konviviale, Gemeinschaft stiftende Dimension des Essens und mithin die sozialutopische Idee einer Tischgesellschaft bei Rirkrit Tiravanija, einem weiteren Repräsentanten der zeitgenössischen Eat Art zum Tragen.

127 | Lingner/Ohno, Pruszkower Rhizom; vgl. Kunstforum International, Die große Enzyklopädie – Essen und Trinken A-Z, 187

Tiravanijas Currygerichte und Sozialpudding

Auch in der Kunst des thailändischen Künstlers Tiravanija spielt das Essen und seine Zubereitung eine zentrale Rolle. Weltweit bekannt gemacht haben ihn seine Koch-Performances und seine *Thai-Currys*, mit denen er bei verschiedenen Ausstellungsgelegenheiten das Kunstpublikum verköstigt. Das mehrwöchige Kochprojekt, das Tiravanija während seiner Gastprofessur an der Städelschule in Frankfurt (2001-2002) – seinerseits in Anlehnung und Fortsetzung von Peter Kubelkas Koch-Kunst – veranstaltete, bestand unter anderem in einem *cooking battle*. Der Sinn dieses Koch-Wettkampfes war allerdings weder, dass die Beteiligten besonders originelle Werke kreieren sollten noch, dass es Sieger und Verlierer geben würde. Absicht des Projekts war auch hier, wie bei jeder anderen eat-artistischen Kunst, die gesellschaftliche Aufmerksamkeit auf eine alltägliche Kreativität zu lenken, die über Jahrhunderte die Ehre verwehrt blieb, in das Olymp der ›schönen Künste‹ aufgenommen zu werden. Indem bei Tiravanijas *cooking battle* Künstlerfreunde, Hochschulangehörige oder irgendwelche Bekannte aufgefordert waren, im Kochen wettzueifern, gewann die kulinarische Lebenspraxis als Ausdruck und Gradmaß der persönlichen Kochkunst normative Kraft. Auf diese Weise setzt sich die von Joseph Beuys propagierte Ethik einer einfachen Alltagsküche bei Tiravanija ebenfalls fort: Die Kunst des Kochens verlangt keine exaltierte Feinschmeckerei unter Einsatz exquisiter Zutaten, sie besteht vielmehr im Idealismus des Selbstmachens und der unaufwändigen Kreativität eines gut ausgebildeten Geschmacks. In den Worten des Künstlers: »Du arbeitest einfach mit dem, was du gerade hast und das Wesentliche darin ist der Geist und die Art und Weise, wie es gemacht ist. Insofern geht es nicht nur darum, dass es gut schmeckt.«[128]

Anders als die ortlose Garküche von Froelich verzichtet Tiravanija nicht auf eine zeit-räumliche und situative Umrahmung seiner Koch-Kunst. Er zeigt sie bewusst in den Institutionen des internationalen Kunstbetriebs und stellt so die öffentlich gemachte Präsenz und Tätigkeit des Essenmachens aus als konkrete Möglichkeit einer Lebenskunst, zu der jeder fähig ist, wenn er oder sie nur will: »Wenn du Leben zu Kunst machst, was wäre dann sinnvoller, wenn nicht die Tatsache, dass wir dafür direkt unsere Lebenspraxis nehmen anstatt irgendetwas zur Kunst zu zwingen. Deshalb erschöpft sich die ganze Sache nicht im Servieren von Essen. Das Essen ist eine Art Rahmen und was in diesem Rahmen stattfindet, ist etwas anderes. Und zwar eine Aktivität, die auf der einen Seite einen Bruch darstellt, dadurch dass Essen in einer Galerie ausgegeben wird. Aber auf der anderen Seite ist es eine Aktivität, die jeder vollführt; sie ist etwas, das alle realisieren können, sofern ein initialer Schritt getan ist.« (Ebd.) Zur öffentlichen Initialisierung und kulturellen Aufwertung des Kochens als einer lebens-

128 | Tiravanija in Trippi, Untitled Artists' Projects, 158

künstlerischen Aktivität ruft auch Tiravanija ein temporäres Speiselokal ins Leben. Das Speiselokal, das er zusammen mit Tobias Rehberger und Olafur Eliason im Arsenale während der Biennale in Venedig 2001 betreibt, bewegt sich zwischen den stationären Vorläufermodellen, wie die *Taverne zum Heiligen Gaumen* der Futuristen oder dem *Restaurant Spoerri* und Froelichs Wanderküche *Restauration a.a.O.* Wenn die Ausstellungsmacherin Elisabeth Hartung zu Tiravanijas temporärem Koch-Kunstraum feststellt, der Künstler als Gestalter und Betreiber eines Restaurants sei »nicht mehr müde belächelter Dekorateur, sondern Trendsetter«[129], dann ist angesichts der variantenreichen Vorgänger zumindest dessen Trendsettersein zu relativieren. Tatsächlich hat sich die Künstlerküche inzwischen als sub- und klubkulturelle Realität außerhalb der Kunst, worauf noch näher einzugehen sein wird, längst etabliert.

Neben der Installation eines temporären Restaurants als Koch-Kunstraum tauchen bei Tiravanija auch andere Ausdrucksformen des Eat Art Genres auf. Beispielsweise werden die Tafelrestebilder von Daniel Spoerri variiert: Anlässlich der Ausstellung *fast nichts/almost invisible*, die im Sommer 1996 im ehemaligen Umspannwerk in Singen stattfand, ließ Tiravanija nach dem Eröffnungsabend die Kochplatte, Töpfe und die anderen Reste des gemeinsamen Stehimbiss (Teller, Bestecke usw.) über die ganze Ausstellungsdauer so stehen, wie sie verlassen wurden. Statt jedoch die beendete Tafelfreude wie Spoerris *Fallenbilder* ›abzubilden‹, mit der Idee, eine zufällige Situation und einen flüchtigen Moment im Lebensfluss zu verewigen, stellt Tiravanija die zurückgelassene und abgegessene Tafel als soziale Plastik und Wärmeskulptur à la Beuys aus, um eine narrative Spur der gelebten konvivialen Aktivität sichtbar zu machen. »Keep on cooking!« steht als Erinnerungsbild für das Primat und die Permanenz der gastrosophischen Praxis. Auch spektakuläre Bankett-Festmahle kommen in seinen eat-artistischen Aktionen zum Einsatz. Zur Eröffnung der Ausstellung *In the Middle of the Night* in der Kunsthalle Bielefeld von September bis November 2005 kocht Tiravanija, unterstützt von Assistenten, für achthundert Personen eine mild gewürzte thailändische Suppe. Indessen verfolgt diese Eventgastronomie nicht die konzeptuelle Idee, den Beteiligten eine bestimmte (soziale, politische) Thematik in den Mund zu legen wie beispielsweise Spoerri mit seinem *Reich und Arm Essen.* Tiravanija beabsichtigt mit dem Arrangement von solchen Esssituationen nichts weiter als die Ermöglichung einer rein essthetischen Erfahrung: den Genuss von kunstvoll zubereitetem Essen als einem Guten an sich. So soll Aufmerksamkeit und Sinnfälligkeit auf die alles andere als triviale Tatsache gelenkt werden, dass Essen und Kochen zu jenen konstitutiven Aktivitäten gehören, in denen sich die kulturelle Identität von Lebensweisen widerspiegelt und bildet. In welchem Maße sich die Lebensweise der Menschen und die Eigentüm-

129 | Hartung, Einleitung zu Spoerri presents Eat Art, 17

lichkeit ihrer Kultur in der Küche manifestiert und reproduziert, zeigt Tiravanija, indem er, als gebürtiger Thailänder, typische Speisen der thailändischen Esskultur präsentiert. Seine *Thai-Currys* sind zu ähnlichen, wenn auch noch nicht ganz so berühmten Markenzeichen einer Version der Eat Art geworden wie die *Campbell's Soup* von Andy Warhol und sie sind zugleich ein Meilenstein, der die inzwischen stattgefundene Transformation der zeitgenössischen Kunst des Essens ermessen lässt. Tiravanijas interkulturelle Gastrosophie umgeht die Problematik eines konzeptionellen Traditionalismus und Ethnozentrismus, welche die Kulturen zu einer unveränderlichen Identität naturalisieren und exotisieren, indem sie die tatsächliche Konstruiertheit der esskulturellen Identitäten bewusst hervorhebt. So werden bei einer Ausstellung in München (1997) die Besucher und kunstgenießenden Gäste nicht mit thailändischen Curry-Gerichten, sondern bewusst mit *deutschen Schupfnudeln* verköstigt. Auch anlässlich der Ausstellung *Back Stage* des Hamburger Kunstvereins im Jahre 1993 kocht Tiravanija eine »ganz einfache deutsche Suppe«, um die kulturelle Integration von Immigranten und Fremdheit über Essenspraktiken zu reflektieren. »Das Zentrale daran war die Idee, Fremder zu sein und durch das Kochen einer guten deutschen Suppe zu einem guten Bürger oder guten Einwanderer zu werden. Als Beweis, dass man Deutscher sein kann.«[130] Tiravanijas Aneignung der deutschen Kultur im Medium der Suppe veranschaulicht so einerseits die alltägliche Machbarkeit einer (affirmativen) Integration. Andererseits zeigt das allgemeine Interesse der Deutschen an Thai-Küche, dass gerade die wohlgefällige Exotik einer fremdländischen Kochkunst und Esskultur für Völkerverständigung und interkulturelle Begegnung sorgt. Die Tatsache, dass ein ›Fremder‹ eine ›deutsche Suppe‹ zu kochen versteht, demonstriert einen Kosmopolitismus, den viele und immer mehr Menschen an zahllosen Orten der Welt tagtäglich einüben und als multikulturelle Identität der eigenen Existenz leben: beispielsweise Rirkrit Tiravanija, der im argentinischen Buenos Aires geboren wurde, in Kanada und Thailand aufwuchs, im kanadischen Banff und Toronto sowie in den us-amerikanischen Städten Chicago und New York studierte, wo er heute ebenso zu Hause ist wie zeitweise in Berlin und der nordthailändischen Stadt Chiang Mai – ein exemplarischer Weltbürger und Repräsentant einer globalisierten Menschheit, deren Dasein längst nicht mehr in nationalen Kategorien zu fassen ist.

Als interkultureller Ess-Künstler tritt Tiravanija beispielsweise in Japan auf, wo er für eine Ausstellung in der Tokyo Opera City Art Gallery zwei Spezifika der japanischen Esskultur reflektiert. Die Installation *Untitled, 2002 (the Raw and the Cooked)* zeigt eine große Tafel, auf der verschiedene Tellergerichte gedeckt sind. Indes handelt es sich bei den ausgestellten Speisen nicht nur um ›Plastiken‹ der Eat Art, sondern um Plastiken im

---

130 | Tiravanija in: Trippi, Untitled Artists‹ Projects, 156

eigentlichen Sinne: In Japan sollen *Plastikimitate* der angebotenen Speisen, die üblicherweise in Vitrinen vor Restaurants aufgestellt sind, den Appetit der Passanten anregen. Neben diesem Spezifikum der japanischen Ästhetik des Essens, bei welcher die visuelle Impression größere Bedeutung hat als der reale Geschmack, thematisiert Tiravanija einen weiteren zentralen Aspekt des japanischen Wegs des Essens.[131] Dafür ließ er an der Decke des Ausstellungsraums einen Monitor anbringen, auf dem eine Video-Dokumentation – in Analogie zu den zahllosen populären TV-Kochsendungen[132] – läuft, die einen Koch bei seiner Arbeit zeigt. Dieser produziert aber keine echten Speisen, sondern seinerseits Speisen aus Plastik. Ähnlich wie bereits das künstliche Essen der Schaufenster-Speiseimitate virtualisiert die ausgestrahlte Kochshow die kulinarische Erfahrung zu einem rein visuellen Konstrukt: dem schönen Schein eines Essens ohne Geschmack. Tiravanijas kritische Intervention in die japanische Kochkunst, die im starken Kontrast zu seinen anderen eat-artistischen Aktionen jeden realen Genuss ausschließt, lässt eine Erkenntnis aufscheinen, die eine grundlegende Ambivalenz der zeitgenössischen Esskultur Japans erfassbar macht: In dem Land, welches sein kulturelles Selbstverständnis wie kaum ein anderes über eine Ästhetik des Essens konstruiert, wird das Kulinarische der stilisierten Perfektion einer bloß augenscheinlichen Schönheit und einer total manipulierten Künstlichkeit des Geschmacks unterworfen.

Freilich blendet Tiravanijas gastrosophische Feldforschung in Japan einen entscheidenden Aspekt der dortigen Kunst des Essens aus, nämlich das gemeinsame Tafeln: die *Mahlgemeinschaft*, die er in seinen anderen Projekten gerade (neben dem Kochen) ins Zentrum rückt. Denn ähnlich wie Froelichs *Restauration a.a.O.* veranstaltet Tiravanija seine Koch-Kunst nicht bloß um ihrer selbst willen. Zwar soll durch die künstlerische Auseinandersetzung mit der kulinarischen Praxis diese Tätigkeit eine gesellschaftliche Aufwertung erfahren; aber letztlich ist auch hier der gemeinsame Genuss des Gekochten das Ziel und der Endzweck einer Kunst des Essens. Daher dienen seine Koch-Aktionen allenthalben der Vorbereitung für das situationistische Happening von Tafelgemeinschaften, in denen die Besucher die soziale Dimension der gastrosophischen Lebenskunst teilhaftig werden. Jedoch ›demonstriert‹ Tiravanija nicht die alltagsweltliche Konkretion der konvivialen Gemeinschaftserfahrung im familiären oder Freundeskreis, wie dies Beuys tut. Stattdessen interessiert ihn primär die formale Struktur einer Tischgesellschaft: ihr partizipatives Wesen und ihre

131 | In Anlehnung und Abgrenzung zum bekannten japanischen Tee-Weg (chadô) wäre die gastrosophische Idee eines japanischen Wegs des Essens (ryôridô) denkbar; Lemke, Zen oder der japanische Weg des Essens

132 | Das interkulturell erfolgreiche und nachgeahmte Format von TV-Kochsendungen geht insbesondere auf die japanische Kult-Sendung *ryôri no tetsujin* zurück; Bestor, Tsukiji, 134

Vollzugsform als *social pudding*, worauf das gleichnamige Projekt in der Galerie für Zeitgenössische Kunst in Leipzig (2003; in Zusammenarbeit mit dem dänischen Künstler-Trio Superflex) mit seinem Titel anspielt. Die Besucher und Gäste verbindet der Konsum eines dargebotenen Puddings zu einer Genuss- und Urteilsgemeinschaft. Man löffelt die kostenlose Nachspeise und beginnt automatisch über ästhetische Geschmacksfragen zu reflektieren. Das gemeinsam Einverleibte funktioniert so als Nährstoff und Bindemittel: eben als *social pudding* einer freien Verbindung und konvivialen Vergesellschaftung der Anwesenden. Das Kunstpublikum, das gewohnt ist, distanziert schlendernd zu schauen, wird in die unerwartete und ergebnisoffene Situation einer gemeinschaftsstiftenden Erfahrung versetzt.

Für diesen sozialen Metabolismus ist von Bedeutung, dass die von Tiravanija veranstalteten Gastmähler, wie bei der *social pudding* Aktion, Tischgespräche in Gang setzen (wollen). Auch wenn er dabei vermutlich nicht an seinen gleichgesinnten großen Vorgänger Immanuel Kant denkt, der die Humanität des Tischgesprächs als das höchste Gut praktischer Vernunft lobpreiste, weil sich darin kulinarischer Genuss und sinnliches Wohlleben mit geistigem Austausch und der Belebung der Erkenntniskräfte vermähle.[133] Doch wie schon der Königsberger Philosoph, so philosophiert der Künstler über ebendiese Humanität des Tischgesprächs: »Das Essen ist ganz gewöhnlich, aber was sich gesprächsweise ergibt, das soll künstlerisch und geistvoll sein.«[134] In dieser Formulierung drückt sich eine gewisse idealistische Überhöhung des Logos gegenüber dem Gastros aus, in der eine konzeptuelle Ambivalenz von Tiravanijas Beschäftigung mit dem Essen zur Sprache kommt (die ihrerseits kantianisch ist, insofern sie sich bei Kant ebenfalls ausmachen lässt). Denn trotz der Tatsache, dass Tiravanija vor allem durch seine Eat Art bekannt geworden ist, macht das Essen in seinen Projekten insgesamt doch nur eine Lebenssituation unter anderen aus. Ein großer Teil seiner Arbeiten setzt situationistische Arrangements in Szene, die andere Lebenspraxen thematisieren. So werden neben dem Essen insbesondere das Wohnen, das Schlafen, das Reisen und das kommunikative Handeln künstlerisch durchdacht. Auch in diesen Fällen agiert Tiravanija als Initiator von Erfahrungen oder genauer: von Einlebungen exemplarischer Aktivitäten und Lebenssituationen, deren Sinn erst durch ihre Rezipienten, durch eine Kunst nachvollziehende, geistvolle Betätigung der Menschen erfüllt wird. Der Ästhetiker Alexandre Melo merkt zu diesem partizipatorischen Kunstkonzept an: »Die Autozentrierung [des Künstlers] weicht einer vollkommenen Öffnung, und was ein Individualvorgang sein könnte, wird zu einer gemeinsamen Aktivität. [...] Tiravanijas Werk ist eines der seltenen Beispiele für ein Vorgehen, das tatsächlich die Schranken des kleinen Publikums der Kunstkreise durchbricht

133 | Lemke, Ethik des Essens, 221ff.

134 | Alles im Wok. Konzeptkoch Rirkrit Tiravanija

und mit dem Publikum im Allgemeinen sowie mit jedem einzelnen Besucher im Besonderen interagiert.«[135] Durch diese Interaktion werden das Kochen und die Mahlvergemeinschaftung beim Genuss dieser Kunst universelle (transkulturelle) Lebenssituationen, die Tiravanijas Eat Art einfängt und aktiviert. Das Universelle daran ergibt sich aus dem Sachverhalt, dass alle Menschen täglich essen müssen und also fortwährend mit der esskünstlerischen Situation konfrontiert sind, was und wie sie essen, und insofern hier die Kunst die eigene Lebenspraxis unmittelbar – anähnelnd – hinterfragt. Darüber hinaus ermöglicht und initiiert das geteilte Mahl auch eine allgemeine soziale, kommunikative Begegnung. Tiravanija erklärt dazu: »Eben dies findet statt, Menschen setzen sich neben andere, die sie noch nie getroffen haben und es entsteht ein eigenartige Intimität. Sie fangen eine Diskussion an, aus der sich wirkliche Beziehungen entwickeln. Das ist der Sinn der Sache, es soll eine Situation entstehen – offenkundig keine alltägliche, aber eine ähnliche. Sie unterscheidet sich nicht weiter von den Erlebnissen, die man auch sonst hat.«[136] Insofern diese situationistischen Erlebnisse oder Einlebungen zeitlich wie räumlich bloß innerhalb des institutionellen Kontextes des Kunstsystems (in Ausstellungsräumen von Museen oder Galerien) stattfinden, bleibt Tiravanijas Lebens-Kunst zuletzt doch kunstmäßig.

Vom Standpunkt einer gastrosophischen Ästhetik, welche die thematische und konzeptuelle Auseinandersetzung der zeitgenössischen Kunst mit dem Essen in den Blick nimmt, steht aber außer Frage: Nicht weniger als von Künstlern wie Joseph Beuys und Daniel Spoerri oder den frühen Anfängen bei den italienischen Futuristen sind auch von den hier diskutierten Repräsentanten der Eat Art Bewegung wie namentlich Rirkrit Tiravanija, Dieter Froelich und Peter Kubelka wesentliche Impulse für jene neue Lust am Kochen und Essen ausgegangen, welche heute erfolgreich im popkulturellen Format von Kochshows wie Jamie Oliver oder Tim Mälzer und Artverwandtes vermarktet werden. (Siehe 2.2.) Im wesentlichen Unterschied zu dieser unpolitischen Pop Eat Art, deren Köchelei ökologische und konsumethische Fragen ausblendet, ist es gerade Tiravanija, der die Beuys'sche Erweiterung der Kunst (des Essens) auf die (Land-)Wirtschaft als wesentlicher politisch-ökonomischer Bestandteil der zeitgenössischen Kultur (des Nahrungsgeschehens) fortsetzt und seine Gastrosophie damit in die zeitgenössischen Projekte einer Landbau-Kunst einreiht. So initiiert er im Jahre 1998 im thailändischen Chiang Mai ein kommunales Kunstprojekt unter dem bezeichnenden Titel *The Land,* mit dem Ziel, ein vormals brachliegendes Stück Ackerland durch Reisanbau zu rekultivieren. Das Projekt richtet sich nach ökologischen Kriterien der Nachhaltigkeit und erforscht die Philosophie einer natürlichen Agrikultur. In Kooperation

---

135 | Melo, Rate mal, wer zum Essen kommt, 99f

136 | Tiravanija in Trippi, Untitled Artists‹ Projects, 157

mit Ortsansässigen und thailändischen Studenten einerseits und internationalen Künstlerkollegen andererseits entstand mit der landwirtschaftlichen Nutzung des Landes in den zurückliegenden Jahren eine lokale Infrastruktur, die dieses Stück Natur in einen »offenen Lebensraum« verwandelte, in dem »bestimmte Absichten in Bezug auf Gemeinschaft, Diskussionen und Experimente in anderen Felder des Denkens« realisiert werden können.[137] Dafür entwickelte die Künstlergruppe Superflex die *Installation Biogas*, eine Anlage zur regenerativen Stromerzeugung aus Dung und Biomasse. Außerdem entwarf der Künstler Tobias Rehberger einen mit diesem Biogas betriebenen Kochherd und eine ebenfalls damit versorgte Lichtquelle. Tiravanija beteiligte sich am Bau und an der Inbetriebnahme einer Küche. Weitere Künstlerkollegen konzipierten und installierten Toiletten, Waschmöglichkeiten und eine Versammlungshalle bzw. einen Arbeitsraum. Darüber hinaus entstanden auch kleine, zum Teil mehrstöckige Hütten. Wie *The Land*, so steht auch diese kommunale Infrastruktur jedem offen und ist kein privates Eigentum einer einzigen Person. Zentriert um die gemeinsame Küche – als der Sonne der dort gegründeten, kleinen *Land*-Kommune – hält Tiravanijas Gartenprojekt den revolutionären Traum von einer besseren Gesellschaft wach, in der die Menschen neben der Garten- bzw. Feldarbeit oder anderen Formen eines existenzsichernden Ackerns und Rackerns das Wohnen, Diskutieren, Genießen und Kunstmachen oder Nichtstun als Universalien eines guten Lebens praktizieren. *The Land* lässt an glückliche Verhältnisse denken, die schon Karl Marx vorschweben und die ihm zufolge bekanntlich darin bestünden, dass jeder die Freiheit hätte, »morgens zu jagen, nachmittags zu fischen, abends Viehzucht zu treiben, nach dem Essen zu kritisieren, wie ich gerade Lust habe«.[138]

Yomango – Befreiendes Einkaufen

Die politische Dimension einer Kunst des Essens, die nicht bei der agrarischen (oder kulinarischen) Produktion, sondern am anderen Pol der wirtschaftlichen Zusammenhänge des Nahrungsgeschehens ansetzt, also beim Einkauf und Konsumverhalten, wird von der spanischen Künstlergruppe *Yomango* thematisiert.[139] Die seit einigen Jahren aktiven Yomangos bringen die alltägliche Lebensmittelbesorgung ins Spiel – allerdings unter einem ungewöhnlichen, künstlerisch-avantgardistischen Vorzeichen. Die kreative Praxis ihrer eat-artistischen Interventionen setzt einen ›geldlosen Einkauf‹ von Nahrungsmitteln in Szene: *yo mango* bedeutet in der spanischen Umgangssprache so viel wie, ich klaue oder ich zocke. Die von den Yomango-

137 | www.thelandfoundation.org

138 | Marx, Deutsche Ideologie, 33

139 | www.yomango.net

Künstlern veranstalteten Klau-Kunstaktionen führen die subversive Praxis eines alternativen, nicht-kapitalistischen Wirtschaftslebens in Verbindung mit der Marx'schen Idee einer Abschaffung des Privateigentums vor. Bei *Yomango Dinners* werden geklaute Nahrungsmittel als Kunststücke eines strategischen Widerstandes serviert und als Beutezüge eines zivilen Ungehorsams kollektiv genossen. Mit einer solchen anti-kapitalistischen Kunstpraxis stellt Yomango der ungerechten Verteilung der Nahrungsmittel auf der Welt das Ideal einer freien Verfügbarkeit und paradiesischen Üppigkeit für jeden entgegen. Wie auch bei anderen in jüngster Zeit entstandenen *Umsonst-Kampagnen*[140], so wird von den Yomangos mit ihren kollektiven Aktionen eine Kunst der ausgleichenden Gerechtigkeit und kostenlosen Aneignung von Lebensmitteln propagiert. Derartige linksradikale Kampagnen für ein ›schönes Essen‹ werden als ein rebellischer Spaß und realer Kunstgenuss inszeniert: »Was die inhaltliche Ebene dieser Kampagnen angeht, so lassen sie sich klar dem linksradikalen Spektrum zuordnen: die Forderung nach einem ›schönen Leben für alle‹ kann als zeitgenössische Kodierung des kommunistischen ›jedem nach seinen Bedürfnissen‹ gelten. Auch auf der Formebene haben diese Kampagnen vieles gemein: sie alle spielen mit Elementen der Verfremdung, des Theaters und der Ironie. Damit unterscheiden sie sich einerseits von den traditionellen Protestformen der radikalen Linken wie Demonstrationen und direkten Aktionen. Andererseits sind sie auf Grund ihres klaren politischen Gehalts, ihres kalkulierten Regelverstoßes, der weit über die bloß symbolische Ebene hinausgeht, und ihrer Einbindung in eine kollektive Organisation genauso wenig dem künstlerischen Spektrum zuzuordnen.«[141]

Im Sommer 2004 veranstaltet Yomango in Kooperation mit der Gruppe *Hamburg-Umsonst* eine *YoKü* – eine wortspielerische Kombination aus Yomango und VoKü (dazu gleich mehr) –, deren Büffet aus ›befreiten‹, d.h. umsonst beschafften Lebensmitteln besteht sowie die hungrigen Mägen und Geister der einschlägigen Szene erfreut. Eine ähnlich spektakuläre Klau-Kunstaktion veranstaltet ein argentinischer Ableger der inzwischen an verschiedenen Orten der Welt vertretenen und aktiven Yomango-Bewegung. Am Jahrestag des Aufstands in Argentinien ›befreien‹ Aktivisten Champagnerflaschen aus einem Supermarkt. Dabei nutzen sie den Wirrwarr einer Tango-Performance, die sie in diesem Laden unangekündigt vollführen. Während der dadaistisch anmutenden Aktion skandieren sie durch Megaphone *»contra el capitalismo!«* Die erbeuteten Flaschen werden anschließend mit viel Freude und Genugtuung in der Eingangshalle einer Bank geleert (die man für die Wirtschaftskrise des Landes mitverantwortlich machte). Auf diese Art inszenieren sich die Yomangos als Robin Hoods der Gegenwart und erweitern Motive einer radikalen Gesellschafts-

140 | Dyk/Stützle, Alles umsonst?

141 | Ray, Kunst – Kritik – Politik

kritik, die bereits Beuys' erweiterte Kunst bewegt, kreativ auf die Alltagskultur. Das befreiende Einkaufen von Nahrungsmitteln mobilisiert einen Geschmack der wilden Küche, die im vorkulinarischen Zustand rohes, nichtgekochtes, nicht selbstzubereitetes, kurz: ›gefundenes Fressen‹ genießt. Entsprechend veranstalten die Yomangos in Kochkursen, die sich konsequent als *Klau-Workshops* verstehen, die hohe Kunst einer geräuschlosen, unentdeckten Entwendung beziehungsweise einer gekonnten Wiederaneignung des Expropriierten. Statt Speisekreationen werden originelle Rezepte des Zockens vorgeführt. Statt kulinarische Techniken zeigen die Künstler nützliche Kunstgriffe, die Dinge ›verschwinden‹ lassen, oder raffinierte Tricks, beispielsweise wie die Magnet-Diebstahlsicherung entschärft wird, die ›lästigerweise‹ an vielen Produkten haftet. Dazu werden Schnittmuster für Umhängetaschen mit verstecktem doppeltem Innenleben kreiert und gratis verteilt.[142] Doch geht es den Yomangos nicht um die Heroisierung krimineller Kleinkunst, sondern im Wesentlichen um die künstlerische Thematisierung gesellschaftlicher Realität. »Wir wollen keiner einzelnen Person Schaden antun. [...] Wir zeigen nur, was ohnehin schon Realität ist. Wir haben den Ladendiebstahl nicht erfunden, wir machen ihn bloß sichtbar.« (Ebd.) Gerichtet ausschließlich gegen den Reichtum mächtiger Konzerne, die von der Ausbeutung ihrer Arbeiter und Lieferanten leben, aktualisiert diese Klau-Kunst eine alte Einsicht des französischen Anarchisten Proudhon: »Nicht Yomango ist Diebstahl; Eigentum ist Diebstahl.«[143] Freilich finden neben dieser subversiven Polit Eat Art auch weniger spektakuläre Supermarkt-Aktionen in der zeitgenössischen Kunst statt, wie beispielsweise die des Künstlers Christian Jankowski. Beim Einkauf in einem großen Shoppingcenter parodiert er den Sozialcharakter der gemeinen ›Schnäppchen-Jäger‹ und Aldianer, die in ihrem Konsumverhalten lediglich dem archaischen Instinkt folgen, sich mit dem Billigsten gütlich zu tun: In der Supermarkt-Aktion *Die Jagd* (1992) ›schießt sich‹ der Künstler Waren im buchstäblichen Sinne – mit Pfeil und Bogen.[144]

Rote Gourmet Fraktion (RGF)

Die spielerische, kreative Subversion einer Kunst des Essens, die bei den Yomango-Künstlern als gesellschaftskritische Lebensmittel-Klaukunst zum Tragen kommt, wird bei der *Roten Gourmet Fraktion* wieder direkt auf die Praxis des Kochens angewandt. Hinter diesem provokant-ironischen Label verbirgt sich die mobile Küche von Jörg Raufeisen und Ole Plogstedt, einem jungen Cateringkombo, das gewöhnlich Musikbands wie Die Toten

142 | Guschas, »Lebensgefühl des Ladendiebstahls«

143 | www.yomango.net

144 | Kunstforum, Große Enzyklopädie – Essen und Trinken A-Z, 228

Hosen oder Die Ärzte auf ihren Tourneen verköstigt.[145] Die beiden Aktivisten der *Roten Gourmet Fraktion* sind keine studierten Künstler und keine kulinarische Autodidakten wie Tiravanija, Kubelka und Froelich, sondern tatsächlich ausgebildete Berufsköche – aus der Punkszene. So lässt sich am Beispiel der Gourmet-Punks zeigen, in welchem Maße die eat-artistischen Interventionen und Künstlerküchen längst zum Bestandteil der zeitgenössischen Subkultur geworden sind und Essenmachen mittlerweile auch außerhalb der freien Kunstszene als Kunst praktiziert wird. Mit dem neuartigen, trendigen *Kitchen Clubbing* (Plogstedt) hat sich in offenkundiger Kontinuität und kultureller Diversifikation der eat-artistischen Kunstpraktiken eine kulinarische Gegenöffentlichkeit zur herkömmlichen Spitzengastronomie oder proletarischen Imbissbude etabliert.[146] Gleichsam als Parallelwelt, aber mit Überschneidungen zum kommerziellen Mainstream der TV-Köchelei, tritt das freie Kochen aus dem direkten Bezug zum Kunstbetrieb heraus – ins Leben. Im Fall der *Roten Gourmet Fraktion* und vergleichbarer Unternehmungen freilich nicht als individuelle Lebenskunst, sondern in der sub- und klubkulturellen Form, bei der es Essen nicht wie in der freien Kunst umsonst gibt, sondern nur kommerziell im Tausch gegen Geld – dafür aber auf unkonventionelle und auch gastrosophisch relevante Weise. Die *Rote Gourmet Fraktion* betreibt eine solche unkonventionelle Kochkunst: Statt tourende Musiker mit der üblichen Dauerpizza abzuspeisen, sorgen sie für phantasievolles Essen beispielsweise *Junkie-Fish*, ein mit Pinienkernen panierter Steinbeißer, in dem eine Einwegspritze mit grüner Flüssigkeit steckt. Mit ihrem berauschenden Mix aus Senf, Limone und Kurkuma darf dann der Kunstgenießer seinem Fisch ›einen Druck setzen‹ – den ›goldenen Schuss‹. Eine derart avancierte Kochkunst, mit einem unverwechselbaren Stil aus Humor, Provokation und Unterhaltungswert, kann es zweifelsohne mit den in die Kunstgeschichte eingegangenen Avantgarden der Eat Art aufnehmen. Weitere einschlägige Requisiten dieser Punkästhetik lassen sich sehen: Horror-Devotionalien, wie Rieseninsekten aus Latex, künstliche Totenköpfe und Attrappen von menschlichen Gliedmassen, abgerissene Plastikbeine, Gummiköpfe und dergleichen Augenweiden dienen als Stimulanzien oder Dekoration. Mitunter kriecht niedliches Plastikgetier von der Vogelspinne bis zur Eidechse durch die Salate. Auf diese ebenso makabere wie originelle Weise tauchen bei der RGF eat-artistische Motive auf, die Tiravanijas parodistisches Porträt der plastischen Kulinarik Japans noch einen konzeptuellen Schritt weiter radikalisiert. Auch bei den Hamburger Punks entstehen die Kunstwerke – ähnlich wie schon bei den, allerdings auch in politischer Hinsicht, zum Extremen tendierenden italienischen Futuristen – unter dem Einfluss harter Beats. In ihrem Buch, das ihr Schaffen dokumentiert, wird erklärt: »Für ein klar

145 | Raufeisen/Plogstedt, Rote Gourmet Fraktion

146 | Wetzlar/Buckstegen, Die Kultur der Imbissbude

strukturiertes Essen mit wenigen, aber erstklassigen Geschmacksnuancen, die den Gaumen nicht überfordern, sondern ihm schmeicheln, bedarf es kurzer und prägnanter Melodien. Aus unserer Küche dröhnen deshalb immer schnelle Rhythmen von den Beatsteaks, Dead Kennedys oder den Vibrators. Nicht zuletzt, weil uns dann alles etwas schneller von der Hand geht.« (Ebd., 118) Ganz im ironisch-polemischen Duktus eines Marinetti erfährt die Welt von Raufeisen und Plogstedt: »Wer dagegen U2 oder Genesis beim Kochen hört, darf sich nicht wundern, wenn er von einer lahmen Rotweinstimmung übermannt wird und für manche Arbeiten doppelt so lange braucht. HipHop oder Death Metal reichern das Essen automatisch mit Hass an. Bei Volksmusik gerät das Essen zu fettig, wie man an den Wildecker Herzbuben sieht, und bei Jazz völlig durcheinander.« (Ebd.)

›Kochen gegen Rechts‹

Eine Geburt der Küche aus dem Geiste der Musik ereignet sich inzwischen an vielen Orten großstädtischer Subkultur. Zum Konzept des Kitchen Clubbings erläutert der Kulturtheoretiker Roger Behrens, dass es beispielsweise das Programm des *Kochsalons* in Hamburg (gewesen) sei, »nicht erst das Essen zum Genuss zu machen, sondern schon das Kochen. Das Kochen also nicht in die Küche abzudrängen, nein, den Herd zur offenen Bühne zu machen – das ist das Konzept von Telse Buss' Kochsalon, unweit von Hafenstraße und Pudel Club. [...] Telse Buss' leckere Gerüchteküche ist nicht nur Gesamtkunstkonzept, sondern auch soziale Praxis; zumindest lässt sich hier bei gutem Essen und leichter Musik schwer diskutierend die nötige soziale Praxis in Angriff nehmen: Nach dem Essen sollst Du ruh'n, oder Widerstand organisieren.«[147] Dass die Kunst des Essens, die die *Rote Gourmet Fraktion* kreiert (ähnlich wie die ›linke‹ Eat Art von Beuys, Tiravanija und Yomango) mit einer politischen Perspektive verbunden ist, belegt die Teilnahme an dem bereits erwähnten Demonstrations-*Kochen gegen Rechts*. (Siehe 1.1.) Dazu riefen im Herbst 2001 deutsche Spitzenköche auf, um ein Zeichen gegen Rechtsextremismus und Fremdenfeindlichkeit in Deutschland zu setzen. Die *RGF* veranstaltet in diesem Zusammenhang eine in diesem Sinne politisch korrekte Dinnershow in Rantum auf Sylt. Für diese Eventgastronomie der anderer Art arbeiten Plogstedt und Raufeisen mit einem halben Dutzend anderer Star- und Sterneköche zusammen, um zweihundert Gästen anti-rassistische Kunstwerke mit Ingredienzen aus den fünf Kontinenten der Erde zu servieren. Produziert wird mustergültige Koch-Kunst, die Marinettis futuristischen Ästhetik und Spoerris Menu-travesti-Kulinarik in nichts nachsteht: *Scampishooter*, einer Hummer-Vanillesuppe im Reagenzglas gereicht, verkorkt mit

147 | Behrens, Musik von den Herdplatten

einem Scampi, oder *Flußkrebs-Hirnsoufflée* und *Essen auf Rädern*, das mit der Maurerkelle aus der Schubkarre auf Dachziegel serviert wird.

Durch das l'art pour l'art einer unbedingten Originalität und Extravaganz ebenso wie durch die Speisearchitektur und Raumgestaltung schaffen die Punkköche ein Gesamtesskunstwerk, das an den Prunk eat-artistischer Bankette erinnert: In einem sterilen Lagerhaus werden die Tische sternförmig um die Küche aufgebaut und eine weißblau gleißende Kulisse durch fünfzehnfach aufeinander getürmte blaue Getränkekisten und deren angestrahlten Wasserflaschen erzeugt. Dieses Arrangement verleiht der Benefizveranstaltung (der Erlös der Küchenparty kam der Anti-Rassismus-Initiative ›Gesicht zeigen!‹ zugute) den für die zahlkräftigen Prominente erforderlichen Glamoureffekt. Man hat gegen eine derartige Essthetisierung des Politischen eingewendet, dass die beteiligten Reichen real nichts weiter tun, als es sich für eine gerechte Sache zu teuren Preisen gutgehen zu lassen. Allerdings übersieht die nicht ganz unberechtigte Kritik an dem faden Beigeschmack derartiger Events die unterschwellige Brisanz der Sache. Ole Plogstedt erläutert dazu, dass die Aktion im Kreise und Sumpf der Berufsköche von manchen als Judenveranstaltung beschimpft wurde. »Wer da nichts tut«, so der RGF-Koch, »der macht mit, gerade auch in unserer Szene.«[148] Ebenso spricht Starkoch Vincent Klink offen darüber, dass die professionelle Gastronomie in Deutschland »allgemein verdammt rechtslastig« sei, weshalb er ein demonstratives *Kochen gegen Rechts* befürworte. (Ebd.)

Die ›harten Jungs‹ der *Roten Gourmet Fraktion* inszenieren ihr antirassistisches Festessen als Zeichen, dass sie *cuisinier com coeur*, ›Köche mit Herz‹ sind (so lautete die Kampagne offiziell). Dieses Herz schlägt nicht nur links im unmittelbaren wie übertragenen Sinne: Die roten Gourmets zeigen auch ein Herz für Tiere. Sie gehören zu den wenigen Profiköchen, die keine kaltherzigen Vorurteile gegenüber Vegetariern haben und bewusst auch mal ohne ›Zentrum‹ und Machtsymbol auskommen – legt man die herkömmlichen kulinarischen Codes zugrunde, wonach Fleisch als Symbol der (männlichen) Macht und unentbehrliches Zentrum des Essens gilt. Der Reiz ihrer fleischfreien Kunstwerke geht soweit, berichtet ein Kenner, dass selbst »Currywurst-Typen« und »fleischsüchtige Rock'n'Roll-Trucker plötzlich eine Vorliebe für Gemüsekreationen entwickeln.«[149] Dass Raufeisen und Plogstedt der vegetarischen Küche zwar einen gewissen Stellenwert einräumen, ihr aber keine konzeptuelle Bedeutung verleihen, verrät letztlich dann doch die gastrosophische Halbherzigkeit ›eingefleischter Gourmets‹, denen der Genuss einer rein pflanzlichen oder zumindest konsequent fleischarmen Feinschmeckerei fremd bleibt.

---

148 | Plogstedt in: Klüver, Schlemmen gegen Rechts

149 | Schallenberg, Erst kommt das Fressen, dann die Musik

Hingegen findet sich in einer anderen Hinsicht durchaus eine kulinarische Ästhetik des Widerstandes bei der *Roten Gourmet Fraktion*. Nämlich in ihrer unkonventionellen, selbstbestimmten Arbeitsweise, die Teil und Voraussetzung ihrer Küchenkunst ist. Um kochkünstlerische Kreativität selbstbestimmt leben zu können, hängten die beiden gelehrten Gastronomen zuvor ihre weiße Kochmütze an den Nagel und ließen mit der chromglitzernden Hotelküche auch hierarchische Strukturen hinter sich, um ihr *eigener Küchenchef* zu werden. Indessen geht es ihnen dabei nicht im Beuys'schen Sinne um die individuelle Verwirklichung einer lebenskünstlerischen Alltagsküche (siehe 1.3.), sondern darum gegen Geld andere Menschen zu bekochen. Diese unternehmerische Selbstständigkeit und freiwillige Ökonomisierung der kulinarischen Praxis erinnert entfernt an die kulturellen Ursprünge einer ›freien Kochszene‹ am Ende des 18. Jahrhunderts. Damals wurden mit dem Zerfall der feudalen Gesellschaft die Köche des Adels arbeitslos und erfanden daraufhin – aus existenzieller Not und flexibler Selbstinitiative – das *Restaurant* als öffentliches Speiselokal und als Einnahmequelle einer kommerziellen Kochkunst. Dementsprechend kommen auch die Profiköche der RGF nicht umhin, ihr Leben als freischaffende Kochkünstler und vorbildlichte Wir-AG zwischen einem Dutzend mobiler Herde, Backöfen und Kochplatten zu managen. Anders als Koch-Kunstprofessoren wie Kubelka oder Tiravanija, denen alle erforderlichen Arbeitsräume und -mittel frei zur Verfügung gestellt werden, besteht der flexibilisierte Arbeitsplatz von Plogstedt und Raufeisen in winzigen Backstage-Kabuffs von Konzerthallen oder vergleichbaren widrigen Produktionsstätten. Ihrer in Kisten und Flightcases verpackten, überall installierbaren Kücheneinheiten und Getränkepaletten dienen der vollen Mobilität. Das mobile Einsatzkommando der *Rote Gourmet Fraktion* rückt nicht aus, um die Bevölkerung kulinarisch aufzuklären, wie es der Wanderkoch Froelich mit seiner *Restauration a.a.O.* tut. So wenig wie sich Jahrhundertkoch Witzigmann daran stört, mit seiner Palazzo-Kochbrigade satte Gewinne zu machen, so selbstverständlich steht für Plogstedt und Raufeisen fest, dass sie ihre ökonomische Zukunft im profitablen Eventkochen und Kitchen Clubbing sehen. (Ebd.) Geschäftsbewusst verkaufen sie die eigene Dienstleistung als avancierte Lohnkunst oder, in ihren eigenen Worten, als »spaßige« Unterhaltungskunst.[150] Gemessen an dem militant antikapitalistischen Geist, auf den der großkalibrige Name ihres Kleinunternehmens anspielt, lässt ihr gesellschaftskritisches Selbstverständnis vermissen, dass neben den explizit ästhetischen, antinationalistischen und tendenziell tierethischen Aspekten auch die politisch-ökonomischen und ökologischen Faktoren der globalen Ernährungsverhältnisse einbezogen werden. Sich selbst als *Rote Gourmet Fraktion* zu bezeichnen, hat insofern ungefähr so viel mit den komplexen Fragen eines revolutionären Huma-

150 | Raufeisen/Plogstedt, Rote Gourmet Fraktion (RGF)

nismus und dessen terroristisch radikalisierten Irrgängern zu tun wie Spoerris *Karl Marx Essen* mit der philosophischen Kritik der kapitalistischen Lebensverhältnisse seines Namensgebers.

Volxküche und Food not Bombs: eine politisch korrekte Revolution der Kochkunst?

Ein permanentes Kochen gegen Rechts, das den bemühten Namen *Rote Gourmet Fraktion* noch am ehesten verdienen würde, findet heute tagtäglich in zahlreichen so genannten *Volxküchen* und *Food Not Bomb* Gruppen (FNB) statt. Die *Volxküche*, oft auch verkürzt *VoKü*, ist ein regelmäßiges Gruppenkochen meistens in kollektiven und selbstverwalteten, politisch linken Einrichtungen (Kneipen, Infoläden, Jugendhäusern, autonomen Zentren, besetzten Häusern, Bauwagenplätzen und dgl.), bei dem das Essen und zwar tendenziell vegetarische bzw. vegane Kost zum Selbstkostenpreis oder umsonst ausgegeben wird. Bekocht werden sowohl arme Menschen mit Hunger (zumeist Obdachlose) als auch Leute mit wenig Geld, prekäre Existenzen und hungrige Geister aus der eigenen Szene. Im Gegensatz zu den kreativen Jungunternehmern der Kitchen Clubs und zu den Großmeistern einer kommerziellen Eventgastronomie praktizieren *Volxköche* auf dem Terrain des Alltagslebens eine Essthetik des Widerstands gegen die kapitalistische Welt. Sie arbeiten weder für Lohn noch ist es ihr Interesse, mit ihrer Küche Mehrwert zu erzielen. Darin sind sie den eat-artistisch aktiven Künstlern sinnverwandt. Doch anders als diese wollen die Gastrosophen der antikapitalistischen Volksverköstigung auch nicht als berühmte Künstler oder wohltätige Helden in der Öffentlichkeit gefeiert werden. Ihre politische Kunst des Essens hat nichts mehr mit dem Kunstbetrieb und dessen subtiler Struktur der kulturellen Kapitalakkumulation zu tun. *Volxküchen* agieren an jenen theoretischen Grauzonen und offenen Grenzen, wo sich die kulinarische Dinge mit den Fragen nach einer anderen Gesellschaft verbinden, wo sich eine gastrosophische Ethik des Geschmacks mit der Philosophie des Sozialen vermischt. Obwohl die linken Aktions-Herde täglich und weltweit eine Masse von Menschen mit kostenlosem bzw. günstigem Essen versorgen, sind sie kaum Gegenstand der gesellschaftstheoretischen Reflexion und werden weder im philosophischen Diskurs noch in Geschichtsbüchern thematisiert. Selbst von der ansonsten sehr publikationsfreudigen und dem eigenen Anspruch nach undogmatischen Linken werden *VoKüs* kaum wahrgenommen.[151] Indes steht außer Zweifel, dass es sich bei diesen Erscheinungsformen einer aktiven Counter Cuisine und politisch korrekten Küche um ein äußerst bemerkenswertes gastrosophisches Phänomen der Gegenwartskultur handelt.

Die Schreibweise *Volxküche* statt Volksküche soll das erklärtermaßen

---

151 | Volxküchen-Kochbuch: Rezepte für alle Portionen

antinationalistische und antirassistische Selbstverständnis signalisieren, dem zufolge der Begriff Volk ungewollte Assoziationen sowohl zur nationalsozialistischen Geschichte des ›deutschen Volkes‹ als auch zu rechter, rassistischer Ausgrenzungspolitik weckt. In programmatischem Gegensatz dazu stehen *Volxküchen* grenzenlos allen Menschen offen und sie verstehen sich als herrschaftsfreie Zonen. Die bewusste Falschschreibung und damit die *begriffliche* ›Verfremdung des Deutschen‹ signalisieren eine umwertende Falschmünzerei als ironisch-parodistische Ausdrucksweise der autonomen Szene. Gleichzeitig hält der Ausdruck *Volxküche* wegen seines nur leichten Verfremdungseffekts einen sachlichen Verweis auf den kulturhistorischen Hintergrund des Wortes wach. Eine der frühesten Verwendungen des Begriffs ›Volksküche‹ lässt sich bis zur Frauenrechtlerin und Sozialaktivistin Lina Morgenstern zurückverfolgen, die in der Mitte des neunzehnten Jahrhunderts die öffentliche Essensausgabe an Bedürftige in Berlin begründete. Deren karitatives Engagement wird gegenwärtig durch die *Berliner Tafel* und ähnliche *Volksküchen* in anderen Städten wieder belebt. Sie sammeln verwertbare Essensreste und Lebensmittel bei Spendern ein, um diese anschließend an eine wachsende Zahl von Bedürftigen in Kirchenküchen, Tagesaufenthaltsstätten, Anlaufstellen für Suchtgefährdete, Aids- und Drogenberatungsstellen, Obdachloseneinrichtungen, Frauenhäusern und Kindereinrichtungen zu verteilen.[152] Freilich ist bereits die soziale Hungertafel- oder Volksküchen-Bewegung des neunzehnten Jahrhunderts nichts wirklich Neues. Sie geht ihrerseits auf die Entstehung von *Armenküchen* bzw. *Suppenküchen* und, noch früher, von so genannten *Suppenanstalten* zurück, die sich seit dem achtzehnten Jahrhundert als weltliches Gegenstück zur religiöse *Armenspeisung* der Klöster ausbreiteten. Die bekannteste Allerweltssuppe der frühen Armenküche ist die *Rumfordsuppe*, die um 1790 Benjamin Thompson, Graf Rumford, erfindet. Die Rumford'sche Idee einer billigen Volksverköstigung ist dem Revolutionstheoretiker Karl Marx nicht entgangen. In seinem Hauptwerk kommt Marx auf Graf Rumfords Philosophie der Armenküche zu sprechen: »Ein besonders gelungnes Rezept dieses wunderlichen ›Philosophen‹ ist folgendes: Fünf Pfund Gerste, fünf Pfund Mais, für 3 d. Heringe, 1 d. Salz, 1 d. Essig, 2 d. Pfeffer und Kräuter – Summa von 20 3/4 d. gibt eine Suppe für 64 Menschen, ja mit den Durchschnittspreisen von Korn kann die Kost auf 1/4 d. per Kopf [noch nicht 3 Pfennige] herabgedrückt werden.«[153] Indessen hält Marx die billige und mildtätige Volksverköstigung bloß für oberflächliche Philanthropie, weil sie nichts an den realen Ernährungsverhältnissen verändert.

---

152 | Innerhalb von zwei Jahren stieg zum Jahre 2007 die Zahl der Tafel-Bedürftigen laut Bundesverband Deutsche Tafel um vierzig Prozent auf rund 700.000; vgl. www.tafel.de

153 | Marx, Das Kapital I, 628

Entsprechend ist oder sollte der Ausgangspunkt der zeitgenössischen linken *Volxküchen* – im Gegensatz und in Abgrenzung zu karitativen *Hungertafeln* und *Armenspeisungen* – nicht primär das philanthropische Motiv der Notsättigung von Bedürftigen sein, sondern die gesellschaftstheoretische Erkenntnis, dass der ›politische Kampf‹ auf dem Weg zur ›antikapitalistischen Revolution‹ verstärkt auch das *Recht auf Nahrung* zu berücksichtigen hat und darüber hinaus ein bestimmtes, politisch korrektes Essen selbst etwas Revolutionäres hat. Speziell in dieser letztgenannten Hinsicht steht eine emanzipatorische Gegenküche eher dem Gastrosophen Feuerbach nahe als dem Kritiker Marx, der Feuerbach dafür kritisierte, die revolutionäre Praxis mit einer veränderten Esskultur in Verbindung zu bringen anstatt ausschließlich den proletarischen Klassenkampf zu forcieren.[154] Indessen ist hier gar kein unnötiger Gegensatz in der Sache zu konstruieren: Die Counter Cuisine der linken *Volxköche* begreift sich als *eine* gesellschaftsverändernde Praxis *neben anderen* ebenso wichtigen revolutionären Aktivitäten. Viele *VoKü*-Aktivisten beteiligen sich auch an der ›außerkulinarischen Opposition‹ und unterstützen politische Aktionen, die nichts unmittelbar mit Essen zu tun haben. Diese erweiterte Revolutionspraxis, die – zumeist unbewusst – an Beuys' ebenso antikapitalistische wie kreative Kunst des Essens und Lebens anknüpft, lässt sich insbesondere an der weltweit aktiven *Food not Bombs* Bewegung ablesen, die den linken *Volxküchen* als eine spezielle Variante zugerechnet werden kann und die sich gleichzeitig von diesen durch ihr gastrosophisch erweitertes Revolutionsverständnis unterscheiden lässt. *Food not Bomb* Aktivitäten entstanden in den 1980er Jahren in den USA als Teil der dortigen Antimilitarismus- und Friedensbewegung: daher der Name Food not Bombs – Essen nicht Bomben. Neben einem kostenlosen Verteilen von Essen, worin sich diese mobilen Garküchen nicht von karitativen sowie affirmativen Hungertafeln unterscheiden, engagieren sich *Food Not Bombs* Fraktionen auch im Bereichen Hausbesetzung, Piratenradios, Flüchtlingsunterstützung, Knastarbeit und anderer gesellschaftlicher Problematiken, bei den ›etwas anbrennen‹ kann. Doch die zentrale Thematik der *FNB*-Köche ist das Essen, weil sich in diesem speziellen Fall radikale Gesellschaftskritik *unmittelbar* in eine bessere Praxis umsetzen lässt.

Systematischer als bei die meisten *Volxküchen* wird die Kunst eines politisch korrekten Kochens und Essens von den *FNB*-Gastrosophen im theoretischen Kontext der globalen Ernährungsverhältnisse und ihrer facettenreichen Weltbezüge reflektiert. Dazu gehört als erstes, wie es in einer Selbsterklärung heißt, die ethische »Empörung über die Tatsache, dass Menschen hungern. Diesen Zustand alleine zu skandalisieren, ist Startpunkt für Analysen von Gesellschaft, die neben Kapitalismus und Militarismus auch die mit ihnen verwobene Geschlechter- und Sexualitätsord-

154 | Dazu ausführlicher: Lemke, Ethik des Essens, 388ff

nung betrachten – und angreifen.«[155] Statt die eigenen Energien auf eine umfangreiche theoretische Kritik des vorherrschenden Nahrungsdispositivs zu lenken, konzentrieren sich die FNB-Aktivisten auf eine individuell veränderte und gesellschaftlich verändernde Ernährungspraxis. *Food not Bombs* verteilt *Nahrung an alle* grundsätzlich *umsonst*, um die Machbarkeit des anarchistischen Prinzips der gegenseitigen Hilfe und sozialen Verteilungsgerechtigkeit unter Beweis zu stellen. So wird ein Genussleben für jeden ohne Geld und ohne Klau-Kunst möglich. Anders als die *Yomango* Eat Artisten greifen die *FNB*-Aktivisten auf eine ebenso legale wie nachhaltige Methode des geldlosen Einkaufs zurück: Sie verwenden ›Abfälle‹ und ›containern‹, d.h. sie *verwerten* solche noch genießbaren Lebensmittelreste, die auf Märkten oder von Großhändlern nicht mehr verkauft oder anderweitig an Hungertafeln gespendet, sondern weggeschmissen werden würden. Statt wie Spoerri die abgegessene Tafel als einen alltäglichen Lebensmoment bloß abzubilden, sammeln die rebellischen Überlebenskünstler die Essensreste der übersättigten Wohlstandsgesellschaft zusammen, um daraus ein respektables Gemeinschaftsmahl zu schaffen. Nicht aus materieller Not oder ideeller Askese, sondern aus sachkundiger Überzeugung und praktischen Widerstand gegen einen unersättlich ressourcenhungrigen und zerstörerischen Überflusskonsum werden die vergeudeten Überbleibsel verwertet.

Über das Merkmal einer kostenlosen oder kostengünstigen Sättigung hinaus prägt ein Grundgeschmack diese politisch korrekte Garküche: das Vegetarische, der Verzicht auf Fleischgeschmack und im Prinzip sogar der vegane Verzicht auf jegliche Fleischprodukte. Was folglich im Geiste einer kapitalismus- und herrschaftskritischen Diät auf den Tisch kommen muss, ist fleischlose Kost. Während sich die Bedürftigen in den historischen Anfängen der Volksküchen mit vorwiegend fleischlosem Essen begnügen mussten, weil nur gelegentlich der Genuss von teurem Fleisch erschwinglich war, sind die Gründe für die vegetarischen oder veganen *Volxküchen* der Gegenwart durchweg ethischer Natur. Ein Hauptgrund ist das pazifistische Prinzip der Gewaltfreiheit, welches das Nicht-Töten von Tieren einschließt. Wer es mit Herrschaftskritik ernst meint, wird diese nicht nur auf die Herrschaft von Menschen über Menschen beziehen, sondern auch auf die Herrschaft von Menschen über nicht minder schutzbedürftige Tiere. Während das Projekt *Haus für Schweine und Menschen* von Trockel und Höller das Bewusstsein für eine artgerechte Tierhaltung schaffen will und damit den Menschen letztlich nicht die moralische Pflicht auferlegt, den Genuss von Fleisch und Produkten von Tieren, denen es wenigstens zu Lebzeiten gut ging, ganz einzustellen (siehe 1.4.), gehen die FNB-Aktivisten einen korrekten Schritt über diesen anthropozentrischen Hedonismus hinaus. Um jedoch die eigenen politischen Ideale einer konsequent herr-

155 | www.food-not-bombs.de

schaftskritischen und pazifistischen Diät nicht von vorneherein durch eine solche asketische Moral ›unbeliebt‹ zu machen, wird in der realen Praxis der *Volxküchen* und *FNB*-Volksverköstigungen nicht selten ganz vom Veganismus und sogar noch vom gemäßigteren Vegetarismus abgesehen oder aber diese in weniger kontroverse und unpopuläre Begründungen verpackt. Beispielsweise kocht eine *Food Not Bombs* Gruppe den Sachverhalt, warum sie ausschließlich vegane Gerichte serviere, auf die utilitaristische Erklärung runter, »möglichst für alle Menschen zu kochen, also auch für solche, die sich für eine vegetarische oder vegane Lebensweise entschieden haben.«[156] Eine andere, ähnlich abschwächende Erklärung bringt *Food Not Bombs* Mitbegründer McHenry vor, um den unbeliebten Fleischverzicht zu erleichtern: »Außerdem kann vegetarische Nahrung leichter verteilt werden, Menschen können davon nicht krank werden, sie ist hygienischer.«[157] Abgesehen von diesen rhetorisch verpackten ›Beschönigungen‹ der globalen Notwendigkeit einer zumindest tendenziell vegetarischen und tiergerechten Ernährungsweise der Menschen herrscht unter den *FNB*-Gastrosophen ein sachkundiges Wissen über die größeren Zusammenhänge, die für die revolutionäre Praxis einer solche Küche sprechen. Sie sind sich darüber im Klaren, dass nur eine solche Esskultur eine klar und leicht praktikable Antwort auf die moralische Problematik bietet, dass der heute in den westlichen und verwestlichten Wohlstandsländern übliche hohe Fleischkonsum weder universalisierbar noch zukunftsfähig ist. Denn es darf als eine kaum bestreitbare Tatsache gelten, »dass genügend Ressourcen auf der Erde vorkommen um alle Menschen zu ernähren, wenn nur Obst, Gemüse etc. angebaut würde und die Energie des Bodens nicht für Futter zur Zucht von Schlachtvieh verwendet wird.« (Ebd.) Entsprechend lässt sich die moralisch-asketische Pflicht einer weitestgehend vegetarischen Ernährungsweise leicht auf die nüchterne Kausalität ökonomischer Zahlen runterrechnen. »Nach Informationen der UN-Welternährungsorganisation werden jährlich rund zwei Milliarden Tonnen Getreide produziert. Damit könnte der Energieumsatz von durchschnittlich 2500 Kilokalorien für jeden der ca. 6,2 Milliarden Menschen auf der Erde mehr als gedeckt werden. Es wird jedoch nicht versucht, mit diesen Mitteln allen Menschen ein Leben ohne Hunger zu ermöglichen. Über eine Milliarde Menschen leben in Hunger, jeden Tag sterben ca. 100.000 Menschen an den Folgen von Unterernährung – mehr als 36 Millionen im Jahr, Tendenz steigend.«[158] Damit findet, was in den 1980er Jahren mit der links-ökologischen Alternativbewegung als Counter Cuisine seinen Ausgang nahm, in seiner asketischen Version heute Fortsetzung in den diversen *Volxküchen* und *FNB*-Konvivien. Diese gehen mit ihrer politisch korrekten Küche einen

156 | Food Not Bombs Bochum; www.bo-alternativ.de/fnb/

157 | McHenry, Food Not Bombs

158 | Food Not Bombs Bochum

moralisch konsequenteren Weg als orthodoxe Linke, die sich nur das Billigste ›schießen‹ und freiwillig auf das Selbstkochen verzichten, weil man – so diese Fast Food Philosophie – im revolutionären Kampf nur für verzehrfertiges ›schnelles Essen‹ Zeit habe und ansonsten das bloß leibliche Wohl vernachlässigen kann (– und auch vernachlässigen muss: als selbstaufopfernder Beweis für die eigene ›höhere Bestimmung‹). Dafür nehmen *linke Aldianer* – die aus ›wilder Überzeugung‹ und nicht aus materieller Not Alditütenträger sind – trotz ihrer theoretischen Kritik am kapitalistischen ›Schweinesystem‹ in ihrer alltäglichen Lebenspraxis buchstäblich gerne ›in Kauf‹, dass sie mit dem eigenen Geschmack und mit dem eigenen Geld die ›gierigen Kapitalisten‹ der globalen Nahrungsindustrie, wie hierzulande primus inter pares die Discountkette der Aldi-Brüder, weiter ›mästen‹ und immer ›fetter‹ – immer mächtiger machen.[159] Die antikapitalistische *Multitude*, von der das Kultbuch einer neuen radikalen Linken schwärmt, ernährt sich allemal als eingefleischte *Alditude*.

Indessen geht es letztlich auch in der autonomen *Volxküche* nicht permanent revolutionär und politisch korrekt zu, wenn die Verwendung von sozial und ökologisch gerecht erzeugten Zutaten zu kurz kommt. Gelingt es ihr jedoch, das produzierte Essen für den Selbstkostenpreis zu verkaufen oder umsonst auszugeben, ohne dabei auf diese gesellschaftsverändernde Moral zu verzichten, steht sie für eine wirklich antikapitalistische und progressive linke Praxis, die ihren Namen verdient. *Food Not Bombs* Aktivisten können dann zu recht den Anspruch erheben, das gastrosophische Programm der von den futuristischen Eat Art Avantgardisten einst geforderten Revolution der Kochkunst heute in einem *emanzipatorischen* Sinn unter dem Slogan »Free Soup for the Revolution!« umzusetzen.[160] Und doch wäre ihre Auszeichnung, in dem großen Spektrum der künstlerischen und lebenskünstlerischen Aktivitäten der gegenwärtigen Koch- und Esskunst die wahre ›linke *Gourmet* Fraktion‹ zu sein, unzutreffend. Denn woran es bei der politischen Ethik der *Volxküchen* oft mangelt, um in den vollen Genuss einer gastrosophischen Ethik zu kommen, ist eben das Gourmet-sein: der vernünftige Hedonismus einer kulinarischen Ästhetik, die die Kunst und den Genuss eines geschmackvollen und kreativen Kochens als Alltagspraxis kultiviert. Zwar besteht insbesondere unter den *FNB*-Köchen, ähnlich wie bei den Punkband-Köchen der *RGF*, ein reger Austausch zwischen Küche und Kunst (Musik); Kochkombattant McHenry betont: »Hardcorebands, vegetarische Gruppen und *Food Not Bombs*, sie alle zusammen ergeben eine wirklich starke Bewegung.«[161] Doch ihre politisch korrekte Küche ist häufig kulinarisch kunstlos und das konviviale

159 | Schneider, Aldi – Welche Marke steckt dahinter?; Hintermeier, Die Aldi-Welt; Kotteder, Die Billig-Lüge

160 | www.food-not-bombs.de/

161 | McHenry, Food Not Bombs

Vergnügen eines phantasievoll zubereiteten wie geschmacklich guten Essens kein selbstverständlicher, konzeptueller Bestandteil ihrer Praxis. Warum sollte aber kultureller Widerstand nicht auch kreativ und lustig sein, wie es beispielsweise die eat-artistische *YoKü* vormacht – bei der die beteiligte Tischgesellschaft im gepflegten Rahmen eines Festmahls schönes Essen mit viel Vergnügen feiert? Denn für *diese* revolutionäre Praxis spricht ja gerade *auch*, dass sie gut schmecken kann und allen dieses Glück verheißt.

2. Die Lebenskunst, gut zu essen

2.1. Von der Öko-Diät zur Food Justice Bewegung

Eine politisch korrekte Küche, die mit einer kulinarischen Ästhetik operiert und außerhalb der Kunst aber im alltäglichen Leben steht, betreibt Frances Lappé. Wie kaum jemand kämpft die amerikanische *Social Change and Democracy* Aktivistin und Vorständin des unlängst gegründeten *Weltzukunftsrats* (WFC) für eine gastrosophische Ethik und Ästhetik eines besseren Welt-Essens. Und wie kaum jemand verkörpert Lappé die Geschichte der Gegenwart, die den erweiterten Kunstbegriff – der in den späten 1960er Jahren mit Beuys entsteht – mit der Entwicklung der neuesten Positionen und Vielfalt einer Kunst des Essens verbindet. Diese Zusammenhänge innerhalb des zeitgenössischen Kunstgeschehens wurden anhand der Arbeiten von Kubelka, Froelich, Tiravanija und Yomango und ›außerhalb‹ anhand der Praxis der Rote Gourmet Fraktion, Food not Bombs und den Volxküchen dargestellt. Doch ist die Genealogie dieser künstlerischen und außerkünstlerischen Gegenküchen unvollständig, solange nicht auch Lappés Gastrosophie die ihr gebührende Beachtung findet. Großen Einfluss erlangte sie durch die millionenfach aufgelegte Streitschrift *Die Öko-Diät* (eng. Originaltitel: *Diet for a Small Planet*)[1], die erstmals im Jahre 1971 erschien. Mit diesem Buch nimmt Lappé – zeitgleich mit Horkheimer[2] – als eine der ersten Theoretiker kritisch zur ›Welthungerkatastrophe‹ Stellung, die sich damals als eklatantes Problem einer ungerechten Welt, bzw. einer ungerechten Verteilung des vorhandenen Reichtums auf der Welt, abzuzeichnen begann. Durch den enormen Erfolg ihrer Schrift verfügt Lappé schließlich über die erforderlichen Mittel und Möglichkeiten, in den folgenden Jahren das *Institute for Food and Development Policy* (*Food First*) und später das *Small Planet Institute* zu gründen. Neben zahlreichen

1 | Lappé, Die Öko-Diät

2 | Horkheimer, Kritische Theorie gestern und heute, 171f.

Aktivitäten und Büchern zur Wiederbelebung demokratischer Praxis, mit denen Lappé eine erkennbare (aber zu wenig wahrgenommene) Nähe zu Hanna Arendts Philosophie des politischen Handelns herstellt, sowie der Gründung eines *Zentrums für gelebte Demokratie* veröffentlicht sie weitere Bücher zur gastrosophischen Thematik.[3] Mit ihrem neuen, erst vor kurzem erschienenen Werk *Hoffnungsträger* (eng. Originaltitel: *Hope's Edge. The Next Diet for a Small Planet*) knüpft Lappé, zusammen mit ihrer Tochter Anna, an die Problematik ihrer frühen Schrift *Die Öko-Diät* unmittelbar an, um zu zeigen, an wie vielen Orten heute das praktiziert wird, was sich ihre konkrete Utopie damals erträumt hatte.[4] Anhand der Gegenüberstellung dieser beiden Arbeiten ist zu veranschaulichen, wie sich Lappé – stellvertretend für den allmählichen Wandel des ernährungsphilosophischen Zeitgeistes – von einer eher *asketischen Moral einer politisch korrekten Diät*, wie sie von den ›VoKüs‹ und ›FNB-Freeganern‹ noch heute vertreten wird (siehe 1.4.), wegbewegt und zu einer *hedonistischen Ethik eines ästhetisch guten Essens* hinbewegt, in dem gewissermaßen die moralische Korrektheit auf progressive, nämlich kreative und emanzipatorische Weise im ›kulinarisch Schönen‹ aufgehoben wird.

Grünkernbratlinge und Körnerfresser

Lappés Gastrosophie in den siebziger Jahren des 20. Jahrhunderts entspringt der Unrechtserfahrung angesichts von Hunger und Armut in einer Welt des Reichtums und der Überfülle. Sie lässt sich nicht mit der damals – und heute noch – gängigen Erklärung abspeisen, dass der Welthunger durch ein Mangel an verfügbaren Nahrungsmitteln und mithin durch eine zu geringe Produktivität in der globalen Landwirtschaft verursacht sei – woraus heute die Dringlichkeit einer zweiten ›grünen‹, gentechnologischen Revolution der Agrarindustrie abgeleitet wird. Diese Rechtfertigung eines rein technologischen Agrarkapitalismus wird von der jungen Lappé als ein »Mythos« enthüllt. Sie kritisiert diese Denkweise als Ideologie der westlichen Wohlstandsländer, indem sie den schlüssigen und bis heute unbestreitbaren Nachweis erbringt, dass die wahre Ursache für den Welthunger weder primär in der Dritten Welt noch in einem Defizit an Nahrungsmitteln liegt. Als die entscheidende Ursache entdeckt sie die »ungeheure Proteinverschwendung der fleischzentrierten Ernährungsweise der Amerikaner«.[5] Inzwischen sind die Zusammenhänge zwischen der Massentierhaltung für die Konsumenten der Ersten Welt, Getreidefutterproduktion, umweltzerstörerischer Monokultur und das Aussterben von kleinbäuerlicher Landwirtschaft in den Entwicklungsländern, die damals

3 | Lappé, Demogracy's Edge; Lappe/Collin, Vom Mythos des Hungers

4 | Lappé/Lappé, Hoffnungsträger

5 | Lappé, Die Öko-Diät, 9

der Weltöffentlichkeit zum ersten Mal vor Augen geführt werden, weitestgehend bekannt und brauchen hier nicht wiederholt werden. Freilich besagt der Sachverhalt, dass diese gastrosophischen Zusammenhänge bekannt und durchschaut sind, nicht, dass sich daran in den letzten Jahrzehnten auch nur irgendetwas geändert hätte. Das Gegenteil ist der Fall. »Heute isst der Amerikaner«, stellt Lappé in ihrem neuen Buch rückblickend fest, »im Durchschnitt mehr Fleisch als je zuvor – alljährlich fast das Doppelte des eigenen Körpergewichts. Und da die Lebensmittelkonzerne die größten Werbeausgaben bestreiten – in der Hauptsache, um uns ungesundes Zeug zu verkaufen –, ist es kaum verwunderlich, dass die Hälfte unserer Nahrungskalorien inzwischen aus Fett und Zucker stammen. Diese fett- und zuckerreiche Kost, in deren Mittelpunkt durch Getreideverfütterung erzeugtes Fleisch steht, hat einen Siegeszug um die Welt angetreten, der sich immer mehr beschleunigt.«[6] Diese Globalisierung des amerikanischen Ernährungsstils hat dazu geführt, dass seit dem Erscheinen der *Öko-Diät* der US-Export von Fleisch getreidegefütterter Tiere auf das Sechzigfache gestiegen ist, unter anderem weil sich der Fleischkonsum in den Entwicklungsländern verdoppelt hat. In Ländern wie China, Japan oder Thailand gelüstet mehr und mehr Menschen nach Fleisch, so dass in diesen Ländern, in denen bislang fast kein Getreide verfüttert wurde, die Fleischproduktion heute schon ein Viertel der Getreideernte verschlingt. Lappé fasst diesen globalen Massengeschmack unter das Stichwort der *McDonaldisierung der Welt*: »McDonald's eröffnet alle fünf Stunden irgendwo auf der Erde eine neue Filiale.« (Ebd.) – Gleichzeitig nimmt auch die, diesem unersättlichen Fleischeslust zugrunde liegende, krasse Ungleichheit zwischen den Satten und den Hungernden zu.

Indessen geht es Lappé nicht nur um eine Kritik an den globalen Ernährungsverhältnissen. Ihr Werk setzt sich auch für die Erkenntnis ein, dass eine praktische Veränderung dieser falschen Verhältnisse tagtäglich möglich ist. »Wenn wir uns mehr auf nicht-fleischliche Eiweißquellen verlassen«, so die *Social Change and Democracy* Aktivistin, »können wir auf eine Art essen, die sowohl das Potential der Erde, unsere diätischen Bedürfnisse zu befriedigen, maximiert, als auch gleichzeitig die Entzweiung mit der Erde, die uns erhält, minimiert«.[7] Wie zur gleichen Zeit Joseph Beuys macht auch sie sich klar, dass eine verändernde, ›revolutionäre‹ Praxis bei den Individuen ansetzen kann und muss. (Siehe 1.3.) Das ethische Selbstverhältnis eines jeden Essers der Ersten Welt beziehungsweise aller Tafelgenossen der globalen Oberschicht ist entscheidend, weil ihr Geschmack die bestehende Weltküche konstituiert und die globale Politik der Ernährung bestimmt. »Genauso wie wir dem Welthungerproblem nicht begegnen können, ohne unsere individuelle Proteinvergeudung zu verringern,

6 | Lappé/Lappé, Hoffnungsträger, 76

7 | Lappé, Die Öko-Diät, 13

genauso wenig können wir diesen ersten, ganz persönlichen Schritt tun, ohne die umfassenderen Fragen der Welternährungspolitik in den Blick zu nehmen, die letztlich darüber bestimmen, ob unser individuelles Tun mehr als eine korrekte Geste ist oder nicht.« (Ebd., 45) Wie kaum eine andere Sache ist ›das Essen‹ eine ethisch relevante, weil weltbewegende Praxis und ein tagtäglicher Selbstbezug, der die Verantwortung der einzelnen Menschen als Weltbürger greifbar und – unabweisbar macht. Weil die Ernährungspraxis so persönlich ist und dieses Tun und Lassen dennoch so universell ist, bietet das Essen die herausragende Möglichkeit und Macht der Weltgestaltung qua Selbstbestimmung.

»Ich bin zuversichtlicher geworden«, heißt es in der *Öko-Diät*, »welch großen Wert es hat, ›*die Welt durchs Essen zu sehen*‹; denn wenn wir das tun, wird uns auf einmal klar, dass jedes wirtschaftliche System vor allem danach beurteilt werden muss, wie es die Nahrungsquellen erschließt und verwendet.« (Ebd., 10) Die Tatsache, dass Lappé ihre politische Ethik eines besseren Welt-Essens primär sozialmoralisch (gesellschaftstheoretisch und individualethisch) begründet, ohne diese erkennbar tierethisch – mit dem Verweis auf das Leid der Tiere – zu unterfüttern, ist angesichts der vor allem tierschutzrechtlich argumentierenden Garküchen der zeitgenössischen *Food Not Bombs* und *VoKü*-Aktivisten durchaus bemerkenswert. Ein weiterer Unterschied zu den links-kritischen Bewegungen, die der Moral der *Öko-Diät* folgen werden, besteht darin, dass Lappé auf das dogmatische Bekenntnis, antikapitalistisch zu sein, verzichtet. Allerdings handelt es sich bei diesem Verzicht um keine unversöhnliche Differenz im Ganzen, sondern lediglich um einen ›feinen Unterschied‹ – der bekanntlich eine Sache des Geschmacks ist. Jedenfalls zielt ihre Revolutionsküche letztlich auf einen weltgesellschaftlichen Zustand, der von Menschen getragen wird, »die den globalen Kapitalismus nicht einfach hinnehmen, sondern ihn so modifizieren und *weiterentwickeln*, dass der Anbau und der Genuss gesunder Nahrung, ja das Wirtschaftsleben selbst wieder in ein lebensbejahendes Wertesystem und kooperative Lebensformen eingebettet wird.«[8] Es ergibt sich ein entsprechendes Zusammenspiel von Politik, Ästhetik und Ethik in der Kunst des Essens und der humanen Tischgesellschaft, das da lautet: »Statt des offenen Krieges zwischen Kapitalismus und Kommunismus herrscht jetzt ein eher unauffälliger Kampf vor, der sich Tag für Tag und Augenblick für Augenblick im Kleinen abspielt. Dabei ist er jedoch ebenso tiefgründig – es ist ein Kampf um das, was uns Menschen eigentlich zu Menschen macht.« (Ebd., 17)

Mit diesem Programm macht sich Lappé zum Impulsgeber für eine ebenso gesellschaftskritische wie alltäglich praktizierbare Lebenskunst, mit der bereits – ermutigt durch Lappés *Öko-Diät* – in den 1970er Jahren die sich bildende Gegenkultur und Alternativszene der amerikanischen und

8 | Lappé/Lappé, Hoffnungsträger, 20

europäischen ›Jugendbewegung‹ experimentiert, um die Richtung des modernen Nahrungsdispositivs zu wenden und dadurch den persönlichen Konsum mit einer globalen Perspektive in Einklang zu bringen. Warren Belasco, der diese Prozesse der Gegenwartsgeschichte im Einzelnen analysiert hat, fasst den Geist dieser *Counter Cuisine* zusammen: »Diätischer Radikalismus kann 365 Tage im Jahr gelebt werden, drei Mal am Tag. Wenn, wie alle Linken wussten, das Persönliche politisch war, was könnte persönlicher, also politischer sein als das Essen? Und was könnte politischer sein, als Amerikas größte Industrie, die Lebensmittelindustrie, herauszufordern?«[9] Wie stark Lappé mit ihrem Ideal einer vegetarischen Öko-Diät den gesellschaftspolitischen Diskurs der beginnenden Alternativbewegung beeinflusst, lässt sich an der Tatsache ermessen, dass deren führender Philosoph Herbert Marcuse diese Gedanken aufgreift. Er bezieht sich auf Lappés globale Diätmoral, wenn er ausgehend von dem Irrsinn des »täglichen Opfers tierischen Lebens« einen »universellen Vegetarismus oder synthetische Nahrungsmittel« als regulative Idee der Vernunft erwägt und, wie wir bereits sahen, »die Kunst der Zubereitung (Kochkunst!)« zu einer progressiven ästhetischen Praxis erklärt.[10] (Siehe 1.3.) Doch mit dem Bezug auf die kulinarische Ästhetik spricht Marcuse treffsicher jenes Defizit an, welches Lappés anfängliche Rohkostmoral dem vorherrschenden Gaumen der ›breiten Masse‹ wenig schmackhaft macht. Die praktischen Grundsätze ihrer Alternativküche, die im ausführlichen Rezeptteil der *Öko-Diät* entworfen werden, tun alles, um einen gesellschaftlichen Degout gegenüber solchen asketischen, anti-hedonistischen Verzichtidealen von ›Körnerfressern‹ und der Moral von Grünkernbratlingen und jeder Art von ›moraliner Vollwerternährung‹ hervorzurufen. Tatsächlich versucht Lappé damals ihren Lesern die fade Maxime eines Verzichts auf Fleischgenuss zugunsten von Getreide- und Hülsenfrüchteverzehr schmackhaft zu machen. Es soll eine funktionelle Ästhetik oder genauer: ein unessthetischer Funktionalismus beherzigt werden, der »das Kochen einfacher, die Ernährung besser und die politische wie soziale Bedeutung unserer Optionen noch klarer macht«[11]. Die einzelnen Rezepte sind zu diesem Zweck nach der diätetischen Systematik einer »Eiweißergänzung« (protein complementarity) zusammengestellt, wie überhaupt die ganze Kulinarik in Lappés *Öko-Diät* lediglich um die »Proteinfrage«, den Ersatz von tierischem Protein durch pflanzliche Proteine, kreist. Eine Reihe von ernährungswissenschaftlichen Zahlen, Tabellen und Statistiken werden angeführt, um den trophologischen Beweis zu erbringen, dass und wie im Einzelnen täglich fleischlose Kost durch gleichwertige oder bessere Eiweißernährung (high

9 | Belasco, Appetite for Change, 284

10 | Marcuse, Konterrevolution und Revolte, 83; Ders., Versuch über die Befreiung, 54

11 | Lappé, Die Öko-Diät, 10

grade protein nutrition) ohne gesundheitliche Bedenken den exzessiven Fleischkonsum der westlichen Wohlstands- und Schlaraffenländer kompensieren kann. Auf diese dröge Weise verleiht die frühe Ökoküche, statt vollem Geschmack und reinem Genuss, primär gesundheitlichen und weltpolitischen Werten einen argumentativen Vorrang in Verbindung mit einer asketischen Verzichtsmoral und der Tugend eines politisch pflichtbewussten Vegetarismus: keine leichte Kost für die karnivor verwöhnte Zeitgenossen und gewissenlose Schlemmer, denen jedes ›gefundene Fressen‹ lieb scheint, um bloß nichts an der eigenen Ernährungsweise ändern zu müssen. Passend dazu ruft die Rede von der ›Öko-Diät‹ unpopuläre Assoziationen mit ›Diät halten‹, ›Fasten müssen‹ und mit einer Vernunft des Lustentzugs wach, die gegen den eigenen Willen zum Richtigen *zwingt*. Was bringt leichter den Unwillen der Massen und die *verständliche* Ablehnung gegen sich auf als ein dogmatisch-fanatischer Moralismus, als ein griesgrämiger, körnerbreiiger und Fleischeslust verneinender Asketismus? Mit Genüsslichkeit und feister Selbstzufriedenheit serviert die Polemik solche Reformkostideale ab als eine Art Essstörung und pathologischer Zwang zum Richtigen: als *Orthorexie* veganer Miesmacher.[12] Bis heute hält der kulturell hegemoniale Geschmack daran fest, dass ›Ökokost‹ nach Genussverzicht und freudelosen Dingen riecht: dass diese Moral fade schmeckt, aber sicherlich gesund ist. Und wahrlich: Müsste das so sein, wäre das ein ernsthaftes Problem. Dem ist aber nicht so. Wenn in vielen politisch korrekten Küchen und linken Herden heute immer noch ohne Ästhetik und Hedonismus gekocht wird, dann nur deshalb, weil man nicht – wie Lappé inzwischen aus ihren anfänglichen Fehlern – gelernt hat, dass in einem ethisch-politischen Sinne gutes Essen auch in einem kulinarisch-ästhetischen Sinne gut schmecken kann – und sollte. Jedenfalls ist sich die *Food Justice* Avantgardistin von Anfang an im Klaren darüber, dass »ethische Praxis« beim Essen »mit Vergnügen« zu vermählen ist – mit einer Lebenskunst des geschmackvollen Kochens und einer genussvollen Praxis alltäglicher Gemeinschafts- und Gastmähler, die macht, dass gesellschaftliche »Veränderung einfach, erfüllend und lustig sein kann«.[13]

Tatsächlich hat sich der anfängliche Asketismus einer politisch korrekten Diät und einer ungenießbaren Vernunftküche durch eine seit den 1980er Jahren einsetzende Ästhetisierung, bei der auch Einflüsse durch die Nouvelle Cuisine eine Rolle spielen, *verfeinert*. Daher wurde zurecht bemerkt, dass »die gut gekochte Hausmannskost, die mancherorts die Nouvelle Cuisine als dominante Kochkunst bereits abgelöst hat, ohne ihre Vorgängerin wohl nicht zu denken ist«.[14] Statt phantasieloser und ortho-

12 | Bratman, Der Möhrchen-Freak: Vom Kult ums richtige Essen; Ders./Knight, Health Food Junkies

13 | Lappé, Die Öko-Diät, 10

14 | Grawert-May, Eis an Zimtsauce, 17

rektischer ›*Vollwerternährung*‹ – wie garantiert gesunde, aber auch garantiert geschmacklose Tofu-Reis-Präparate, deren vorrangiger Zweck darin besteht, die Welt zu retten und *nicht* zu schmecken – sind im Zuge der allgemeinen Ästhetisierungsprozesse der zurückliegenden Jahrzehnte verstärkt kulinarische Werte in den Vordergrund getreten. Heute belegen Hochglanzkochbücher zur Ökoküche und raffinierte Rezepte von professionellen Gastronomen, dass kochkünstlerische Kreativität und Geschmacksgenuss nicht im Widerspruch zu den ethischen Prinzipien und Motiven einer guten Küche stehen müssen. Diese praktische Konvergenz zwischen Ästhetik und Politik in Form einer (freilich kommerziellen) Bio-Gourmet-Kulinarik machen unter anderen die *United Cooks for Nature* oder die Vereinigung von europäischen Spitzenköchen *Eurotoques* vor, bei denen Umwelt- und Tierschutz, Biodiversität und Bauernsolidarität zum guten Geschmack gehören.[15]

Ein prägnantes Beispiel dieser inhaltlichen wie konzeptuellen Durchdringung von Kunst und Moral bietet Lappé selber mit ihrem jüngsten Werk. Der darin enthaltene Rezepteteil (der merkwürdigerweise nicht in die deutsche Übersetzung aufgenommen wurde) lässt den esskünstlerischen Fortschritt erkennen, den ihre Gastrosophie gegenüber der Diätmoral einer funktionellen Eiweißergänzungskost ihrer Anfänge zurückgelegt hat. Inzwischen bezieht Lappé Menüvorschläge von diversen »progressiven Küchenchefs« ein. Bei dem Zusammenschluss von Berufsköchen, den sie erwähnt, ist das erklärte Ziel ebenfalls, »eine nachhaltige Küche zu fördern durch die Schulung von Kindern, durch Unterstützung von lokalen Landwirten und durch die Ermutigung unserer Kunden, gesunde Nahrungsmittel zu wählen. Unter den Prinzipien des Zusammenschlusses gehört, dass gutes, sicheres und vollwertiges Essen ein grundlegendes Menschenrecht ist.«[16] Einzig der Umstand, dass Lappés (Koch-)Buch ohne ansprechende Bebilderung publiziert wurde und so – scheinbar – keinen Wert auf die visuelle Darstellung dieser Kunstwerke legt, wiederholt den Makel ihres ersten Werkes. Wobei dieser ›Makel‹ allemal geringfügiger ist als marktgängige Kochbücher, die keinerlei gastrosophische Zusammenhänge herstellen und nur aus schönen Bildern bestehen. Dennoch: Eine synästhetische Kombination aus Bildern und Geschmacksbegriffen wäre wünschenswert gewesen sowie theoretische Kost zum guten Essen als Augenweide zu servieren, der Sache dienlich. Neben konkreten Kochrezepten zum Nachmachen oder einfach als konzeptuelle Inspiration bietet Lappés Buch viele Beispiele und Handlungsrezepte aus allen Teilen der Welt, die anschaulich beweisen, dass die alltägliche Verwirklichung eines besseren Welt-Essens praktisch möglich ist und an vielen Orten der Erde durch ei-

15 | Eurotoques, Zurück zum Geschmack; Jakubowicz, Genuss und Nachhaltigkeit

16 | Lappé/Lappé, Hope's Edge, 334

ne Menge von Menschen bereits stattfindet. Als ein Exemplum für diese »delikate Revolution« (ebd., 37) sucht Lappé die renommierte Köchin Alice Water auf. Ihr viel gelobtes Restaurant *Chez Panisse* im kalifornischen San Francisco führt der Welt vor, wie kreativ und geschmackvoll vegetarische Ökoküche sein kann. Waters Kochkunst zeigt, dass »es heimische Portobello-Pilze durchaus mit Filet Mignon aufnehmen können und Müsli keine abfällige Bezeichnung für das Essen der ›Körnerfresser‹ ist, sondern ein Feinschmeckergericht«[17]. Das *Chez Panisse* ist in die Galerie jener Experimentalküchen aufzunehmen, die das vorliegende Buch anhand der *Taverne zum Heiligen Gaumen*, dem *Restaurant Spoerri*, Beuys *Wohnküche*, Froelichs *Restauration a.a.O*, Tiravanijas *Kochstudio*, der Feldküche der *Rote Gourmet Fraktion* und sonstigen aktiven *Volx-* und *Gegenküchen* durchschritten ist. Mit Waters Bio-Feinschmeckerküche entstehen weitere Bezüge zur zeitgenössischen Kunst des Essens, die bereits beiläufig berührt wurden: nämlich inhaltliche Bezüge zu urbanen Nutzgärten und Gefängnisessen – zu schlechtem Essen als Strafe und gutem Essen als Perspektive.

Knastfraß und Gartenkunst

Die *Chez Panisse* Stiftung unterstützte eine der ersten Garten-Projekte, bei denen die politische Aktivisten Catharine Sneed (erstmals in den frühen 1980er Jahren) mit Gefängnisinsassen zusammenarbeitete. Lappé berichtet von einem Projekt, bei dem Sneed ein etwa sechzig Hektar großes Gelände rings um das städtische Gefängnis zusammen mit arbeitsfähigen Häftlingen als humaner Strafvollzug in einen Garten verwandelt. »1985 waren auf ihre Initiative hin bereits eine Biofarm und ein Treibhaus beim Kreisgefängnis entstanden und heute machen sich dort über 10000 Gefängnisinsassen die Hände schmutzig.« (Ebd., 66) Diese ungewöhnliche Verbindung zwischen Essen und Gefängnisrealität stellt einen indirekten Bezug zu Daniel Spoerris Aktion *Gefängnismenü* her. Doch während der Eat Art Künstler mit seinen Gefängnisessen eher durch theatralisch-inszenatorische Mittel in Form von Banketten beim Kunstpublikum eine – bestenfalls solidarische – ›Identifikation‹ mit Häftlingen möglich machen will, geht es Sneed um Gartenkunst und biologischen Gemüseanbau von Straffälligen als sinnvolle Rehabilitationsmaßnahme oder ›soziale Plastik der Lebensveränderung‹. Es drängt sich hier die Parallele zu Beuys' Gartenarbeit auf, womit der Gemüsegärtner und Freizeitbauer den gesellschaftlichen und individuellen Wert des *Ackerns* im buchstäblichen wie übertragenen Sinne als Quelle eines ebenso produktiven wie selbstbestimmten (und legalen) Lebenserhalts aufzeigt. (Siehe 1.3.) Wie Lappé betont, belegen empirische Erhebungen, dass Sneeds ›Gartenprojekte‹ zu einer geringeren

17 | Lappé/Lappé, Hoffnungsträger, 51

Rückfallsquote von Exhäftlingen führen. Aus dem Grund handelt es sich bei dieser Arbeit und ›partizipativen Gartenkunst‹ auch nicht um eine bloß andere und subtilere Form des öffentlichen Strafvollzugs, sondern um eine erfolgreiche Reintegration, bei der die Betroffenen von den erworbenen eigenen agrikulturellen Fähigkeiten profitieren. Auch handelt es sich bei Sneeds Gartenprojekt um keine sozialpädagogische Hilfe-zur-Selbsthilfe-Initiative, deren rentablen Erträge beispielsweise an Restaurants wie das *Chez Panisse* verkauft werden und dann nicht den Häftlingen zu Gute kommen. Stattdessen werden die erwirtschafteten Naturprodukte als ›gutes Gefängnisessen‹ an andere Bedürftige, hungrige Geister und Leute in Not umsonst abgegeben. »Die Ernte aus biologischem Anbau – Brokkoli, Grünkohl, Kopfsalat, Knoblauch und Tomaten (sowie auf dem örtlichen Bauernmarkt erstandene Früchte und Kürbisse) – zu verschenken und mit anderen zu teilen ist der Schlüssel zur verwandelnden Kraft des Projekts«, wie sich Lappé klarmacht. (Ebd., 69) Während bei den Umsonst-Aktionen der *Yomangos*, wie wir sahen, die Klaukunst der Akteure – meistens – ungestraft bleibt, sorgt im Falle der Gartenkunst von Strafgefangenen die gemeinsame Aktion für ein Festmahl – den Vorschein eines besseren Lebens –, das den Produzenten und ›Künstlern‹ selber vorenthalten bleibt: Statt die zumeist ohnehin nur wegen Kleinstdelikten (zweifelhafterweise) Inhaftierten in den verdienten Genuss ihrer eigenen Arbeit kommen zu lassen, werden sie weiter – und trotz dieses, dem Menschen als einem gastrosophischen Wesen würdigen, humanen Strafvollzugs – durch den Zwang zum Gefängnisfraß *mit schlechtem Essen gestraft*.

Lappé thematisiert auch andere Gartenprojekte, bei denen Menschen, statt aus Haftanstalten, aus Bildungsanstalten einbezogen werden. So entsteht auf Anregung der Kochkünstlerin und Inhaberin des *Chez Panisse* Mitte der 1990er Jahre auf dem Gelände einer Schule in Berkeley ein Nutzgarten mit der Idee, dass die Kinder »den Garten selber anlegen, Nahrungspflanzen anbauen, zubereiten und einander damit bewirten.« (Ebd., 54) Außerdem soll das, was sie im Garten tun, auch in den anderen Unterrichtsstunden einfließen. Durch diese essthetische Erziehung entsteht dort, wo vorher öde Brachflächen und zugewachsenes, unfruchtbares und verwahrlostes Gelände war, ein kleines Paradies aus Mais- und Amarath-, Möhren- und Salatbeeten, Artischockenpflanzen und eine Vielfalt anderer Gewächse. In dem ›Klassenzimmer‹ dieser Geschmacksschule lernen die Heranwachsenden fürs (gastrosophische) Leben: das Pflanzen, Unkrautjäten und Ernten ebenso wie das Kochen, Servieren und an einen gedeckten Tisch gemeinsam Speisen gehören zu diesem ungewöhnlichen und sinnvollen Gut-leben-Lernen. Ähnlich wie bei dem eingangs erwähnten *[AHA]*-Projekt in Leipzig, dessen Abschluss ein festliches Grünkohlessen bildete, ist das erste Essen aus dem selbst angebauten Gartengemüse, das die Kinder zubereiteten, ein gekochter Grünkohleintopf. Ein Essen, das Lappé zu dem ironischen Geschmacksurteil verleitet: »Anna und ich müssen lachen und finden, dass Grünkohl bestimmt nicht dazu angetan ist, Kindern zum Genuss von gartenfrischem Gemüse zu verführen.« (Ebd., 58) Die Kochlehrerin, die die künstlerische Zubereitung des besagten Mahls betreut hatte, stellt klar, dass die Kids den frisch geernteten und darum keineswegs bitteren Grünkohl mit großen Vergnügen verdrückt hätten und ergänzt zu dieser essthetischen Bildungsarbeit: »Unsere wichtigste Leistung besteht darin, tagtäglich mit verschiedenen Kindern zu demonstrieren, dass so etwas machbar und mit Schönheit und Freude verbunden ist. Wir sprechen über Essen, und es kann wirklich ein Fest sein.« (Ebd.)

Ein weiteres Beispiel eines Nutzgartenprojekts bietet die amerikanische Philosophin Lisa Heldke. Heldke zählt, wie Lappé, zu einer der wenigen theoretischen Stimmen, die sich schon früh über die Notwendigkeit einer gastrosophischen Reflexion der gegenwärtigen Esskultur äußerte.[18] Sie führt das Beispiel eines Gemeinschaftsgartens an, den sie mit einigen Universitätskollegen in Saint Peter (Minnesota) ins Leben gerufen hat. Zweck der Aktion ist es, »Essen dazu zu nutzen, interkulturelle Kommunikation und Verbindung zu erleichtern«[19]. Den ehrenamtlich Beteiligten geht es darum, neue Mitbürger und ›Einwanderer‹ aus anderen Kulturen durch gemeinsames Gärtnern sozial zu integrieren und darüber hinaus auch durch die Selbstversorgung mit biologisch angebauten Nahrungsmitteln ihre ökonomische Lage (wenigstens ein wenig) zu verbessern. Der »umwerfende Erfolg« des Projekts kulminiert in einem alljährlichen Potluck-Festmahl, bei dem »jeder ein Gericht aus dem eigenen Repertoire an ›Hausmannskost‹ – vieles mit Ingredienzen aus dem Garten – zusteuert und wir Rezepte und Komplimente zu jedermanns Kochkünste austauschen«. (Ebd., 220) Die Esskünstlerin und »Ess-Abenteurerin« Heldke sieht nicht über die Schwierigkeiten des Projekts und einer solchen Form von »antikolonialistischer und antirassistischer Arbeit« (ebd.) hinweg (z.B. sprachliche Barrieren, Geldmangel, unterschiedlicher gesellschaftlicher Status der Beteiligten etc.). Doch für die Zukunft dieser Variante einer Gemüsegartenkunst und interkulturellen ›Fusionsküche‹ spricht sie die Hoffnung aus, dass »wir mit mehr kreativen Wegen aufwarten können, einiges des Potentials dieses agrikulturell, aber noch wichtiger, dieses kulturell wachsenden Raumes zu realisieren«. (Ebd., 222)

Ob nun das Grünkohlessen im kalifornischen Berkeley oder jene anfangs erwähnte Grünkohlaktion, die Haarmann in Leipzig künstlerisch begleitete, ob nun ein Gartenkunst-Projekt als schulischer Lerninhalt oder als humaner Strafvollzug oder als kreative Maßnahme gegen ›schrumpfende

18 | Heldke/Curtin, Cooking, Eating, Thinking: Transformative Philosophies of Food

19 | Heldke, Exotic Appetites: Ruminations of a Food Adventurer, 219. Ein ähnliches sozialintegratives Projekt, die Bunten Gärten in Leipzig, thematisiert Haarmann in *Das Geheimnis von LE*; vgl. Kops-Horn, Bunte Gärten Leipzig

Städte‹, als Alternative für eine nachhaltige und naturästhetische Stadtentwicklung durch biologisch betriebene Nachbarschaftsgärten im kubanischen Havanna und urbane Gemüsegärten in Kyoto oder als Aktivität der interkulturellen Verbindung und sozialen Integration von Asylbewerbern und ›Einwanderern‹, wie im letztgenannten Falle des Gemeindegartens in Saint Peter oder andere Formen von *Land Eat Art, Guerilla Gardening* oder *Food not Lawns* Kulturen[20]: An jedem Ort der Welt, wo in erkämpften Freiräumen eine ›Grünkohlküche‹ Wurzeln schlägt, wächst eine gesellschaftlich unterschätzte Lebenskunst des guten Essens.[21] Jeder selbst kultivierte Gemüsegarten lässt mit der gastrosophischen Idee einer sozial- und naturgerechten Nahrungsproduktion, eines gesicherten Broterwerbs oder einer wieder angeeigneten Ernährungssouveränität die praktikable Utopie einer besseren, neuen (Tisch-)Gesellschaft und Welt (des Essens) entstehen: einen *Urbanen Garten Eden,* eine zeitgenössische Version des *epikureischen Gartens.*[22] Die vielleicht ›vorbildlichste‹ Konkretion dieser gastrosophisch ästhetischen Welt bietet das bereits erwähnte *The Land* Projekt des Eat Art Aktivisten Tiravanija im thailändischen Chiang Mai. (Siehe 1.4.)

Frances Lappé umschreibt solche Alternativen zur vorherrschenden Ernährungs- und Lebensweise als das Gebot und Glück »gelebter Demokratie« und erläutert zu deren politischen Lebenskunst: »Für meine Begriffe ist Demokratie eine spannende, lebendige Sache, etwas, an dem wir jeden Tag aktiv beteiligt sind. Aber für die meisten ist Demokratie immer noch etwas, das uns angetan oder für uns erledigt wird, das keinen Bezug zu unserem Lebensalltag hat und schon gar nicht Spaß macht. Ich weiß heute, dass wir unbedingt etwas Greifbares brauchen, das uns zum Handeln bewegt, ehe wir uns für die Demokratie engagieren und sie praktisch leben können.«[23] Aus diesen gesellschaftstheoretischen Überlegungen heraus beginnt Lappé ›*die Welt durchs Essen zu sehen*‹, um sich zu fragen, wie eine Gesellschaft aufgebaut werden kann, die im Einklang mit der Natur ist und in der nirgendwo jemand ohne gutes Essen leben muss. »Solche Fragen«, fügt die Gastrosophin hinzu, »bringen uns zum Kern der Demokratie: Wer bestimmt eigentlich über Land, Saatgut, Kredit, Handel und Ernährungssicherheit – über all die Dinge, die so trocken und abstrakt klingen, bis sie durch echte Menschen, die ihr Leben riskieren und ihre Stimme erheben, zum Leben erwachen?« (Ebd., 28)

20 | Tracey, Guerrilla Gardening: A Manualfesto; Flores, Food not Lawns

21 | Lappé, Hoffnungsträger; Greenpeace Magazin, Besser Essen

22 | Caplin, Urban Eden; Lemke, Ethik des Essens, 331ff

23 | Lappé/Lappé, Hoffnungsträger, 44; Lappé, Democracy's Edge

Strategien der gastrosophischen Selbstbefreiung

Es war bereits von jenem anfänglichen Defizit an kulinarischer Ästhetik die Rede, welches Lappés *Öko-Diät* – schon im Titel – das asketische Image einer faden Naturkost- und vegetarischen Verzichtsküche und einer bloß ethisch-politisch vernünftigen Ernährungspraxis verpasste. Rückblickend lässt sich dieses Manko zu einem gewissen Maße auf die unumgänglichen Schwierigkeiten des Neuanfangs zurückführen, mit der jede soziale Bewegung, die einen Ausweg aus den vorherrschenden Gesellschaftsstrukturen sucht, zu Beginn zu kämpfen hat. So war ein gewisse kulinarische Enthaltsamkeit und Entbehrung in den 1970er und 1980er Jahren einfach deshalb unvermeidbar, weil die subkulturelle Infrastruktur sowohl in der Landwirtschaft als auch in der Vermarktung von alternativen Produkten erst entstehen musste. Das spärliche Angebot an biologisch erzeugten Lebensmitteln hielt die Auswahl von (anfangs noch selbstverwalteten) ›Food Coops‹ oder Bio- und Erste-Welt-Läden in Grenzen.[24] Eine vergleichbare, ökonomisch bedingte Knappheit beeinträchtigt zweifelsohne auch heute noch – wenn auch nicht auf Seiten des allgemeinen Angebots, sondern der individuellen Kaufkraft – jede alternative Küche, die mit wenig Mitteln auskommen muss. Obwohl also durchaus gesellschaftliche Rahmenbedingungen zu einer *unfreiwilligen* Askese zwingen können, kommt in Lappés Öko-Diätmoral doch eine programmatische Schwäche zum Tragen. Diese Schwäche, die den gesellschaftlichen Zwängen einer individuell unfreiwilligen Askese nichts entgegenzuhalten weiß, betrifft das Defizit an ästhetischer Theorie, die für die philosophischen Grundlagen einer *kulinarischen Ästhetik* sorgen würde: Denn die kochkünstlerischen Überlegungen, die Lappé in ihrem einflussreichen Werk aufstellt, verfolgen nicht das Ziel, das Kochen selbst und das Selbstkochen zu einer Lebenskunst zu erklären.

Ein mutmaßlicher Grund dafür, warum Lappé das Kochen damals nicht als eine ethische Lebenskunst und Freiheitspraxis *denken konnte* – oder denken mochte –, hängt zweifelsohne mit dem gesellschaftlichen Umstand zusammen, dass zu dieser Zeit mit weit größerer Selbstverständlichkeit als heute die Küchenarbeit zur aufgezwungenen Pflicht einer verheirateten Frau – und so auch der damals noch nicht geschiedenen Frau Moore Lappé – gehörte. Im Nachhinein hebt sie hervor, dass sie für sich persönlich an einem bestimmten Punkt ihres Lebens die emanzipatorische Erweckungserfahrung machte, dass Familie und Karriere nicht das einzige ›gute Leben‹ verbürgen.[25] Damit spricht Lappé die *feminismustheoretische* Schattenseite des gastrosophischen Vernunftideals eines täglichen Essenmachens als einer *Lebenskunst aus Freiheit* an, die es gleich näher auszuleuchten gilt. Jedenfalls vollzieht sie diesen entscheidenden Schritt in ih-

24 | Belasco, Appetite for Change

25 | The Plowboy Interview: Frances Lappé

rem neuen Werk, das dokumentiert, wie sie für sich selbst das Kochen neu entdeckte: »Ich gebe zu: Ich war jemand, der die Idee des Kochens nicht wirklich verstanden hatte. Ich bin bekannt dafür. Als ich Freunden davon erzählte, ich würde ein Buch mit Kochrezepten schreiben, spürte ich die kaum unterdrückte Verwunderung – *du*, kochen?!« Und sie fügt hinzu: »Es war Zeit, mit dem Kochen zu beginnen ... Es begann, ich gestehe, als Arbeit. Aber ich entdeckte schon bald die Mysterien der Küche, die Magie, Speisen zur Welt zu bringen, die Befriedigung, delikates, unerwartetes Essen zuzubereiten. Und das, was immer Zeit verschlingend und mühsam schien – Essen machen – wurde zur Quelle eines Vergnügens. Tatsächlich empfand ich, dass dieses Kochen mir eher Zeit gab, als sie mir zu nehmen. Ich war immer sehr entspannt und gleichzeitig tatkräftiger nach jedem Mahl. Ich begann sogar zu verstehen, wie unterschiedlich es sich anfühlt, sich saisonal zu ernähren und Nahrungsmittel von Leuten zu essen, die man kennt: Ich habe nie gewusst, dass ich fähig bin – schluck – zu kochen.«[26] Obwohl die bekenntnisartige Rhetorik dieser Zeilen missionarisch wirkt, bleibt daran der ungewöhnliche Sachverhalt bemerkenswert, dass sich hier jemand – in diesem Fall eine Frau als aktive Feministen und emanzipierter Mensch – von der vorherrschenden kulinarischen Fremdbestimmung und Untätigkeit befreit und aus freien Stücken für sich selbst (als potenzielles gastrosophisches Selbst) das alltägliche Kochen als eine praktikable Lebensästhetik aneignet und damit die Kunst des Essens samt ihrer Politik und Ethik ins alltägliche Leben bringt. Mit Anna Lappé, ihrer Tochter und Mitautorin des gemeinsamen Buches, beginnt diese alltägliche Vernunft in der Küche zu einem selbstverständlichen Lebensstil und guten Geschmack einer nächsten Generation von neuen Gourmets und Food Justice Aktivisten zu werden. Doch bevor diese Hoffnungsträger näher in Augenschein zu nehmen sind, muss zunächst jene besagte Schattenseite der gastrosophischen Vernunft ans Licht.

26 | Lappé/Lappé, Hope's Edge, 335

2.2. Essenmachen zwischen Hausfrauenpflicht und individueller Lebenskunst

Die stärksten Gründe, die erklären, warum eine kulturelle Wertschätzung von Küchenarbeit und Kochkunst als einer Lebenskunst bisher ausgeblieben ist, sind letztlich leicht benannt. Die Philosophin Uma Narayan führt sie in ihrer Studie *Dislocating Cultures. Identities, Traditions, and Third World Feminism* an: »Das scheinbar Profane des Essens, seine Verbindung zum Körper und sein Bezug zur Frauenarbeit im häuslichen Bereich, haben wahrscheinlich jeweils dazu beigetragen, dass dieses Thema keine Beachtung seitens der Philosophen erfahren hat.«[27] Wider aller Vernunft und menschlicher Würde bleibt aus diesen ›Gründen‹, die nichts weiter als bequeme Vorurteile und folgenreiche Verurteilungen sind, eine philosophische Beschäftigung mit diesen Dingen aus. Höchste Zeit sie in die Hand zu nehmen. – Schon ein flüchtiger Blick auf die Menschheitsgeschichte macht deutlich: In fast allen Kulturen erlegte die gesellschaftliche Arbeitsteilung den Frauen die häuslichen Aufgaben und das Essenmachen auf. Überall die gleiche Geschichte: Während das (stets) männliche ›Familienoberhaupt‹ ackert, um die Mittel für den Lebensunterhalt zu beschaffen, obliegt es ›dem Weibe‹, den privaten Haushalt zu führen, am Herd zu stehen und für den Nachwuchs zu sorgen. Zu allen Zeiten haben patriarchale Moralhüter geflissentlich dazu die notwendige Ideologie geliefert: Moralische Werte und Vorstellungen, die diese kulturelle Konstruktion einer *geschlechterspezifischen* Aufteilung der lebensnotwendigen Arbeiten zu rechtfertigen suchten und diese Ordnung der Dinge für ›Gesetze der Natur‹ und ›biologische Wahrheiten‹ ausgaben – als ›natürliche Wesenmerkmale‹, die das weibliche Geschlecht zu Kind, Küche, Empfindsamkeit und Sorge disponieren und das männliche Geschlecht zu Jagd, Arbeit, Führung und Kraft. Und ihn außerdem eher zum Fleisch und sie eher zum Gemüse ... Diese biologistische Anthropologie legitimiert zwei Säulen der patriarchalen Zivilisation: Die zur zweiten Natur gemachten, daher beinahe ›natürlichen Unterschiede der Geschlechter‹ rechtfertigen die gesellschaftliche Ungleichheit zwischen Männern und Frauen; durch die Trennung des lebensnotwendigen ›Broterwerbs‹ vom ebenso lebensnotwendigen ›Brotbacken‹ entsteht eine geschlechterspezifische *Vereinseitigung* von produktiver Berufstätigkeit und reproduktiver Hausarbeit. Das Kochen zählt von nun an zu den traditionellen Pflichten und Tugenden der häuslichen Existenz: der ›Hausfrau‹. Eine anscheinend so harmlose Verrichtung wie das Kochen fungiert, wie kaum eine andere Tätigkeit, als Grundlage und Motor des Geschlechterverhältnisses und der geschlechtlichen Arbeitsteilung. Die biologistische Anthropologisierung des Kochens, wonach diese Arbeit zur natürlichen Veranlagung der geschlechtsspezifi-

27 | Narayan, Dislocating Cultures, 161

schen Fähigkeiten der Frau gehöre, wurde mit der historischen Herausbildung des bürgerlichen Familienlebens durch eine weitere Philosophie gerechtfertigt: Durch das Ideal eines familiären Glücks und einer Liebe, die durch die Magen geht.

›Liebe geht durch den Magen‹

Mit dem 18. Jahrhundert entsteht durch die Figur der *liebenden Hausfrau* eine bis heute zentrale Instanz, die das Funktionieren der modernen Arbeitsgesellschaft sichert. Die Hausfrau (und Mutter) bekocht den berufstätigen Mann (und die Kinder) und sorgt damit nicht nur für die physische Reproduktion der Arbeitskraft (und Aufzucht des Nachwuchses); mit ihrer fürsorglichen Hingabe reproduziert sie das physische Wohl, die Arbeitskraft ihres Gatten, indem sie seinen persönlichen Wünschen nachkommt. Ihre Liebe füllt seinen Bauch oder wie man dieses Arrangement sprichwörtlich beschreibt: ›Liebe geht durch den Magen‹. Aus der Liebe zu ihrem Mann wird die tagtägliche Aufgabe, ihn zu bekochen. »Wobei ihre Fähigkeit des guten Kochens zum Garanten einer glücklichen Ehe wird.«[28] Und *sein Urteil* bestimmt schließlich, was ›gutes Essen‹ ist. Das Kochen der Ehefrau gilt dann als gut, wenn es *ihm schmeckt*: Seine Lieblingsgerichte werden serviert; schmeckt ihm eine Mahlzeit nicht, muss die Zubereitungsart geändert werden; lehnt er bestimmte Gerichte ab, verschwinden sie vom Tisch. Kochenkönnen wird zum Attribut der liebenden Hausfrau – kommt sie ihrer Pflicht hingebungsvoll nach, darf sie auf seine Liebe hoffen. Die Liebe des Mannes ist der Lohn für die Küchenarbeit der Frau. Durch diese Ökonomie der Liebe wird die Küchenarbeit zum unbezahlten Liebesdienst, für die eine raffinierte Maxime gilt: »Nicht die Arbeit, sondern nur die Liebe darf noch sichtbar sein.« (Ebd.) Hinsichtlich der kulinarischen Alltagspraxis ermöglicht dieses häusliche Arrangement die *bürgerliche Küche*: das Ideal einer *arbeitsaufwändigen und zeitintensiven Kulinarik*. Das mit viel Arbeit und Zeit, das mit ›viel Liebe‹ hergestellte Essen *repräsentiert* die erfüllte Pflicht und Tüchtigkeit einer ›richtigen Hausfrau‹. Außerdem ermöglicht ihre unbezahlte Küchenarbeit eine maximale kulinarische Wertschöpfung. Die ›Verfeinerung‹, d.h. die zeitaufwändige Verarbeitung von überwiegend unvorgefertigten, deshalb preisgünstigeren Produkten sorgt für eine dauerhafte Kosteneinsparung bei den Haushaltsausgaben. Zweck der bürgerlichen Kochkunst ist es nicht, »möglichst nahrhafte Mahlzeiten in möglichst kurzer Zeit zuzubereiten, sondern vielmehr, mit zeitraubenden neuen Ideen und Methoden über das Normale hinauszugehen.«[29] Dies erlaubt eine optimale Verbürgerlichung der professionellen Kochkunst und eine maximale Annäherung der häuslichen Alltagsküche

28 | Meyer, Das Theater mit der Hausarbeit, 160

29 | Oakley, The Sociology of Housework, 58

an die anerkannten Standards einer ›feinen Küche‹: Unter dem Gesichtspunkt eines symbolischen Aufwands einer Ästhetik der elaborierten, eben arbeitsaufwändigen Köchelei wird die *Haute Cuisine* der kommerziellen Restaurantgastronomie für den privaten Haushalt übernommen – und, so gut es geht, veralltäglicht. Während die Kunst der Berufsköche dem Restaurantbesucher teuer zu stehen kommt, weil der dafür erforderliche materielle und personelle Aufwand bezahlt werden muss, leistet die Hausfrau und Privatköchin ihrer kleinen Zahl an Stammgästen eine vergleichbare ästhetische Arbeit, deren Genuss jedoch nicht den Beigeschmack einer hohen Rechnung hat. Ihre unentgeltliche Küchenarbeit bewerkstelligt eine ökonomische, buchstäblich haushaltende Ästhetisierung der täglichen Verköstigung. Diese Verfeinerung der Esskultur ist aber gleichzeitig eine Beschönigung der Pflicht, mit der sie der Kategorie ›Arbeit‹ entrissen und mit einem kreativen Vergnügen gleichgesetzt werden kann, so dass »diese Arbeit einerseits unsichtbar geleistet werden muss und der Arbeitscharakter der Tätigkeiten gleichzeitig verschleiert wird.«[30] Darüber hinaus macht der verschleierte Charakter der Hausarbeit wiederum die Verweigerung dieser Arbeit doppelt schwierig, denn einerseits ist sie eine Verweigerung gegenüber der geliebten Familie – Sanktionen sind die Folge. Eine Frau, die ihre ›natürliche Bestimmung zur Hausfrau‹ nicht anerkennt und Küchenarbeit verweigert, gilt nicht länger als ›richtige Frau‹. Andererseits richtet sich die Verweigerung der Arbeit immer auch »gegen die jeweilige Frau selbst – Schuldgefühle sind die Folge.« (Ebd.) Doch erst die vollständige oder graduelle Kündigung der täglichen Küchenarbeit, als wie auch immer bewusster Akt feministischer Emanzipation, bricht deren ideologische Verschleierung auf und macht am Kochen die gesellschaftlich notwendige Arbeit sichtbar, die in dieser kreativen Tätigkeit steckt (versteckt ist). Bei allem Auf und Ab der modernen Frauenbewegung lässt sich gegenwärtig ein recht eindeutiger Trend ausmachen: »Jüngere Frauen entwickeln zunehmend eine verdeckte bis offene Rebellion gegen das ›mütterliche Versorgerbild‹.«[31] Nicht in dem Sinne, dass sie sich weigern, zur Mutter und Ehefrau zu werden: Diese einst viel beschworene Rebellion bleibt aus. Stattdessen verweigern rebellische Frauen die tägliche Küchenarbeit, das ewige Essenmachen für Andere und für nichts.

Konservativer Feminismus und die Bezahlung der Küchenarbeit

Entsprechend wurde in der feministischen Philosophie die Forderung erhoben, die Hausarbeit zu entlohnen. Die Frau soll die gesamte häusliche Reproduktionsarbeit nicht mehr kostenlos machen müssen. Sie soll nicht mehr ›im Dienste des Mannes‹, der patriarchalen Familie stehen und, über

30 | Meyer, Das Theater mit der Hausarbeit, 163

31 | Ernährungstrend 2000+, 68

sie vermittelt, einer Lebensweise und Gesellschaft unterstehen, die sie unterdrückt und ausbeutet. Ihre Hausarbeit, welche die männliche Arbeitswelt und deren schattenhaften Hinterwelt einer täglichen Fremdverköstigung überhaupt erst ermöglicht, soll in ihrem ökonomischen Nutzen und ihrer sozialen Würde anerkannt werden. Die gesellschaftliche Anerkennung jeder Form von unbezahlter ›Arbeit für Andere‹ wie beispielsweise das tägliche Essenmachen der Hausfrauen (das Kindererziehen der Mütter) würde beinhalten, diese gesellschaftlich notwendige Arbeit durch eine angemessene Bezahlung gerechterweise zu belohnen und sie so als einen unersetzbaren Faktor der volkswirtschaftlichen Produktivität zu honorieren. ›Hausfrau‹ oder ›Hausfrau und Mutter‹ wäre dann ein anerkannter Beruf.[32] Gegen den Einwand, dass auf diese Weise die alltägliche Lebenswelt durch Geld kolonialisiert würde und sich eine kapitalistische Ökonomisierung des Lebens totalisierte, wird das Argument stark gemacht: »Ökonomisierung bedeutet hier weniger, alle Lebensbereiche gegen Geld aufzurechnen, als überhaupt all das in eine Kapitalismuskritik einzubringen, was üblicherweise außerhalb des monetären Bereiches und damit außerhalb des Ökonomischen liegt.«[33] Erst durch die Objektivierung der Haushaltstätigkeiten als einer gesellschaftlich notwendigen Arbeit können daran »untragbare Arbeitsbedingungen erkannt und dann auch abgelehnt werden«. (Ebd.) Doch der Preis dieser Art von Emanzipation ist nicht unbeträchtlich: Sie bricht mit dem Ideal einer völligen Gleichstellung der Frau, um die traditionelle Form der Familie zu bewahren. Diese konservative Logik liegt der (sicherlich gut gemeinten) Forderung nach einem Lohn für die weibliche Hausarbeit zugrunde. Die sozialphilosophische und auch gastrosophisch relevante Problematik ist evident. Denn »die Kehrseite der Medaille liegt darin, die Frau weiterhin auf die Privatsphäre festzulegen: die Gesellschaft wird sie dafür bezahlen, dass sie im Hause bleibt.«[34]

Mit der absehbaren weiteren Verknappung der noch verfügbaren Arbeitsplätze auf dem ersten Arbeitsmarkt werden konservative Stimmen, die Frauen aus der ›männlichen Arbeitswelt‹ wegloben, in Zukunft Gehör und zunehmende Anhängerschaft finden. Allenthalben wird der Ruf zur Rückkehr der ›Frau an den Herd‹ (und zur Familie), der nicht selten mit der Behauptung verbunden ist, die mangelnden Fähigkeiten der heutigen Frauen zur Kochkunst und Hausarbeit wären Mitursache für die Krise der Familie und die Auflösung der familiären Mahlgemeinschaft, laut. In der von konservativen Geistern und – wen wundert's? – zumeist Männern beschworenen Rückkehr der Frauen an den Herd spukt freilich eine reaktionäre Option, um die Krise der Arbeitsgesellschaft, zumindest eine Zeit lang, herauszuschieben. Hingegen ist die Idee, dass Kochen eine gesell-

32 | Krebs, Arbeit und Liebe

33 | Boudry/Kuster/Lorenz, Reproduktionskonten fälschen, 34

34 | Gorz, Kritik der ökonomischen Vernunft, 229

schaftlich anzuerkennende Arbeit ist, an sich progressiv und emanzipatorisch, weil sie den Blick für eine kreative Überwindung und Transformation der Arbeitsgesellschaft zu einer Tätigkeitsgesellschaft öffnet. Nur eben unter der entscheidenden Voraussetzung, dass *jeder* – Mann und nicht nur die Frauen – die ›Liebe‹ aufbringt, täglich zu kochen und kulinarisch selbst tätig zu werden, um (gemeinsam) am häuslichen Glück zu arbeiten. Das Essenmachen ist in diesem Fall keine geschlechterspezifische Pflicht, sondern eine (gemeinsame) herrschaftsfreie Aktion der gastrosophischen Kunst, gut zu leben. – Freilich zeichnet sich ein anderes Bild ab, blickt man auf die real existierende Esskultur. Es herrscht die entgegengesetzte Entwicklung vor, deren Dispositiv eine *Abschaffung* des Selbstkochens und der Küche, des alltäglichen Essenmachens als Lebenspraxis bewirkt.

Die vermehrte Berufstätigkeit und Unabhängigkeit von Frauen treibt den radikalen Wandel des kulinarischen Lebens voran. Wenn das moralische Normensystem der hausfräulichen Küche heute an kultureller Allgemeinverbindlichkeit verliert, dann befreit sich die Menschheit damit von einem archaischen Herrschaftsphänomen. Die Befreiung der Frauen von dem Zwang und von der Pflicht zur Küchenarbeit ist ein emanzipatorischer Fortschritt im Bewusstsein der Freiheit und Gleichheit des Menschengeschlechts. Zwar haben sich die Lebenskonzepte der Frauen in den letzten hundert Jahren in manchem beträchtlich gewandelt und in vielerlei Hinsicht auch liberalisiert. Doch ist der Sachverhalt, unbezahlte Hausarbeit zu leisten, für viele tägliche Realität geblieben und die Notwendigkeit, diese Arbeit zu verschleiern, hat noch zugenommen. Aus dieser paradoxen, aber verbreiteten Situation geht die tragische Figur der *berufstätigen Hausfrau* hervor. Wobei die Tragik dieser Existenz darin besteht, dass sie einerseits gegen geschlechterspezifische Arbeitsteilung rebelliert, aber doch andererseits ein traditionelles Familienleben will. Empirische Erhebungen belegen, dass in den Ländern der Ersten Welt heute immer noch die unveränderte Auffassung und Praxis dominiert, »dass Kochen und Hausarbeit Frauensache sei, dass Männer ›bread winner‹ und Frauen ›food server‹ sind. In den meisten Haushalten mit erwachsenen Paaren sind trotz oftmaliger Arbeitsteilungsrhetorik die Frauen für Essensplanung, Einkaufen und Kochen zuständig. Auch berufstätigen Frauen wird großteils die Verantwortung für die Essenszubereitung zugeschrieben.«[35] Angesichts dieser Realität und Normativität des Faktischen wundert es nicht, dass in den Entwicklungsländern, die den westlichen Lebens- und Ernährungsstil unkritisch übernehmen, sich diese nur halbe Emanzipation der Frauen ebenfalls ausbreitet.[36] Für das afrikanische Zambia berichtet die feministische Theoretikerin Karen Hansen: »Während Ernährungsweisen nicht länger als machtvolles Mittel der sozialen Abgrenzung dienen, tut dies die Frage,

35 | Brunner, Zukunftsfähig essen?, 217

36 | Lentz, Changing Food Habits

wer kocht, immer noch. Auf die einfachsten Zutaten reduziert, verraten die treibenden Kräfte, die Zambias Küchen bestimmen, sich selber: Männer arbeiten als Berufsköche, Ehefrauen bereiten das Essen für ihre Gatten und Dienstmädchen füttert die Kinder.«[37] Die zunehmende Erwerbstätigkeit der Frauen und der daraus resultierende Zeitdruck führen etwa dazu, dass erhöhte Koordinationsleistungen für Einkaufen, Kochen, Essen erforderlich werden. Um die Doppelbelastung durch Berufs- und Haushaltstätigkeit zu koordinieren, greift die berufstätige Hausfrau immer seltener zum Kochlöffel und dafür immer öfter in die Tiefkühltruhe der Supermärkte. Durch diese kulinarische Selbstentäußerung (Externalisierung) delegiert sie, wo es geht, die Küchenarbeit an unbekannte Andere: An die alimentäre Versorgungsindustrie und an die kommerziellen Dienstleistungen einer Fremdversorgung, mit deren befreienden Hilfe und facettenreichen Angeboten die tägliche Küchenarbeit auf ein Minimum reduziert werden kann – und damit tatsächlich in toto ökonomisiert wird.

Substitution des täglichen Selbstkochens durch bequeme Fertigkost

Folgen dieser Ökonomisierung der Esskultur sind etwa der ›Ersatz‹ des einst rituellen Mittagsessens der Familie durch individuelle Imbisse sowie durch die Verschiebung der Hauptmahlzeit auf den Abend, bei der bequeme Fertigkost (Convenience Food) im Nu, ohne viel zeitlichen und arbeitsmäßigen Aufwand, zubereitet auf den Tisch kommt. Kultursoziologische Studien stellen immer öfter fest: »Essen zu Hause bedeutet zunehmend kalte Küche oder aber schnell zubereitete Fertiggerichte.«[38] Die zeitliche Arbeit für die tägliche Essenszubereitung liegt heute durchschnittlich insgesamt unter vierzig Minuten. Nur noch in einem Drittel der Haushalte wird überhaupt noch täglich gekocht. Die Realität des Küchenalltags tendiert unter diesen Bedingungen zur völligen Abschaffung der kulinarischen Selbsttätigkeit. »Im Extremfall bedeutet ein Versorgen der Familie nur noch ein Verteilen und Aufwärmen von fertigen Gerichten. [...] Kinder holen sich z.B. mittags Pizza vom Imbiss etc.«[39] So trägt die vorherrschende und zukunftsträchtige Fast Food Kultur entscheidend dazu bei, dass »die Neigung, das Essen selbst zu kochen, schwindet«[40]. Auch diese Vorliebe des westlichen Geschmacks globalisiert sich. In vielen Entwicklungsländern wird infolge der zunehmenden Einkommen immer mehr Weizen gegessen. Einer der Gründe für diese Veränderung ist, dass Weizenprodukte wie Weißbrot oder Nudeln schneller gar sind. Die Weißbrot-Nudel-Diät ist die einzige Option, wenn sich für Frauen, die traditionell die

37 | Hansen, The Cook, his wife, the madam, and their dinner, 86

38 | Spiekermann, Eßkultur heute, 8

39 | Ernährungstrend 2000+, 44

40 | Grimm, Aus Teufels Topf, 90

Küchenarbeit leisten, »bessere Berufschancen und höhere Gehälter bieten. Zum Kochen bleibt dann weniger Zeit.«[41] In dem Maße, wie heute weltweit die zahllosen Varianten einer industriellen Fertigküche das Leben der Menschen bestimmen, erlahmen die kulinarische Fähigkeiten und Kochkünste. Diese Entwicklung spiegelt sich in der Tatsache wider, dass Frauen oft nichts kochen, wenn ihre Männer und Kinder abwesend sind.[42]

Die allmähliche Substitution des täglichen Selbstkochens durch bequeme Fertigkost, Fremdverköstigung und Imbisssitten charakterisiert die sich seit einundeinhalb Jahrhunderten perfektionierenden Industrialisierung der Nahrungsproduktion: Immer schneller und Arbeit sparender soll es gehen. Die Küchenausstattung wird sukzessive nach ergonomischen Gesichtspunkten optimiert. Die Hausarbeit an Kriterien wie Effizienz und Rationalisierung gemessen. Neue und immer bessere Küchengeräte und Küchentechnologie sollen die tägliche Mühsal erleichtern: Der moderne Elektroherd versprach müheloses, sauberes Kochen; der Mixer, der den Fleischwolf ablöste, zerkleinerte nicht nur, sondern mischte auch neu. Der Mikrowellenherd ermöglichte einen weiteren Quantensprung in der Physik und Logistik einer schnellen Küche. Der Kühlschrank hielt Lebensmittel länger ›frisch‹ und bereitete den Siegeszug der Tiefkühlkost vor. Vieles von dem, was in der herkömmlichen Küche geputzt, geschält, geschnitten, geknetet, gegart etc. werden musste, gibt es inzwischen in einer immer größer werdenden Auswahl industriell vorgefertigt oder verzehrfertig zu kaufen. Eine zwangsläufige Konsequenz der Bereitschaft, sich von der Küchenarbeit weitestgehend zu befreien, das heißt diese tägliche Arbeit an (oft schlecht) bezahlte Dienstleistungen unbekannter Anderer und fremder Vor-Münder (und deren ökonomischen Eigeninteressen) zu entäußern, ist jedoch eine gastrosophische Fremdbestimmung und eine reale Bevormundung des eigenen kulinarischen Wohls durch die kommerzielle Großküche, die industrielle Grande Cuisine. Die selbst verschuldete Entmündigung und frei gewählte Entfremdung, die eigene Seele oder Essistenz an die Vor-Münder der Lebensmittelbranche im buchstäblichen wie im übertragenen Sinne zu verkaufen, stößt selbstverständlich auf unendliche Gegenliebe. »Diese Tendenz kommt dem gemeinsamen Bestreben der Ernährungsindustrie und kommerziellen Gastronomie, nämlich die häusliche Essenszubereitung komplett abzuschaffen, entgegen.«[43] Doch man täusche sich nicht: Dieser mephistophelische Pakt mit der großindustriellen ›Teufelsküche‹ bedeutet für den modernen Menschen, für die Frauen und nicht minder auch für die Männer, *bis zu einem gewissen Grade* eine wichtige Entlastung und ein Stück emanzipatorische Befreiung von mühseligen Arbeitsprozessen, einen strategischen Zugewinn an freien Zeiten und

41 | Pinstrup-Andersen, Future, 20

42 | Brunner, Zukunftsfähig essen?, 217

43 | Mennell et al., The Sociology of Food, Eating, Diet and Culture, 93

Freiheiten für andere Dinge des Lebens. Doch diese alles entscheidende Gewichtung und Dialektik einer selbstbestimmten Existenz birgt eben auch die entsprechenden Konsequenzen für das kulinarische Leben: »Was uns zunehmend fehlt in unserer von Zeitbanditen (das sind wir übrigens selber) bedrohten Welt, sind Muße und Wertschätzung für Einkauf und Hausarbeit. Nur deshalb können Convenience-Produkte so erfolgreich sein – selbst im Biosektor.«[44] Dass den vorherrschenden Ernährungsgewohnheiten letztlich der freiwillige Verzicht auf Kochkunst und kulinarischer Eigenarbeit zugrunde liegt, ist kaum zu bezweifeln. »Der Hauptgrund für das Fortbestehen des status quo ist, dass sich Bequemlichkeit – das stärkste Lockmittel der Nahrungsindustrie – weiterhin verkauft.«[45] Angesichts dieser radikalen Ökonomisierung der häuslichen Küchenarbeit stellt sich die gesellschaftstheoretische Frage, »ob diese Hinausverlagerung bis zur völligen Beseitigung der Eigenarbeit weitergehen kann und soll«[46].

Die Vorherrschaft und Vormundschaft der industriellen Grande Cuisine

Mit futuristischem Einsatz von Wissenschaft und Technologie arbeiten die Lebensmittelkonzerne und Hersteller von bequemen Fertigessen mit voller Kraft dieser lukrativen Beseitigung der Küche und kulinarischen Eigenarbeit entgegen. Der Gastrokapitalismus kolonialisiert den lebensweltlichen Restbereich einer häuslichen und möglichen Eigenarbeit durch automatisierte Produktionsprozesse und gering bezahlte, dafür aber hoch flexibilisierte Dienstleistungen. In seiner *Kritik der ökonomischen Vernunft* führt der französische Sozialphilosoph André Gorz aus: »Für die herrschende ökonomische Lehre ist die Tendenz, die Eigenarbeit zur industrialisierten Produktion und auf äußere Dienstleistungen zu transferieren, noch längst in ihrer Dynamik nicht erschöpft. Die per Bildschirmtext bestellte Lieferung von Waren an die Haustür könnte noch die Einkaufsgänge ersetzen; die Lieferung von warmen Mahlzeiten ins Haus könnte uns von der lästigen Pflicht des Kochens befreien.« (Ebd.) Gorz bezeichnet diesen Transfer treffend als eine »Hausfrauisierung der Gesellschaft«, bei der die traditionellerweise der Hausfrau zugeschriebenen Tätigkeit des häuslichen Essensmachens zu schlecht bezahlten und prekären Dienstleistungen industrialisiert und kommerzialisiert wird. Die kulturelle Konsequenz dieser Kapitalisierung der Essensproduktion liegt auf der Hand: Es entstehen Armeen aus Billiglohn-Dienstleistungen wie Haushaltsaushilfen, Dienstboten, Köchen und Küchengehilfen, Einkaufs- und Botengängern oder andere Tagelöhner, die Mahlzeiten ins Haus bringen oder außer Haus anbieten.

Diese Entäußerung und Ökonomisierung der kulinarischen Eigenarbeit

44 | Geier, Überleben unsere Lebens-Mittel?, 147

45 | Belasco, Appetite for Change, 285

46 | Gorz, Kritik der ökonomischen Vernunft, 219

erzeugt eine negative Dialektik. Einerseits wird dadurch tatsächlich eine lebenspraktische Befreiung von der lästigen Pflicht des täglichen Kochens erreicht: Statt sich mit dem Essen und seiner zeitaufwändigen Besorgung und Zubereitung beschäftigen zu müssen, kann nun auch die Frau anderen, ›wichtigeren‹, jedenfalls aber frei gewählten Dingen nachgehen. Doch andererseits bringt die Befreiung von kulinarischen Tätigkeiten – über die gesellschaftliche Realität einer allgemeinen Hausfrauisierung hinaus – zwangsläufig eine kulinarische Entmündigung mit sich: In dem Maße, wie das tägliche Essenmachen den Vor-Mündern der industriellen Großküchen überlassen wird, bestimmen diese darüber, was gegessen wird. Und was sich in der Maschinerie der globalen Nahrungsproduktion, hinter ihrem trügerischen Geschmackstheater und zugunsten ihrer gastronomischen Profitmaximierung abspielt, fördern zahllose Belege einer unappetitlichen Wahrheit zu Tage.[47] Unter den europaweit jährlich mehr als zehntausend neuen Produkten, die auf den Markt kommen, zählt das meiste zum so genannten Convenience Food. Der Griff in die Tiefkühltruhe spielt dabei eine große Rolle. In Deutschland beispielsweise hat sich der Verbrauch tiefgekühlter Fertiggerichte innerhalb weniger Jahre verdoppelt.[48] Rund zwanzig Kilogramm Gefrorenes kaufen die Deutschen jährlich und liegen damit im europäischen Mittelfeld.[49] Sarkastisch malt der selbst ernannte Hüter einer feinen Esskultur Wolfram Siebeck den grassierenden Sittenverfall aus: »Umständlich ist leider alles, was mehr verlangt als das Aufreißen einer Tüte oder einer Plastikbox. Das aber ist dem modernen Menschen nicht mehr zuzumuten, dafür hat er keine Zeit. Eigentlich hat er nicht einmal die Zeit, die Big Macs auch noch zu kauen und runterzuschlucken. Konsequenterweise könnte es demnächst Hamburger aus der Tube geben: Verschluss abbeißen, Inhalt herausnuckeln.«[50]

Die Ernährungsindustrie zählt zu der global agierenden Wirtschaftsbranche mit großem Profitpotential, weshalb die Industrieköche und ihre Werbestrategen unentwegt ›dem Volk aufs Maul schauen‹ und es mit immer wieder neuen und verführerischen Leckerbissen zu unersättlichem Konsum und Hunger auf die eigene Marke anreizt. Der technologiefanatische Ernährungsfuturismus eines Filippo Tommaso Marinetti (siehe 1.1.) wirkt geradezu mittelalterlich angesichts der greifbaren Zukunft eines molekulargastronomisch und nutrigenomisch ermöglichten Schlaraffenlandes von Functional Food, Food Design, Nutriceuticals, Nano Food. Die Externalisierung der Zubereitungsprozesse aus der häuslichen Küche in

---

47 | Grimm, Die Ernährungslüge; Bourdain, Geständnisse eines Küchenchefs; Nestle, Food Politics; Schlosser, Fast Food Gesellschaft; Angres et al., Futter fürs Volk

48 | Brunner, Zukunftsfähig essen?, 214

49 | Reinike/Thorbrietz, Lügen, Lobbies, Lebensmittel, 77

50 | Siebeck, Allzu schlau ist ungesund

die Produktionsanlagen der Lebensmittelkonzerne und die großindustrielle Automatisierung der Lebensmittelherstellung führen zwangsläufig zu einer Standardisierung des Essens und seines Geschmacks. Hinter der Variabilität seiner Formen, die sich von außen und oberflächlich betrachtet – sozusagen dem schönen Schein nach – als bunte Vielfalt darstellt, verbirgt sich die sterile Uniformität der technologisch zugerichteten Bestandteile und das maschinelle Gesetz der Serienproduktion. Essen aus Tuben, als Pillen oder Simulakrum des natürlichen Substrats durch verfeinerte Biochemie: Ein alter Science Fiction Traum der Menschen, vom Philosophen Francis Bacon in seiner Gesellschaftsutopie erdacht, wird heute vom Life Science Futurismus realisiert.[51]

Der Hobbykoch und Häuptling des eigenen Herdes

Die kulinarische Untätigkeit der meisten Männer fördert die Substitution des häuslichen Essenmachens durch industrielle Fremdverköstigung: Der gemeine Ehemann kocht traditionellerweise gar nicht und entsprechend gering sind seine Kochkenntnisse; er baut auf sein patriarchales Gewohnheitsrecht und die althergebrachten ›guten Sitten‹, wonach seine Frau die Küchenarbeit zu tun habe. Daran hat sich bis heute nicht viel geändert, obgleich in jüngster Zeit ein gewisser Wandel dieses Selbstbildes zu beobachten ist. Nach wie vor fühlen sich die meisten Männer kaum zum Kochen fähig. Entsprechend gestaltet sich ihr Ernährungsverhalten. Dort, wo keine Ehefrau für das Essen sorgt, ersetzen sie weitestgehend das Selbstkochen durch die Fertigküche und reduzieren ihre kulinarischen Bedürfnisse auf

51 | Bacon, Neu-Atlantis, 205-212. Die dort ausgeführten Details einer futuristischen Nahrungsproduktion decken sich mit einer Anekdote, die man sich von Francis Bacon erzählt: Unermüdlich im Dienst des wissenschaftlich-technischen Fortschritts zum Wohle der Menschheit unternimmt der Philosoph und Naturforscher, dem wir die berühmt-berüchtigte Formel ›Wissen ist Macht‹ verdanken, im Jahr 1626 experimentelle Grundlagenforschungen darüber, ob und wie lange sich ein bereits geschlachtetes, mit Schnee gefülltes Hühnchen ›frisch‹ hält. Während er tief im Schnee steckt, um dieses Experiment durchzuführen und das Versuchstier mit Eis zu füllen, erkältete er sich – wenig später stirbt der große Visionär und Lebensmittelforscher an Bronchitis. Dieser tragische Vorfall veranschaulicht die unscheinbare, aber todbringende Wahrheit eines Baconschen Weltverhältnisses. Angesichts des so unnötigen Schicksals dieses einflussreichen Denkers und seines ernährungsphilosophisches Vermächtnisse könnten sich heute viele aufs leichteste tagtäglich die fundamentalen Zusammenhänge zwischen Technologiegläubigkeit, Zukunftsvisionen, Essgewohnheiten und dem Wohl der Menschheit durch eine einfache geistige Übung klarmachen: »Gedenken wir seiner, wenn wir ein Hühnchen aus dem Kühlschrank nehmen!« (Dünnebier/von Paczensky, Kulturgeschichte des Essens und Trinkens, 358)

ein funktionelles Minimum. Es soll sattmachen. Insgesamt wird Essen, weil Frauensache, wenig reflektiert.[52] Ansonsten gilt die männliche Faustregel: »Ökologieaspekte werden abgelehnt, Gesundheit hat wenig Bedeutung, ›riskantes‹ Leben ist weitaus wichtiger, die Fleischkomponente in der Ernährung sehr zentral.«[53] Doch neben der gastrosophisch bedauernswerten Figur des kulinarisch untätigen und selbstlosen Patriarchen tritt zunehmend der deutlich aktivere Ehemann und Familienvater als Privat- und Hobbykoch, der gelegentlich selbst das Essen macht und Andere zu bekochen weiß. Optimistische Gemüter frohlocken bereits: »Vergangen scheinen die Zeiten, als die meisten Männer Kochen noch als Frauensache verachteten, die meisten Frauen jedoch von den drei großen K – Kinder, Kirche, Küche – fortstrebten und nicht länger Heimchen am Herd sein wollten. Auf einmal gilt die Küche wieder was, auch bei den Koch- und Kostverächtern von einst.«[54] Sogar in Kreisen eines prestigeträchtigen Machotums, in Chefetagen und Managerkreisen, wo am wenigsten zu erwarten wäre, dass Essenmachen als eine angesehene Tätigkeit geschätzt wird, finden sich heutzutage Hobbyköche und Kulinarier. Mit Verwunderung stellt der Gastronom Vincent Klink, zugleich Mitherausgeber einer Zeitschrift mit dem passenden Titel *Häuptling Eigener Herd,* die wachsende Teilnehmerzahl an seinen Kochkursen fest und außerdem, »dass sogar gestandene Firmenbosse die Schürze umbinden, um sich dann mit Hummern, Lachssoufflés und Brioches abzukämpfen. Die Welt dreht sich, und so auch die geschlechtlichen Rollen und Vorlieben.«[55] Aber im Gegensatz zu jener, drehen sich diese äußerst langsam und mit einer deutlichen Unwucht: Während die Hausfrau für die Alltagsküche sorgt und möglichst unaufwändige und schnell zubereitete Dinge kocht, greift der neue Häuptling des eigenen, unbedingt an Profiküchen gemahnenden Edel-Herdes zum Kochlöffel – nur um repräsentative Menüs für gelegentliche feierliche Anlässe zu kreieren, bei denen er mit seiner Kochkunst vor den geladenen Gästen (den zum Publikum versammelten Privatleuten halb-)›öffentlich‹ in Erscheinung treten und sich als (halb-)›emanzipierter Mann‹ inszenieren kann.

Der alljährlich veranstaltete Kochwettbewerb einer überregionalen und im kulturellen Milieu zirkulierenden deutschen Wochenzeitung belegt den hohen Anteil an Männern unter den neuen Hobbyköchen. Unter den preiswürdigen Kreationen, die der kulinarischen Ästhetik der Luxusgastronomie nacheifern, finden sich nur das ›Originellste‹ und das unbedingt ›Feinste‹: Scharfe Hummerkrabbensuppe, Flan aus Hühnerlebern, Lammzungen-Spinatförmchen an pürierter roter Zwiebelsoße, Ingwer-unter-

52 | Spiekermann, Eßkultur heute

53 | Brunner, Zukunftsfähig essen, 218f.

54 | Lakotta, Lebensart mit Rosmarin, 18

55 | Klink, Cotta's kulinarisches Almanach, 268

füttertes Perlhuhnbrüstchen mit Walnusspolenta und karamellisierter Gemüsejulienne sowie Marzipan-Apfelstrudel an Mandeloberskirschsauce usw. Der Gourmetguru Wolfram Siebeck, der als obligatorisches Jurymitglied des besagten Kochwettbewerbs fungiert, erläutert den zugrunde liegenden ästhetizistischen Kunstbegriff. »Alle drei Gänge aufwändig und kunstvoll zubereitet in den drei Stunden, die den Teilnehmern für ihr Menü zur Verfügung standen. Und das muss erst einmal gekonnt sein.«[56]

Den Männern die sichtbare und spektakuläre Kunst, den Frauen die unsichtbare und kunstlose Routine; den Männern das Außeralltägliche und Einmalige, den Frauen das Alltägliche und Gewöhnliche: »Während also vordergründig auf der Basis gleichmäßiger Kochkompetenz von Frau und Mann alle Chancen für eine nicht-hierarchische Arbeitsteilung zwischen den Geschlechtern vorhanden sind, verwandelt sich diese durch Zuweisung des alltäglichen, routinierten, nicht öffentlichen Kochens an die Frauen und des außeralltäglichen, spektakulären und öffentlichen Kochens an die Männer.«[57] Und doch sind ›leidenschaftliche Hobbyköche‹ schon auf dem *halben Weg*, die außeralltägliche, spektakuläre und öffentliche Kochkunst, die ohnehin in Form der Profiküche von jeher als eine gesellschaftlich anerkannte (Berufs-)Tätigkeit für Männer gilt, zu *verhäuslichen* und zu *veralltäglichen*. Würden sie ihre Gelegenheitsküche tatsächlich zu einer Alltagsküche vervollkommnen, d.h. ihre Kochkunst kulinarisch-ästhetisch abrüsten und den zeitlichen Erfordernissen eines täglichen (alltagskompatiblen und lebenskünstlerischen) Kochens anpassen, und mithin jeden Tag selbst kulinarisch tätig sein, wäre die *volle Emanzipation* der – dann zurecht – stolzen Häuptlinge Eigener Herd geglückt. Im 19. Jahrhundert meinte ein aufklärerischer Geist wie Friedrich von Rumohr noch, das Ideal einer häuslichen Kochkunst ausschließlich an die Frauen richten zu müssen, um sie an ihre »vergessene Pflicht« zu erinnern, dem »Küchenwesen« und »Hausstande tätig vorzustehen«.[58] Doch diese Zeiten und schönen Gepflogenheiten liegen inzwischen beinahe zwei Jahrhunderte zurück. Das Vernunftideal eines täglichen Selbstkochens als der gastrosophischen Kunst, gut zu leben, hat sich spätestens in unserer Zeit – sollte man denken – entweder an keinen oder an alle gleichermaßen zu richten: auch und vorzüglich an Männer, an die Hobbyköche und Kulinarier und erst recht an die kulinarisch Selbstlosen. Ob man selbst kocht oder nicht, ob das Kochen gelegentlich in großer Geste zur Kunst erhoben wird oder alltäglich als selbstverständlicher Akt gelebt wird – diese Wahl muss heute jedenfalls *jeder für sich* treffen. Niemand nimmt einem diese Entscheidung ab, auch wenn unter dem Druck der üblichen Umstände diese gastrosophische Lebensfrage den Meisten als unwichtig erscheint. Doch diese Gleich-

56 | Siebeck, Lauter junge Helden

57 | Frerichs/Steinrücke, Kochen – ein männliches Spiel?, 254

58 | Rumohr, Geist der Kochkunst, 25

gültigkeit ändert nichts an den emanzipatorischen, ökologischen, politisch-ökonomischen, gesundheitlichen, kulturellen und ästhetischen Implikationen und Wirkungen des frei gewählten, eigenen Geschmacks. Und nur mit dem täglichen Griff zum Kochlöffel, mit der individuellen Wahl *für* eine kulinarische Ästhetik des Widerstandes, *für* ein alltägliches Selbstkochen als unersetzbarer Bestandteil einer ›transsexuellen‹ Praxis des besseren Welt-Essens, kommt die Ethik des gastrosophischen Selbst ins Spiel.

»Ich werde Ihr schmutziges Geschirr waschen«

Ein beispielhaftes Projekt der zeitgenössischen Eat Art, das die Problematik der geschlechterspezifischen Arbeitsteiligkeit und alltagskulturellen Marginalisierung der Küchenarbeit aufgreift, präsentiert der amerikanische Konzeptkünstler Ben Kinmont mit seiner Aktion *Ich werde Ihr schmutziges Geschirr waschen*. Im Zusammenhang einer Veranstaltung zur Kommunikation im öffentlichen Raum in München (1994) bietet der Künstler in verschiedenen Stadtteilen den Bewohnern an, sie zuhause aufzusuchen, um nach Bedarf ihren Abwasch zu erledigen. Diese aufsuchende Sozialarbeit der anderen Art macht das vermeintlich Private öffentlich, indem es den alltäglichen Bereich der häuslichen Tätigkeiten zu einem Gegenstand der allgemeinen Reflexion über deren Sinn und Zweck erhebt. Dabei entsteht gleichzeitig ein greifbarer Zusammenhang zwischen Alltagspraxis und Kunst. Kinmont erklärt: »Ich erledige den Abwasch als Katalysator, um in ihr Haus zu kommen und über diese Dinge der Kunst und des Lebens zu sprechen.«[59] Zu diesem katalysatorischen Prozess erläutert der Interventionist weiter, dass ihn daran zwei Dinge besonders interessieren. »Zu einem die Frage, wie man etwas produziert, das grundlegend und ephemer, aber zu bewahren ist, dem man Beachtung schenken und das ernst zu nehmen ist und über das ein kritischer Diskurs zu wecken ist. Und zum anderen die große Thematik, über die ich viel nachgedacht habe, nämlich die Hausfrau-Sache, dass die Küchenarbeit Frauensache sei. Und was es heißt, wenn ein Mann Geschirr wäscht und dies zu Kunst erklärt. Was bedeutet es, ein Mann zu sein und Essen zu machen als Kunst?« (Ebd., 139) Mit dieser eat-artistischen Interventionskunst radikalisiert Ben Kinmont den erweiterten Kunstbegriff von Beuys um einen weiteren Schritt, so dass sich die Kunst gegenüber dem (kulinarischen) Alltagsleben der besuchten Menschen und deren Geschmack *öffnet*. Diese Öffnung ermöglicht es, dass das Tun des Künstlers, das ›Kunst machen‹ selber seine unbefangene Befragung durch Andere zulässt und sich im doppeldeutigen Sinne des Wortes fragwürdig macht. »Ich denke, es ist wichtig«, erläutert Kinmont, »dass die Leute fragen können: ›Warum machst du das?‹ […] Es macht die Künstler verletzbar und zugänglich.« (Ebd., 140) So entstehen an einem Ort, dem

59 | Kinmont in Trippi, Untitled Artists‹ Projects, 138

die westliche Kultur stets jegliches Denken abgesprochen hat, tiefsinnige, philosophische Reflexionen zum Kunst- und Essenmachen. Treffend begreift der Abwasch-Künstler seine Tätigkeit als das schöne Werk eines (»wie man wohl in der deutschen Sprache sagt«) *guten Hausgeistes.*

Die künstlerische Demonstration einer freiwilligen männlichen Küchenarbeit variiert mit dem Abwasch von dreckigem Geschirr nicht zuletzt eine bekannte Thematik der Eat Art: dem Umgang mit Kochresten und abgegessenen Tafeln. (Siehe 1.2.) Doch anders als Spoerri, der diese Lebenssituation in theatralen Tafelbildern festhält und in Museen ausstellt, geht es Kinmont um etwas gänzlich anderes. Seine Kunst will eine gering geschätzte und missachtete Tätigkeit und sogar die gemeinhin unbedeutendsten und niedrigsten Verrichtungen im Kontext der alltäglichen Ernährung – den Abwasch und mithin alles Aufräumen und Saubermachen, das unvermeidbar zum Kochen und Essen gehört – *würdigen*, indem »ich sie auf eine ganze gewöhnliche Weise getan und nicht irgendwie theatralisiert habe«. (Ebd., 141) Kinmonts Abwasch-Kunst zielt auf eine bewusste Umwertung der Werte durch eine Ästhetisierung der kulinarischen Lebenspraxis als einer an sich wertvollen, selbstzwecklichen Arbeit an den Dingen: »Ich denke, es ist eine gute Sache, den Abwasch zu machen. Es ist eine gute Sache für Menschen, sich um die Dinge zu kümmern. Es lässt die Menschen ›runterkommen‹. Es ist etwas, das jeder tun kann. Die ganze Idee des Instandhaltens anstelle des Verfolgens eines Zwecks, der wieder nur Mittel eines weiteren Zwecks ist, birgt ein gewisses Innehalten und ein wenig Verlangsamung.« (Ebd., 138) Nach der ins Werk gesetzten Kunst des Abwaschens schenkt der Gast seinem Gastgeber einen signierten Schwamm zum Putzen des Spülbeckens und der Arbeitsflächen der Küche. Mit diesem Geschenk und ›Multiple‹ dokumentiert er seine Freude über die gelungene Zusammenarbeit mit den Beteiligten oder zumindest über ihre Bereitschaft, einen ebenso fragwürdigen wie guten Hausgeist willkommen zu heißen und sich von seinem ebenso hilfreichen wie kritischen Anliegen heimsuchen zu lassen. Die ganze Pointe einer Kunst, die sich real oder im übertragenen Sinne in der Küche abspielt, die mit der häuslichen und zugleich weltläufigen Lebenspraxis der Menschen zu tun hat, ist es, etwas zu machen, das dazu führt, dass das Abwaschen von schmutzigem Geschirr und dergleichen angeblich kleinen und alltäglichen Dingen einer Kunst des Essens anders wahrgenommen und getan werden. Oder in den schlichten Worten des Eat Artisten: »Gerade durch ihre Alltäglichkeit können sie vielleicht mehr an Bedeutung gewinnen. Jedenfalls geht es dabei ums Leben, darum, wie wir unser Leben mit Sinn erfüllen.«

Gastrosophenfutter

Zum Abschluss bietet es sich an, – analog zu Kinmonts interventionistischen Kunstpraxis – zwei bis drei ›öffentlich zugängliche‹ Küchen und Küchenchefs zu ›besuchen‹, um sie als Vorbilder und aktuellste Repräsentanten einer neuen gastrosophischen Alltagskultur zu würdigen: Die *Grub Kitchen* von Anna Lappé und Bryant Terry sowie die jungen Kultküchen von *Naked Chef* Jamie Oliver und *Küchenbulle* Tim Mälzer. Diese Beispiele demonstrieren und kultivieren die vorzeigbare Praxis einer alltagskompatiblen Kochkunst. Ihre konzeptuelle Gemeinsamkeit liegt in dem erklärten Ziel einer zeitgemäßen *Alltagsküche*. In den Worten von Terry: »Die *Grub* Cuisine bietet Rezepte für jeden, der eine geschmackvolle, gesunde und nachhaltige Alltagsküche (home cooking) liebt.«[60] Ähnlich beschreibt Oliver die Idee seines »genialen Kochens« und auch Mälzer will seinen Lesern schmackhaft machen, dass es »unglaublich einfach ist, gut zu kochen«.[61] Ein wesentliches Merkmal dieser Alltagsküchen ist ihre ›jugendliche Rebellion‹ gegen altbackene Traditionalismen und schulmäßige Dogmen eines guten Geschmacks: *anything tastes* oder »schmeckt nicht gibt's nicht« (Mälzer). Ihr postmodernes Ethos befreit sich vom Zwang eines geistlosen Nachkochens. Angesagt sind Freistil, Inspiration und experimentierfreudige Kreativität. »Sei kreativ und bastele dir deine eigenen Rezepte.«[62] Im gleichen Geiste ruft der *Küchenbulle* aus: »Kochen soll Spaß machen und meine Rezepte sollen zur Anregung dienen, sie sind nicht als starre Anleitungen zu verstehen. Wagen Sie Experimente, tauschen Sie Zutaten aus und kreieren Sie einfach mal was Neues. Na los, machen Sie es wie ich. Lassen Sie sich inspirieren.«[63]

Um diese kulinarische Alltagskunst zu fördern, geben die neuen Gastrosophen praktische Ratschläge, wie die eigene Küche am besten auszustatten sei: welche Geräte hilfreich, unerlässlich und gebrauchsfreundlich sind; was zur alimentären Grundausrüstung gehört wie Öle, Essige, Kräuter, Gewürze (einschließlich verschiedener Salze, Senfarten, Pfeffer etc.) und Grundnahrungsmittel (in Variationen von getrockneten Bohnen, Hülsenfrüchten, Reissorten, Nudeln etc.); und welche Arbeitsbedingungen und Arbeitsmittel (Messer, Schneidbretter, Pfannen, Töpfe, Schalen etc.) das Essenmachen mehr zu einem Vergnügen als zu einer Last machen; bis hin zum Styling der Küche als ästhetischem Lebensraum. Alles das – all die kleinen und sehr konkreten Ratschläge lassen den wissensmäßigen Tiefpunkt der gegenwärtigen Esskultur erkennen: Die häusliche Kochkunst –

60 | Terry/Lappé, Grub, 130

61 | Mälzer, Born to Cook 2, 9; Oliver, Genial kochen; Ders., The naked Chef – Die neue Kochlust

62 | Terry/Lappé, Grub, 131

63 | Mälzer, Born to Cook 2, 9

einst eine kulturelle Errungenschaft der Menschheit – bedarf heute der basalsten Aufbau- und Entwicklungshilfe. Kein Wunder also, wenn sich Oliver an seine Leser als »Azubis« wendet – als Auszubildende: an solche, die »von Null« anfangen und echte Nullen in der kulinarischen Praxis sind.[64] Umso mehr erstaunt es, dass die Kochbücher von Oliver und Mälzer – entgegen des eigenen Anspruchs, eine Freistil-Alltagsküche und eine einfache Experimentierfreude fördern zu wollen – zahlreiche Rezepte zum Nachkochen servieren, die darüber hinaus auch noch wenig Alltagskompatibilität aufweisen. Damit tut ihre Küchenphilosophie genau das *nicht*, was ein kreatives Selbstkochen fördern würde: Statt durch Kochrezepte einen ästhetischen Konkretismus zu schaffen, der konkrete Inhalte des kochkünstlerischen Werkens vorschreibt, käme es auf die theoretische Vermittlung von allgemeinem Wissen und technischen Grundfertigkeiten sowie von konzeptuellen Ideen des kulinarischen Kunstschaffens, ausgehend von den einzelnen Zutaten als Grundkomponenten, an. Mit diesem philosophischen Defizit droht ihre Weisheit hinter die gastrosophischen Klassiker des frühen 19. Jahrhunderts zurückzufallen.[65]

In einer anderen Hinsicht jedoch wird ihre Kunst des Essens von gastrosophischen Maximen getragen. Dazu gehört die universelle Einsicht in das Gute des gemeinsamen Mahls: der Mahlgemeinschaft und Konvivialität im Genuss. Während Mälzer eher konservative Familienwerte beschwört – »Denke ich ans Kochen, denke ich an Familie« –, übt sich Oliver in einer Balance zwischen konventionellem Familien- und neuem Freundesleben und schreibt extra ein Buch zum *Kochen für Freunde*.[66] Programmatischer als bei Oliver und Mälzer tritt das Ideal eines Mahlhaltens unter Freunden – als dem schönsten Akt des Freundens und dem höchsten Guten einer Kultur des Essens[67] – bei den *Grub* Aktivisten hervor: Lappé und Terry stellen dem ›Verlust‹ traditioneller Festmähler sowie des familiären Mittagstischs, der aus gutem Grund immer seltener wird, weil dessen patriarchale Form zerfällt, ein neues Mahlritual und das postkonventionelle Tradieren von freien und selbstzwecklichen Gemeinschaftsmählern entgegen. »Um jene feierlichen Mahltraditionen zurückzubringen, ziehen wir *Grub Partys* vor: intime, geistreiche Abendessen, die von unserer Liebe zu gutem Essen und gutem Wein, zu guter Konversation und guter Musik inspiriert sind. [...] Das sind unsere Rituale; setze sie ein oder erfinde selbst welche.«[68] In der *Grub Mahlkultur* samt ihrer Dinner-Partys und Kovivien habitualisiert (veralltäglicht und verhäuslicht) sich, was eat-artistische Bankett-Feiern und kommerzielle Geschmackstheater als bloß gelegentliche

64 | Oliver, Besser Kochen, 8

65 | Vaerst, Gastrosophie; Rumohr, Geist der Kochkunst

66 | Oliver, Kochen für Freunde; Mälzer, Born to Cook, 132

67 | Lemke, Freundschaft, 185ff

68 | Terry/Lappé, Grub, 116

Ereignisse und Spektakel zelebrieren. Auf alltägliche Weise ›*Grub* zu leben‹ bedeutet, das gemeinsam gekochte und genossene Essen, das Konviviale als Entelechie einer gastrosophischen Vernunftpraxis zu kultivieren.

Der Sachverhalt, dass dieses zentrale Gut in der Gastrosophie von Terry und Lappé eine weit bewusstere Reflexion und eine weit programmatischere Wertschätzung erfährt als bei den Gastronomen Oliver und Mälzer, verweist auf weitere kleine und ›feine Unterschiede des guten Geschmacks‹. Wenn eine Übereinstimmung zwischen ihnen in dem ästhetischen Hedonismus einer Alltagsküche besteht, die lehrt, dass in jedem Mensch ein geborener Kochkünstler steckt – vorausgesetzt er überwindet seine kulinarische Untätigkeit –, dann liegt der grundsätzliche Unterschied, die differentia specifica dieser beiden ›Fraktionen‹ unter den neuen Feinschmeckern in der *ästhetischen Gewichtung des Politischen.* Während die in den Massenmedien erfolgreichen Starköche Oliver und Mälzer eine alles in allem unpolitische Küche unters Volk bringen, sind die *Grub* Aktivisten jener linken Gourmet Fraktion zuzuordnen, die eine Ästhetik der kulinarischen Praxis mit deren möglichen umwelt-, tier- und sozialethischen Wirksamkeit verbinden.

Vom schönen Schein trendiger Kultküchen zu – Just Food!

Tim Mälzer beschränkt die politische Ethik seiner Kochkunst auf einige eher unauffällige Strategien. So empfiehlt auch er den Einkauf auf Wochenmärkten, um möglichst frischer und saisonaler Produkte statt minderwertiger Waren aus dem Supermarkt habhaft zu werden. Doch letztlich muss man es damit seiner Philosophie zufolge nicht ›zu ernst‹ nehmen. Große Farbbilder zeigen ihn mit vollem Einkaufswagen durch die langen Regale eines Einkaufszentrums flitzen: »Dann düse ich zum Supermarkt und lasse mich von der Riesenauswahl anregen.«[69] Ähnlich doppelzüngig verhält Mälzer sich zum Tier. Er gibt zwar den Rat, weniger Fleisch zu essen. Aber seine Rezepte sind überladen mit Entenbraten, geschmorten Beinscheiben vom Rind, gebratener Rehkeule, Schweinebraten, Lammhaxen, Geflügelleber und dergleichen. Zweifelsohne werden bei Mälzer auch fleischlose Gerichte und ›Beilagen‹ gekocht. Aber Experimente und Kunstgriffe eines raffinierten Kochens, das auch mit einer rein vegetarischen Küche geschmackvolles Essen und nicht nur Beilagen, sondern Hauptgerichte zu kreieren weiß, bleiben aus: An die Beweisführung für eine *solche avancierte* Essthetik wagt sich der ›Küchenbulle‹ nicht heran. Entsprechend fehlen Hinweise auf die moralische Pflicht, wenn schon Fleisch, dann wenigstens Bio-Fleisch zuzubereiten. Ihm reicht der ›Metzger des eigenen Vertrauens‹ – statt sein gutes Recht auf staatliche Kontrollen und zertifizierten Tierschutz wahrzunehmen. Diese *Entpolitisierung des guten*

69 | Mälzer, Born to Cook, 154

Essens zum schönen Schein – der Reduktion des ethisch-Guten aufs ästhetisch-Geschmackliche – dominiert nicht weniger in Olivers Kultküche. Lediglich in einem Punkt unterscheiden sich diese beiden kommerziell erfolgreichen Kochkünstler. Jamie Oliver engagiert sich auch in kulinarischer Sozialarbeit: In seinem Londoner Restaurant *Fifteen* bekommen sozial benachteiligte, arbeitslose Jugendliche die Chance, Berufsköche zu werden und mithilfe ihrer dortigen Ausbildung den Sprung von der ›schiefen Bahn‹ in die Restaurantküche zu schaffen. Nach seinem fünfjährigen Bestehen beginnt sich das *Fifteen* mit seiner sozialen Integrationsmaßnahme seit 2007 auch in anderen Ländern (Niederlande, Australien, USA) zu etablieren.[70] Doch alles in allem – und im Vergleich mit der *Grub* Gastrosophie – vertritt Oliver, wie Mälzer, keine programmatische Vermählung von Ästhetik und Politik, sondern einen reinen kulinarischen Hedonismus. Dem ist allemal zugute zu halten, dass er aus der Kunst, gut zu kochen, eine gesellschaftlich wahrgenommene und wertgeschätzte Praxis macht.

Das Gleiche gilt für die ›Revolutionsküche‹ von Lappé und Terry. Mit *Grub* – was umgangssprachlich *Fraß* heißt und hier seinem selbstironischen Sinn entsprechend mit *Gastrosophenfutter* wiedergegeben werden kann – wollen Lappé und Terry die Welt verändern. Das besagt indessen nicht, dass die Veränderung der Welt einzig und allein durch eine Verbesserung des Essens realisiert werden soll. Es besagt, dass eine Veränderung der Welt nicht ohne eine Veränderung des Essens möglich ist und dass folglich, weil die Welt des Essens ein großes Maß dessen ausmacht, wie die Menschen die Welt im Ganzen gestalten, durch besseres Essen die Welt ein großes Maß verbessert würde. Inhaltliche Positionen konkretisierend, die bereits in der Kunst von Beuys und Tiravanija oder in den verschiedenen Spielarten linker Gegenküchen präsent sind, erklären Terry und Lappé zur konkreten Utopie eines besseren Welt-Essens: »Was wir *Grub* nennen, ist die Revolution in ökologischer Landwirtschaft, die Wiederbelebung lokaler Lebensmittelproduktion und das Gedeihen von politisch korrektem Essen (food justice).«[71] Ohne bewussten Bezug zu den Vorläufern dieser Ideale und Zielsetzungen werden vier entsprechende *Grundsätze des Grub Feinschmeckertums* verkündet, wodurch die Allerweltspraxis guten Essens zur Aufgabe einer gastrosophischen Lebenskunst wird:

»1. *Grub* ist biologisch und nachhaltig erzeugte, vollwertige und lokal gewachsene Nahrung.
2. *Grub* ist mit Fairness vom Saatgut bis zum Teller produziert.
3. *Grub* ist gut für unseren Körper, unsere Gesellschaft und unsere Umwelt.
4. *Grub* sollte universell sein [...] und es ist lecker.«

70 | www.fifteen.net

71 | Terry/Lappé, Grub, 56

Dieses Programm kann mit Recht den Anspruch erheben, der gastrosophischen Idee jener von den futuristischen Eat Art Avantgardisten erstmals geforderten ›Revolution der Kochkunst‹ und des gesellschaftlichen Geschmacks heute eine konsequent *emanzipatorische* Ausrichtung zu verleihen. Die *Grub* Aktivisten zeigen, dass eine gute Alltagsküche möglich ist, die sowohl politisch korrekt als auch kulinarisch anspruchsvoll und eine Gaumenfreude sein kann. Der ausgebildete Koch Terry liefert mit seinen Rezepten den Beweis, dass eine überwiegend vegetarische Kulinarik geschmacksästhetisch mit jeder anderen konkurrieren kann. Gleichzeitig kommt die *Gurb* Gastrosophie ohne jede diätmoralische Dogmatik aus. »Diäten sind tot!«, erklärt Terry, »und ich denke dabei nicht nur an die Iss-die-Hälfe und Schnell-Abnehmen Diätprogramme. Ebenso beziehe ich mich dabei auf rigide Schlagwörter wie Rohköstler, Früchtefreaks (Fruitarian), Veganer, Lakto-ovo-Vegetarier, Lakto-Vegetarier, Ovo-Vegetarier, Omniphagen [...] das Problem sind nicht diese Diäten per se; das Problem ist der diätische Dogmatismus.« (Ebd., 129)

Auch Bryant Terry engagiert sich, wie Jamie Oliver, in einem Projekt, das soziale Intervention mit kulinarischer Praxis verbindet. Die 2001 von ihm gegründete nicht-kommerzielle Organisation *b-healthy* (Build Healthy Eating and Lifestyles to Help Youth) unterstützt Jugendliche mit geringem Einkommen und mit überwiegend afro- oder lateinamerikanischen Hintergrund darin, sich eine gesunde Ernährungsweise anzueignen.[72] Dazu bringt das *b-healthy* Projekt den deklassierten Kids gesundes Kochen und erschwingliche Alternativen zu minderwertigen Nahrungsmitteln und schlechtem Essen bei. Das Projekt teilt daher sowohl Elemente der diversen karitativen Hungertafeln als auch Elemente der progessiven Geschmackspädagogik in Schulen, insofern dafür gesorgt wird, dass die Betroffenen sowohl satt werden als auch gleichzeitig lernen, wie sie sich gesund ernähren und leckeres Essen zubereiten können. Terry geht es im Unterschied zu Olivers sozialem Engagement nicht darum, benachteiligten Jugendlichen eine Ausbildung zum Berufskoch zu bieten, sondern vielmehr darum, dass sie die Lebenskunst, gut zu essen, als einen eigenen Wert erfahren und als eine wesentliche Alltagspraxis der eigenen Autonomie ausbilden. Im Vordergrund steht weniger die Förderung ökonomischer Eigeninteressen, sondern eher die humanistische Orientierung an einer essthetischen Erziehung des Menschen. Folglich spielen auch die politischen Implikationen der Selbstermächtigung, ein kulinarisch gutes Leben führen *zu können*, eine zentrale Rolle. Die interventionistische Garküche des *b-healthy* Projekts will der *Grub* Gastrosophie entsprechend »die Jugend dazu ermächtigen, die Zusammenhänge zwischen dem Zugang zu Nahrungsmitteln, Armut, Fehlernährung und institutionellem Rassismus zu verstehen;

72 | *www.b-healthy.org*; Kim, Future 500: Youth Organizing and Activism in the United States

und das Bewusstsein über die Notwendigkeit wecken, die eigene und die allgemeine Gesundheit zu verbessern als konstitutivem Faktor einer größeren Bewegung für soziale Gerechtigkeit.« (Ebd., 323)

Mit dem Plädoyer für *Just Food* – für ein vernünftiges Essen, für gerechte Ernährungsverhältnisse – setzen sich Terry und Lappé nicht zuletzt in Beziehung zu den linken *VoKüs* und *Food not Bomb* Aktivisten. Sie teilen mit diesen die Erkenntnis und das Wissen, dass mit jedem Essen die politischen Dimensionen der gesellschaftlich vorherrschenden und globalen Ernährungsverhältnisse aufgetischt werden. Obwohl die *Grub* Gastrosophen deshalb eindeutig der politischen Linken zuzuordnen sind, bringen sie selber die eigene *Food Justice* Programmatik eher mit der international populären *Slow Food* Bewegung in Verbindung. Dadurch wird es möglich, die gesellschaftliche Wahrnehmung auf eine zahllose Menge und Vielfalt von Menschen mit ›gutem Geschmack‹ – auf eine verkannte Multitude – zu lenken, und mithin auf die Tatsache, dass schon heute bereits »Millionen nachhaltiges, vernünftiges Essen, was wir Gastrosophenfutter (Grub) nennen, wählen«. (Ebd., 56) Darum bietet ihr Kochbuch nicht nur praktische Anleitungen in Form von Rezepten, wie dies alle anderen marktgängigen Kochbücher (einschließlich die von Oliver und Mälzer) tun. Im Unterschied zu dieser üblichen Aufbereitung einer kulinarischen Ästhetik umfasst ihr Kochbuch über einzelne Gerichte und Menüvorschläge hinaus auch einen grundlegenden, theoretischen Teil, in dem sowohl eine sachkundige Kritik an den vorherrschenden Ernährungsverhältnissen als auch die ergreifbare Alternative dazu – die *Grub* Gastrosophie – dargestellt werden. Der theoretische Teil ihres Kochbuches geht ausführlich auf landwirtschaftliche, lebensmittelindustrielle, konsumkritische und diätetische Hintergründe ein, die im Einzelnen verständlich machen, warum eine kulinarische Lebenskunst nicht nur einen essthetischen Hedonismus verwirklicht, sondern auch eine politische Ethik verlangt. Besonders auf *eine* Tugend des besseren Welt-Essens sei zum Abschluss eingegangen.[73]

Ein Allerweltskunstgriff: der vernünftige Einkauf

Lappé kritisiert das geläufige Argument, dass sich nur wenige Bessergestellte die, im Vergleich zu konventioneller Billigware, signifikant teueren Bio- und Fair Trade Produkte leisten könnten. Gastrosophenfutter wäre demnach lediglich ein Essen für Reiche. Folglich vermag man selbst als durchschnittlicher, ›kleiner und unwichtiger‹ Konsument für die Veränderung der vorherrschenden und eigenen Ernährungsweise ›nichts zu tun‹. Dieser vielfach und eilfertig vorgetragene Freispruch lässt sich ohne weiteres relativieren und entkräften: »Erstens, biologische Produkte sind nicht immer viel teuer. Einiges der Kosten hängt davon ab, wo man einkauft.

73 | Weiteres dazu: Lemke, Welt-Essen und globale Tischgesellschaft

Zweitens, während man manchmal mehr für ein einzelnes Produkt bezahlt – eine Bio-Grapefruit beispielsweise kostet mehr als eine konventionelle –, gibt man im Ganzen für seine Ernährung weniger aus. Sicher, wenn du eine Tüte Bio-Chips wählst, musst du sparsamer sein. Aber vergleiche damit eine Tüte Chips von Ruffles [ein teures Markenprodukt, H.L.] und du weißt sofort, wovon die Rede ist.« (Ebd., 96) Unabhängig von der Relativität, was man mit dem eigenen Geld kauft oder nicht kauft und wie viel man davon lieber für andere Dinge wie teure Autos als für gutes Essen ausgibt, machen sich Lappé und Terry den folgereichen Sachverhalt klar, dass *jeder Griff* ins Einkaufsregal ein politischer Akt ist: Einkaufen gehen heißt, Wählen gehen, weil »jedes Mal wenn man Geld für Lebensmittel ausgibt, man die Welt wählt, die man haben will.« (Ebd., 97) Der *Food Justice* Aktivist Colin Tudge erläutert das subversive Potential dieser Politik des alltäglichen Einkaufs und Wahlgangs: »Wir leben in einer Konsumgesellschaft und die Konsumenten, kollektiv, haben Macht. Wenn Du und ich und eine Million anderer Menschen sich entscheiden, auf eine vernünftige Weise zu kochen, nur manche Esswaren zu kaufen und andere lieber in der Supermarktregalen vergammeln zu lassen, und wenn wir außerdem zeigen, dass wir, wenn wir wollten, einiges von unserem Essen selbst produzieren können, dann schwächelt früher oder später, aber eher früher, die angebliche Allmacht des Agrarbusiness und der Regierungen; denn wenn niemand das kauft, was sie verkaufen müssen, sind sie machtlos.«[74] Innerhalb der real existierenden Wahlfreiheit kann jeder Kaufakt die ›königliche‹ *Macht des Kunden* ins Spiel der Wahrheit bringen, um die kapitalistischen Marktmechanismen gegen sich selber funktionieren zu lassen. Immer noch wird in angeblich linken, orthodox-marxistischen und orthorektisch-kritizistischen Kreisen die Wirksamkeit des politisch korrekten, gerechten, richtigen Einkaufs mit affirmativen Argumenten theoretisch entschärft: Gleichgültig aber, ob das Argument angeführt wird, der individuelle Käufer könne nichts ausrichten oder diese Strategie sei für die Meisten nicht bezahlbar, kritisch reflektiert, erweisen sich diese Einwände – wenn sie von Angehörigen der globalen Konsumklasse und den Nutznießern des ungerechten Weltmarktes vorgebracht werden – als affirmative Ausreden und Vorwände für das eigene Mitmachen.[75] Man kann das auch so sagen: »Der neue Gourmet ist ein sinnlich wahrnehmender Mensch, der über einen positiven Zugang zum Essen und seinen faszinierenden Möglichkeiten ganz selbstverständlich auf Distanz zu minderwertigen Nahrungsmitteln, industrieller Aromentrickserei und kommerzieller Abkassiererei an allen möglichen kulinarischen Orten kommt.«[76] Entgegen der üblichen Mitmacherei und einer freiwilligen und bequem verköstigten Selbstentfremdung

74 | Tudge, Future of Food, 6

75 | Sachs, Nach uns die Zukunft; Klein, No Logo!

76 | Dollase, Kulinarische Intelligenz, 77

weist das gastrosophische Vernunftideal den mündigen Konsumenten als den klugen Strategen einer globalen Mikropolitik der Gegenmacht aus: als das *historische Subjekt einer Einkaufsrevolution.*[77] Denn der vernünftige Einkauf, der umweltgerechte und faire Produktionsbedingungen ›nachfragt‹, setzt bei vergleichsweise minimalem Aufwand und geringem eigenen Zutun ökonomische Kräfte im globalen Maßstab frei, die bessere Produktionsverhältnisse einfordern und auf unscheinbare Weise ins Machtzentrum des markt- und käuferabhängigen Kapitalismus einwirken. So ist insbesondere durch eine revolutionäre Kaufkraft das gastrosophisch Gute – die Welt des *Grub* – im Hier und Jetzt realisierbar. Und es wird seinen Preis haben. Denn nicht alles, was gut ist und in dessen Genuss man kommen will, ist ›umsonst‹ zu haben, wie beispielsweise bei der ohnehin bloß symbolischen Widerstandspraxis der *Yomangos.* (Siehe 1.4.) Auch muss nicht alle antikapitalistische Subversion nur von rebellischer Klaukunst oder von (immer irgendwie gewaltsamen) ›Enteignungsspielchen‹ ausgehen. Wenn die neuen Gourmets und politischen Konsumenten jene zukunftsweisende Kraft verkörpern, welche die Macht der globalen Ernährungsverhältnisse zu erschüttern vermag, und dabei die ebenso subversive wie kreative Lebenskunst, die richtigen Güter in den eigenen Warenkorb zu legen, eine entscheidende Rolle spielt, dann geht wenigstens für die Welt des Essens von dieser *linken Gourmet Fraktion* – wie sich ohne jede pathetische (Beuys'sche) Übertreibung sagen lässt – die friedliche Revolution eines besseren Lebens aus. In den Worten von Terry und Lappé: »*Grub* ist ein Zusammenspiel von Wahloptionen, die jeder von uns wahrmachen kann und die unser persönliches Leben, unsere Politik und unsere Welt radikal verändern.«[78] Weil das Selbstkochen, die kulinarische Alltagspraxis die größtmögliche Wahlfreiheit und Selbstbestimmung der eigenen Kaufkraft ermöglicht, ist der politisch korrekte und dabei feinschmeckerische Einkauf eine Art öffentlich demonstriertes Vorkochen: der in die Welt gesetzte Vorgeschmack einer gastrosophischen Vernunft – der eigenen Küche. Die neuen Gourmets kultivieren und habitualisieren eine politische Ethik – um einer vagen Formulierung einen konkreten Praxisbezug zu verleihen[79] – in der ästhetischen Arbeit und im täglichen Vergnügen, *ein Gastrosoph zu sein.*

77 | Busse, Die Einkaufsrevolution; Beck, Macht und Gegenmacht im globalen Zeitalter, 28

78 | Terry/Lappé, Grub, 56

79 | Negri/Hardt, Empire, 467

3. Ästhetik des kulinarischen Geschmacksurteils

3.1. Kritik jeder ungastrosophischen Geschmacksästhetik

In der philosophischen Ästhetik gehört ›Geschmack‹ zu den zentralen Grundbegriffen. Diese zunächst befremdliche Begrifflichkeit hat sich im Laufe der Zeit in die Alltagssprache eingebürgert. Heute redet bei der Beurteilung von ästhetischen Dingen jeder ganz selbstverständlich vom Geschmack – davon, dass es sich dabei um ›Geschmackssachen‹ handle. Ebenso werden ästhetische Urteile als ›Geschmacksurteile‹ bezeichnet, ohne dass fraglich würde, wie dies eigentlich sein kann und wie es dazu kommen konnte? Folglich wird bei der geläufigen Rede vom ›Geschmack‹ und ›Geschmacksurteil‹ im ästhetischen Kontext nie an den wahren Sinn des Wortes, nie an den *kulinarischen Geschmack* gedacht. Die ›Ästhetik des Geschmacks‹, die historisch mit Kant entsteht und heute zum gültigen Kanon gehört, handelt von allerlei Dingen und allen voran vom Geschmack an schöner Kunst – nur nicht vom Geschmack des Essens oder von der kulinarischen Ästhetik und Lebenskunst. Doch ein *gastrosophisches* Nachdenken über Ästhetisches und mithin ein *ästhetisches* Nachdenken übers Essen beinhalten notwendig auch Überlegungen zum *Geschmack im eigentlichen Sinne.* Zweifelsohne gehört in das Themenspektrum einer Ästhetik des Essens – neben einer philosophischen Würdigung der künstlerischen Thematisierungen des Phänomens (was in dem vorangegangenen Stücken dieses Buches geschah) – eine Theorie des Geschmacks. Eine Ästhetik des kulinarischen Geschmacks oder in einem Wort: eine *Essthetik* greift *einen* Ausschnitt und zwar einen kleinen Ausschnitt der facettenreichen (moralischen, politischen, ökonomischen, technologischen, gastronomischen, gesundheitlichen, kulturellen u.a.) Fragen des Geschmacks auf, die sich im sachlichen Zusammenhang mit der Welt des Essens und ihrer gastrosophischen Durchdringung stellen. Doch angesichts der bemerkenswerten Tatsache, dass wegen des ungastrosophischen Geistes der philosophischen Ästhetik bis heute eine *Ästhetik des kulinarischen Geschmacks* fehlt, darf es bereits als ein kleines Verdienst betrachtet werden, wenn wenigstens erste Grundzüge zu einer solchen gastrosophischen Ästhetik auf den Weg gebracht werden.

Aisthetik der geschmackssinnlichen Wahrnehmung

Seit einigen Jahren häufen sich Publikationen zur philosophischen Ästhetik, die die bislang vorherrschende einseitige Ausrichtung auf die Künste zugunsten einer stärkeren Beschäftigung mit der Wahrnehmungstätigkeit der Sinne verlagert. Damit wird die ursprüngliche Wortbedeutung des griechischen Begriffs Ästhetik als Bezeichnung für sinnliche Wahrnehmung, *aisthesis*, erneuert und die Theorie der Kunst zu einem Teilgebiet der philosophischen Ästhetik relativiert.[1] Stellvertretend für diese *aisthetische Transformation des Ästhetischen* erläutert Wolfgang Welsch: »Ich möchte Ästhetik genereller als Aisthetik verstehen: als Thematisierung von Wahrnehmungen aller Art, sinnenhaften ebenso wie geistigen, alltäglichen wie sublimen, lebensweltlichen wie künstlerischen.«[2] Doch trotz des regen Interesses an einer Theorie der Wahrnehmung wird in den einschlägigen Beiträgen kein nennenswerter Gedanke über die *geschmackssinnliche* Wahrnehmung verschwendet. Wirft man daraufhin einen Blick in eines der Standardwerke der Anthropologie, die von Gadamer und Vogler herausgegebene *Neue Anthropologie*, gelangt man zu dem gleichen Ergebnis: Der zentrale Artikel zur *Anthropologie der Sinne*, verfasst von Helmuth Plessner, verliert kein Wort über den Geschmack und die gustatorische Wahrnehmung.[3] Sogar in der Literatur der klassischen Phänomenologie der Sinne bleibt die Aisthetik des Geschmacks unerwähnt. Und dort, wo sie Erwähnung findet und es sogar bis zum Buchtitel schafft, wie bei Hubert Tellenbachs einschlägiger Studie *Geschmack und Atmosphäre*, bleibt eine Theorie des kulinarischen Geschmacks aus. Zwar hebt Maurice Merleau-Ponty in seiner viel beachteten *Phänomenologie der Wahrnehmung* die Bedeutung der sinnlich-leiblichen Wahrnehmung für die menschliche Welterschließung hervor. Aber davon, dass das Schmecken die komplexe Welt des Essens erschließt und ein synäthetisches Vernunftvermögen ist, gibt diese Philosophie keine Auskunft. Wie bei Merleau-Ponty, so dominiert auch in Hermann Schmitzs phänomenologischen Beiträgen zur Aisthetik die Wahrnehmungsleistung des Gesichtssinns und es findet sich, abgesehen von einigen Bemerkungen, wenig Nennenswertes zum Geschmackssinn.[4]

1 | Böhme, Aisthetik; Hauskeller, Die Kunst der Wahrnehmung

2 | Welsch, Ästhetisches Denken, 9

3 | Gadamer/Volger, Neue Anthropologie

4 | Schmitz, Die Wahrnehmung; Merleau-Ponty, Phänomenologie der Wahrnehmung; Tellenbach, Geschmack und Atmosphäre

In dieser systematischen Vernachlässigung des Geschmacks innerhalb der gängigen philosophischen Aisthetik setzen sich die anthropologischen Prämissen der traditionellen Sinneslehre und deren logozentristisches Wertesystem unverändert fort, welches keinen Sinn für das Tasten, Riechen und Schmecken hat. Seit Aristoteles rangieren das Auge und der Gesichtssinn an höchster Stelle der menschlichen Wahrnehmungsvermögen. Die Eingangsworte der aristotelischen *Metaphysik* geben sich gleichsam als Gründungsdokument des *Panoptismus* der philosophischen Erkenntnistheorie zu verstehen. Dort hebt der erste Satz mit dem weithin bekannt gewordenen Diktum an, dass alle Menschen von Natur nach Wissen streben; zu diesem natürlichen Erkenntnisdrang erläutert Aristoteles dann: »Dies beweist die Freude an den Sinneswahrnehmungen (*aistheseis*) [...] vor allen anderen die Wahrnehmungen mittels der Augen.« Als Grund für diesen programmatischen Vorrang des Gesichtssinns wird angegeben: »Ursache davon ist, dass dieser Sinn uns am meisten Erkenntnis gibt und viele Unterschiede aufdeckt.«[5] Die herausragende Eigenschaft der optischen Wahrnehmung wird unverändert noch von Kant vertreten. »Der Sinn des Gesichts« sei »der edelste«, heißt es bei ihm, weil das Auge am meisten von einer physischen Nähe des gegebenen Objektes »entfernt« bleibe.[6] Wegen dieser *physischen Entfernung* zum Wahrgenommenen sei der Gesichtssinn nicht nur ein »Fernsinn«. Darüber hinaus behalte der visuelle Sinn auch eine *objektive Distanz* zu den äußeren Dingen, so dass, wie Kant meint, »auch sein Organ sich am wenigsten affiziert fühlt.« (Ebd.) Die augenscheinliche Wahrnehmung sei »ohne beigemischte merkliche Empfindung« des Erkenntnissubjekts möglich, weshalb das Sehvermögen dank seiner distanzierten Objektivität »einer *reinen* Anschauung« näher sei als alle anderen Sinnesempfindungen. Ähnlich spricht Hegel vom »bloßen Auffassen der Außendingen durch Gesicht und Gehör«.[7] Für ihn steht außer Frage, dass der »rein theoretische Vorgang durch die Werkzeuge des Gesichts- und Gehörsinns gewährleistet« sei, weil wir das, »was wir sehen oder hören, so lassen, wie es ist«. (Ebd.) Mit fragloser Selbstverständlichkeit spricht noch in der jüngsten Vergangenheit Hans Jonas vom *Adel des Sehens*.[8] Kurz: Mit diesen wenigen Bestimmungen kommt die philosophische Sinnestheorie bis heute aus, um eine *strikte Hierarchie der Sinne* zu rechtfertigen, in deren Oberetage das ›edle Sehen‹ residiert und von dort den Überblick behält, während das Schmecken zu einem ›niedrigen Sinn‹ deklassiert ist und nur mit dem Untersten zu tun hat.

Halten wir als Gründe für den angeblichen Adel des Sehens fest: (1) Weil der Gesichtssinn (und das Gehör) im Unterschied zum Geschmacks-

5 | Aristoteles, Metaphysik 980a

6 | Kant, Anthropologie (§ 17), 449

7 | Hegel, Ästhetik, 137

8 | Jonas, Der Adel des Sehens

sinn (und dem Geruchs- und Tastsinn) eine physische Distanz und körperliche Ferne gegenüber dem Gegenstand seiner Wahrnehmung behalte, mithin das wahrgenommene Objekt der Außenwelt in seinem Dasein vom erkennenden Subjekt nicht angetastet und nicht verzehrt werde, handle es sich bei der optischen Wahrnehmung um eine ›objektive Wahrnehmung‹. (2) Weil die Wahrnehmung durchs Sehen (und Hören) im Gegensatz zum Schmecken (und Riechen und Tasten) nicht von rezeptiven und gefühlsmäßigen Empfindungen begleitet sei und nicht von körperlichen Lust- bzw. Unlusterfahrungen ›affiziert‹ werde, sei ihre distanzierte Wahrnehmungsweise auch ›freier‹ und folglich mit ›mehr Geist‹ verbunden. Weil das Auge (und das Gehör) das Wahrgenommene nicht körpersinnlich unmittelbar aufnähme und erleide, sei der Fernsinn ein affektloser, neutraler, nicht praktischer, sondern ›theoretischer Sinn‹. (3) Der Gesichtssinn sei der ›edelste Sinn‹ nicht zuletzt deshalb, weil er am geistartigsten funktioniere, also ›am meisten Erkenntnis‹ gebe und ›viele Unterschiede‹ aufdecke, wie Aristoteles sagt. Oder in Jonas' Worten: »Wie in einem Blitz enthüllt ein einziger Blick, ein Öffnen der Augen, eine Welt zugleich-anwesender Qualitäten, ausgebreitet im Raum, gestaffelt in der Tiefe, sich fortsetzend in unbestimmte Ferne und, wenn in ihrer statischen Ordnung überhaupt eine Richtung betonend, dann durch ihre Perspektive eher eine Richtung vom Subjekt hinweg als zu ihm hin.« (Ebd., 199) Hans Jonas spitzt die traditionelle Vorrangstellung des Sehens und den abendländischen Okularzentrismus sogar bis zu der Behauptung zu, das Auge sei »der philosophische Sinn schlechthin«, weil in jedem der drei erwähnten Merkmale (objektive Distanz, Nichtaffiziertheit, Intelligibilität) »die Basis für einen Grundbegriff der Philosophie« stecke: Objektivität, Theorie, Erkenntnis. Daher lautet die panoptische Formel der traditionellen Aisthetik: »So ging der Geist, wohin das Sehen zeigt.« (Ebd.)

Geschmack als ›niedriger Sinn‹

Die traditionelle Sinneslehre oder Aisthetik ordnet das Schmecken, neben dem Riechen und Tasten, den unteren Stufen innerhalb der Hierarchie der Sinneswahrnehmungen zu. Als ein ›niedriger Sinn‹ ist das Schmecken das gerade Gegenteil zum Sehen, weil es durch Nähe und Subjektivität gekennzeichnet sei. Der Geschmackssinn soll sich als ›Nahsinn‹ vom optischen Distanzsinn darin unterscheiden, dass beim Schmecken eine *direkte körperliche Berührung* des Objekts mit dem wahrnehmenden Subjekt stattfinde. Wegen dieser sinnlichen Nähe des Wahrnehmenden zum Wahrgenommenen scheint, wie Aristoteles bemerkt, die Geschmacksempfindung letztlich eine Art von Tastsinn zu sein, insofern der Wahrnehmungsakt ein leibliches Abtasten und Erfühlen bedeute. Aristoteles erwähnt sieben – nicht bloß vier – solcher geschmacklichen Tastsinnesempfindungen: neben dem Süßen, Sauren, Salzigen, Bitteren auch Scharfes, Herbes und Abstringierendes. Er umschreibt damit den Sachverhalt, dass sich beim Schmecken eine *reale Verbindung* von Sinnending und Sinnesorgan ereignet. Dafür, dass das Erkenntnissubjekt beim Schmecken von den äußeren Dingen real ›affiziert‹ wird, hat sich die Rede vom Geschmack als eines ›*chemischen Sinns*‹ eingebürgert. Doch verstellt diese Bezeichnung die metaphysische Anthropologie, die sich dahinter verbirgt: Die traditionelle Aisthetik sieht im Geschmackssinn einen ›affektiven, subjektiven Nahsinn‹, weil die wahrgenommenen Dinge auf den Menschen *physisch einwirkt* und so die Außenwelt in sein Leibinneres *eindringt*. Statt stolzer Unabhängigkeit erfährt der schmeckende Mensch sich selbst als ein der äußeren Materie *unfreiwillig ausgesetztes* und Außendinge *notwendig aufnehmendes*, ›sinnliches Wesen‹. Diese ›Sinnlichkeit‹, die den schmeckenden Menschen zu einem die Außenwelt ›unfreiwillig‹ aufnehmen und essen müssenden, natürlicherweise passiv ›erleidenden‹ Wesen macht, erniedrigt seine ›höhere‹ Bestimmung als einem ›geistigen Wesen‹. Für Kant ist die Wahrnehmung des Geschmacks niedrig und subjektiv auch in der Hinsicht, dass die Wahrnehmung »mehr die des Genusses, als der Erkenntnis des äußeren Gegenstandes« ist.[9] Damit wird – über den wahrnehmungsphänomenologischen Sachverhalt einer Passivität und Rezeptivität des Geschmacks hinaus – auch die epistemologische Behauptung aufgestellt, dass die geschmackliche Wahrnehmung, der Genuss, keinen Erkenntnischarakter habe, sondern bloß körperliche Grundfunktionen der Nahrungsaufnahme erfülle.

Noch heute werden diese alten Vorurteile und Gegensätze der klassischen Anthropologie unkritisch reproduziert. So nimmt Wolfgang Welsch, wie wir bereits sahen, einer der Protagonisten einer neuen Aisthetik, einen fraglosen systematischen Gegensatz von »Nah- und Fernsinnen« an und ordnet den Geschmack ganz selbstverständlich den Nahsinnen zu.[10] Wie eh und je wird ›Nähe‹ in diesem Fall damit erklärt, dass der Wahrnehmende »in direktem Kontakt« zur Außenwelt stünde. Im Unterschied zu den Distanzsinnen sei die vorreflexive Wahrnehmung der Nahsinne deshalb zwangsläufig von einer »primär-sinnlichen Empfindung« (ebd.) begleitet. Wegen der körperlichen Affiziertheit sei die Wahrnehmung des Geschmacks (und des Geruchs) nur eine subjektive Rezeptivität, die auf »die empfindungsgebundenen Aspekte der Gegenstände« reagiere. »Daher«, so Welsch, »sind die kontaktgebundenen Nahsinne prinzipiell stärker empfindungsfixiert als die Fernsinne; den letzteren ist von ihrer Konstitution her die Chance eröffnet, sich vom Nahhorizont der Empfindung auch zu lösen.« (Ebd., 110) Im Vergleich zum ›Adel‹ der visuellen und akustischen Fernsinne und deren Intelligibilität trivialisiert sich der Geschmack zu einer passiv-affizierten, bloß gefühlsmäßigen und nicht erkenntnisfähigen

9 | Kant, Anthropologie (§ 13), 445

10 | Welsch, Grenzgänge der Ästhetik, 109

Wahrnehmungsart. In fragloser Übereinstimmung mit der panoptistischen Tradition übernimmt der Theoretiker einer »neuen Wahrnehmungslehre« den strikten, metaphysischen Dualismus zwischen dem »Erdgeschoß« des Schmeckens und dem »Obergeschoß« der theoretischen Reflexionssinne, des Sehens. (Ebd., 111)

Provisorische Widerlegung der traditionellen Irrtümer der Sinnesphilosophie

Die traditionelle Wahrnehmungstheorie legitimiert mit ihrer Hierarchie der Sinne eine Degradierung des Geschmacks, die – bei genauerer und kritischer Prüfung – letztlich durch nichts weiter gestützt ist als durch Vorurteile und willkürliche Wertungen einer rationalistischen Anthropologie, die den Menschen in ein höheres (›Geistes-‹)Wesen und ein niedrigeres (›Sinnen-‹)Wesen spaltet. So ist der vermeintliche Fernsinn des Auges durchaus auch ein Nahsinn – wenn man näher hinsieht und gewissermaßen das Auge zur Selbsterkenntnis einmal richtig nutzt: Auch die Augen und ihre Netzhaut müssen durch Außendinge, durch die Lichtwellen, berührt werden, damit es zu einer Wahrnehmung kommt. Auch Töne bzw. Luftschwingungen dringen in das Gehör ein, um dort eine Sinneserregung physisch auszulösen, indem es die entsprechenden Organe affiziert. Und als *Nahsinne* sind auch die Augen und das Ohr wegen der direkten Berührung und passiven Rezeptivität des Wahrnehmenden durch das Wahrgenommene nicht ohne sinnliche Empfindungen und subjektive Gefühle möglich: Ein greller Lichtstrahl *schmerzt* das Auge; das Gehör bzw. der Hörende *leidet* bei extrem hohen Tönen etc. Daher ist auch beim Hören oder Sehen wie beim Schmecken (oder Riechen und Tasten) die Wahrnehmung durch physische Nähe und sinnliche Affiziertheit bestimmt. Umgekehrt ist die geschmacks- und geruchssinnliche Wahrnehmung durchaus geistartig und vermag, wie der Gesichtssinn und Hörsinn, viel Erkenntnis zu geben und viele Unterschiede aufzudecken (worüber noch ausführlich zu sprechen sein wird). Vorgreifend gesagt: Schmecken und Riechen sind, gerade weil es sich dabei um Erkenntnissinne handelt, nicht minder edle Sinnestätigkeiten und dem Sehen (und Hören) gleichrangig. Vielleicht gebührt sogar dem gut ausgebildeten ›feinen Geschmack‹ – und nicht etwa dem trügerischen Auge – die hohe Auszeichnung, *der philosophische Sinn schlechthin* zu sein.

Ob es sich so verhält und die Feinsinnigkeit des Schmeckens dem Adel des Sehens in nichts nachsteht, werden wir – sehen. Diese Redeweise, die die Dominanz von optischen, visuellen, dem Sehsinn entnommenen Metaphern in der Beschreibung des menschlichen Erkenntnisprozesses signalisiert, legt die gastrosophische Vermutung nahe, dass »der Heißhunger der Augen«[11] Ersatz für Lüste beschaffen soll, die eigentlich die verdrängte Wahrnehmungstätigkeit der anderen Sinne und speziell des Geschmackssinns begleiten. Der Wahrnehmungstheoretiker Mattenklott stellt die psychoanalytische Hypothese zum Panoptismus der abendländischen Kultur auf: »Die Hypertrophie des Optischen, so könnte eine psychologisch erklärende These heißen, ist das Wuchern eines Partialvermögens, das den Neigungen, die in weniger sterilen [und weniger unsinnlichen] Kulturen als der unseren durch das Tasten und Schmecken, Riechen und Hören befriedigt werden, durch extensive und intensive Anstrengungen des Sehens entgegenkommt. Die Oralisierung des Auges, das zum Mund wird, wäre – dieser Annahme folgend – ein Versuch des Körpers, sich für den Verlust des sonst durch die Restsinne verschafften Wohlbehagens zu entschädigen.« (Ebd.) Man muss jedoch gar nicht erst derartige psychologische Annahme wagen (und darüber hinaus nicht erst an die metaphorisch sublimierte Omnipräsenz des ›Geschmacks‹ im allgemeinen Sprachgebrauch erinnern), um die Hierarchie der Sinne und ihren metaphorischen Widerhall in der ›Weltsicht‹ der Menschen als das Konstrukt einer althergebrachten Metaphysik zu durchschauen. Wie für die vermeintlichen Fernsinne sowohl sinnliche Nähe als auch subjektive Affiziertheit und passive Rezeptivität nachweisbar ist, so gilt im Umkehrschluss auch, dass beispielsweise der Geruchssinn das Objekt seiner Wahrnehmung weder antastet noch dessen Dasein objektiv aufzehrt: Die olfaktorische Wahrnehmung riecht das Gerochene nicht ›weg‹, sondern lässt es unversehrt. Darüber hinaus ist die Nase, dem Auge gleich, ein objektiver Sinn, der das Objekt punktuell genau hin- bzw. beriechen und erschnüffeln kann. Daher ist auch dem Geruchssinn eine ›theoretische‹ Haltung auf seine Gegenstände zuzusprechen.

Dass diese recht offenkundigen Dinge bislang missachtet wurden, erklärt sich zweifelsohne aus der unhinterfragten und tief im abendländischen Denken verwurzelten Selbstverständlichkeit, die Welt des Nahrungssinns (des Riechens und Schmeckens) zu niedrigen Funktionen zu degradieren. Ist freilich der Geschmackssinn erst einmal zu einem primitiven Nahsinn naturalisiert, bereitet es argumentativ keine großen Schwierigkeiten, die Wahrnehmungsleistung des Schmeckens, wie Welsch es beispielsweise tut, darauf zu reduzieren, den bloßen »Vitalbedürfnissen des Menschen« zu dienen.[12] Gefangen »im Dienst vitaler Interessen« sei, so die Vorstellung, der Geschmack als »primäre Empfindung« zu keiner Erkenntnis und keiner ästhetischen Wahrnehmung fähig. Entgegen alltagsweltlicher Erfahrungen, welche die lustvollen Dinge des kulinarischen Geschmacks vor allem mit einem ›guten Leben‹ in Verbindung bringen, meint die vorherrschende philosophische Ästhetik, dass die *aisthesis* der

11 | Mattenklott, Das gefräßige Auge oder Ikonophagie, 83

12 | Welsch, Ästhet/hik, 111

vitalen Nahsinne, allen voran die geschmackliche Wahrnehmung, »nicht dem guten Leben (*eu zen*)« angehöre, weil diese Sinnesempfindungen lediglich für unseren biologischen Lebenserhalt ›gut‹ seien. (Ebd., 112) Entsprechend ist für die herkömmliche Philosophie der Gegenstand des ›Geschmacks‹ auch nicht *gutes Essen* – als Ausdrucksform eines guten Lebens – und auch nicht die ästhetische Frage, ob das Wahrgenommene *gut schmeckt.* Die neue Aisthetik denkt einen anderen, ganz und gar ungastrosophischen Begriff des Geschmacksurteils: »Die Lust oder Unlust, anhand derer [die primär-sinnliche Empfindung] ihre Gegenstände bewertet, ist nichts anderes als deren Zuträglichkeits- oder Abträglichkeitsindex für die Vitalbedürfnisse des Menschen.« (Ebd., 109)

Es soll gar nicht in Abrede gestellt werden, dass der Nahrungssinn in einem physiologischen Zusammenhang mit Fragen der Zuträglichkeit und Wohlbekömmlichkeit oder der Abträglichkeit und Ungenießbarkeit des geschmacklich Wahrgenommenen steht. Doch die Vorstellung, der menschliche Geschmackssinn würde seine Objekte lediglich danach unterscheiden, ob sie genießbar und ungenießbar, »wohlschmeckend oder ekelerregend« (Ebd., 111) seien, verkürzt wahrnehmungstheoretische und geschmacksästhetische Fragen auf diätetische und biologische Sachverhalte – so als würde der Gesichtssinn nur zwischen ›Schönem oder Abscheulichem‹ differenzieren können und das Gehör lediglich ›Lautes oder Leises‹ vernehmen. Die Problematik, ob das Einverleibte uns zuträglich oder unbekömmlich ist, gut schmeckt oder Ekel erregt, unterliegt nicht der Beurteilung seitens des Geschmackssinns: Vieles ist wohlschmeckt und doch äußerst ungesund, während Gesundes wiederum nicht immer als wohlschmeckend empfunden wird. Offenbar erreichen die metaphysischen Verkürzungen der Sinnesphilosophie mit der Vorstellung der neuen Aisthetik, der Geschmack sei eine vorreflexive Wahrnehmung, die ihre Gegenstände lediglich in zwei Grund- und Gegensatzempfindungen (wohlschmeckend oder ekelerregend, Lust oder Unlust, genießbar oder ungenießbar) erfahre, einen aktuellen Höhepunkt. Man könnte sich über diese kulinarisch-ästhetische ›Geschmacklosigkeit‹ der Philosophen und der selbst ernannten ›Ästheten‹ unter ihnen, die sich gleichwohl – *trotz* ihrer Philosophie – in der Praxis auf kulinarisch gutes Essen als einer Lebenskunst verstehen mögen, mit der Gewissheit ihrer gesellschaftlichen Irrelevanz hinwegtrösten. Weil jedoch die aisthetische Geschmacksfrage einen nicht unbeträchtlichen Teilaspekt eines philosophischen Verständnisses des kulinarischen Geschmacksvermögens ausmacht, darf der folgenreiche Sachverhalt nicht unterschätzt werden, dass die Philosophen allenthalben einen ›Geschmack‹ denken, der in Wissenschaft und Gesellschaft Nachahmung findet.

Sinnliches als sinnloser Rohstoff?

Seit ihren Anfängen denkt die Philosophie die Sinne als eine Art ›Loch‹ oder ›Toröffnung‹, durch die der Geist, das menschliche Bewusstsein mit der äußeren Welt verkehrt. Im Zusammenspiel mit der skizzierten Sinneslehre hat sie eine bewusstseinsphilosophische (und kryptogastrosophische) Erkenntnistheorie entworfen, die suggeriert, dass das Sinnliche beim Wahrnehmen von außen als ›Rohstoff‹ aufgenommen würde – gleich so wie in der Küche die von außen gegebenen Zutaten, ›das Rohe‹, durch die kulinarische Verarbeitungsprozesse zu Gekochtem verfeinert wird. Entsprechend besteht die aisthetische Leistung der Sinneswerkzeuge in der Anlieferung von ›Rohsinnlichem‹, das dann nach innen dem Geist für seine Verarbeitung und Verfeinerung zu Erkenntnissen und Begriffen weitergeleitet wird. Gemäß des Subjekt-Objekt-Weltbildes der traditionellen Bewusstseinsphilosophie haben die Sinneswahrnehmungen die Funktion, lediglich das Eingangstor, eine Art Empfangsstelle, buchstäblich die ›Rezeption‹ im Sinne einer Warenannahme zu sein, über die sich der sinnproduzierende Geist – ein echter Küchengeist – mit dem nötigen Material und Zutaten versorgt. Die menschliche Sinnlichkeit oder die Rezeptivität der Sinnesorgane führt dem Verstand die Sinnendinge der Außenwelt als ›nackte‹, noch sinnlose Reizeindrücke, als das noch nicht gekochte, unbegriffene ›Rohe‹ zu. Aus den begriffs- bzw. erkenntnislosen Wahrnehmungen – Warenannahmen – stellt der Geist und kluge Koch anschließend begriffliche Erkenntnis her, indem er aus dem Sinnlosen verstehbaren Sinn, aus etwas Ungenießbarem etwas Genießbares, Sinnvolles und – wenn alles gut geht – auch Geschmackvolles kreiert. Die alte Erkenntnistheorie denkt den Geist und seine Verstandestätigkeiten wie eine Küche und deren Künste.

Zwar würden wir ohne ›Nahrungszufuhr‹, ohne die Aufnahme von Stoffen nicht überleben, ebenso wenig wie wir ohne sinnliche Rezeptivität erfahrungsgesättigte Welterkenntnisse produzieren könnten. Aber als bloßer Rohstofflieferant für das anschließende Tafelvergnügen verstanden, bleiben die Sinneswahrnehmungen zwangsläufig ein ›unteres Erkenntnisvermögen‹ wie die Küche historisch lange Zeit in die Unteretage oder in ein verborgenes Hinterzimmer verbannt wurde: Dieses einseitige, ausbeuterische, herrschaftliche oder kurz – und in erkenntnistheoretischer Terminologie: dieses empiristische Auftragsverhältnis zwischen den sinnlichen Dingen und ihrem geistigen Genuss bezeichnet die Kantische Vernunfttheorie als »transzendentale Ästhetik«. Entsprechend verteidigt der Rationalist Kant – im Gegensatz zum Gastrosophen Kant[13] – in seiner »Apologie für die Sinnlichkeit« die Wahrnehmung nur wegen ihrer empi-

13 | Zu Kant als einem unbekannten Gastrosophen siehe: Lemke, Ethik des Essens, 160-236

ristischen Bedeutung, für die eigentliche, rein geistige Erkenntnisproduktion als natürliche und rohsinnliche Ressource unentbehrlich zu sein und nicht etwa als eine eigenständige Erkenntnisform, als eine *sinnliche Erkenntnis,* die jedem ästhetischen Geschmacksurteil als einem Erkenntnisurteil und jeder kulinarischen Praxis als einem Vernunftvermögen zugrunde liegt.

3.2. Von der Philosophie zur Physiologie des Geschmacks

Als der französische Gastrosoph Jean Anthelme Brillat-Savarin im Jahre 1825 seine *Physiologie des Geschmacks* vorlegt, ist sein Bestreben, das menschliche Vermögen zur »Feinschmeckerei« nicht nur als Sinneswahrnehmung, sondern als Erkenntnisvermögen von der traditionellen Geringschätzung durch die Philosophie zu befreien und es zu einem würdigen Gegenstand des wissenschaftlichen Denkens zu machen. Ausgehend von seiner eigenen Studie äußert sich Brillat-Savarin tief überzeugt vom zukünftigen Fortschritt eines *physiologischen* Verständnisses des Geschmackssinns durch die moderne Naturwissenschaft (die zu seiner Zeit entsteht). So prophezeit der Aufklärer: »Unsere Nachkommen werden mehr über diese Gegenstände wissen, denn die Chemie wird ihnen ohne Zweifel die Ursachen oder die Grundelemente der Geschmäcke enthüllen.«[14] Wirft man einen Blick auf die heute verfügbare Menge an naturwissenschaftlichen Studien zum Geschmack, hat es tatsächlich den Anschein, dass Brillat-Savarins Glauben an den Fortschritt der naturwissenschaftlichen Erkenntnis durch die moderne molekularbiologische Sinnesphysiologie nachträgliche Berechtigung erfährt. Dieser Anschein hält jedoch einer genaueren Prüfung kaum stand.

Selbst zu Beginn des 21. Jahrhunderts räumen die naturwissenschaftlichen Wahrnehmungsforscher ein, dass weiterhin viele Fragen der Funktionsweise und Anatomie des Geschmacks ungeklärt sind.[15] »In mancherlei Hinsicht«, bemerkt beispielsweise der amerikanische Neurophysiologe Mark Friedman, »sind die chemischen Sinne die Stiefkinder in der Sinnesphysiologie. Das rührt daher, dass das, was den Reiz ausmacht, in seinen Grundzügen noch immer unbekannt ist. Anders gesagt: Wir wissen wenig darüber, welche Eigenschaften der verschiedenen chemischen Substanzen den Code für die unterschiedlichen Geschmacksqualitäten oder Gerüche darstellen. Wir können Geschmacksnoten künstlich erzeugen, etwa mit bestimmten Wirkstoffen den Geschmack ›süß‹ blockieren oder aber extrem süße Stoffmischungen herstellen (hochwirksame Süßstoffe) – dennoch wissen wir nicht, wie diese Stoffe wirken. Bisher konnte der chemische Code nicht geknackt werden, und es wird wohl auch noch eine Weile dauern: bis wir nämlich wissen, wie in der Rezeptorzelle chemische in biologische Informationen übersetzt werden.«[16] Doch trotz dieser ebenso selbstkritischen wie realistischen Einschätzungen *der Grenzen* eines rein naturwissenschaftlichen Geschmacksbegriffs, auf deren genauen Gründe gleich einzugehen sein wird, kündigt Friedman – ähnlich euphorisch wie

14 | Brillat-Savarin, Physiologie des Geschmacks, 15

15 | Jägel, Zur Geschichte der Anatomie und Physiologie des Geschmackssinns

16 | Friedman, Die Sinne des Geschmacks und ihre Bedeutungen, 26f.

vor nahezu zweihundert Jahren Brillat-Savarin – große Fortschritte für die absehbare Zukunft an: »Wir können in den nächsten Jahren hinsichtlich der Grundlagen der chemischen Sinne bedeutende Entdeckungen erwarten.« (Ebd.) Man ist geneigt, in diesem naturwissenschaftlichen Fortschrittsglauben angesichts des eingestandenen Stillstandes eines physiologischen Verständnisses des Geschmackssinns seit Brillat-Savarin einen unbelehrbaren Wissensdrang des Forschers zu vermuten. Friedman verhehlt aber keineswegs die wahren Gründe seines futuristischen Optimismus, den er mit der profitablen Perspektive der Erforschung der chemoästhetischen Sinne erklärt: »In diesem Zusammenhang wird sich unser Verständnis der Aromawahrnehmungen vertiefen, was wiederum zu Innovationen auf dem Markt führen könnte. Da stehen neue Aromakreationen zu erwarten, und auch die Möglichkeiten, Aromen zu verändern oder zu imitieren, werden sich gegenüber dem heutigen Stand gewaltig erweitern.« (Ebd., 33) Der ohnehin allseits bekannte und vielfach kritisierte Sachverhalt, dass sich die Geltung naturwissenschaftlicher Erkenntnisse allzu oft nicht der Einsicht in die Wahrheit der Dinge, sondern sich ihrer ökonomischen Verwertbarkeit verdankt und die künstliche Produzierbarkeit von Geschmäckern und Aromen ein profitabler Faktor der Manipulation ist, braucht hier nicht weiter vertieft zu werden.[17] Im Kontext einer gastrosophischen Ästhetik des Geschmacks wird stattdessen der Frage nachzugehen sein, ob ein physiologisches Verständnis des Geschmacksurteils wirklich einen *erkenntnismäßigen* Fortschritt gegenüber der traditionellen Sinnesphilosophie bietet. Vielleicht lässt sich, mit anderen Worten, gerade anhand des Geschmackssinns die häufig vorgetragene und sowohl wissenschaftstheoretisch wie gesellschaftlich folgenreiche Behauptung verifizieren, dass naturwissenschaftliche Erkenntnisse mit philosophischen Spekulationen beispielsweise mit der metaphysischen Hierarchie der Sinne aufräumen? Wir werden sehen, dass dem nicht so ist.

Naturwissenschaftlicher Geschmacksbegriff

Für die moderne Neurophysiologie und Molekularbiologie sind die eigentlichen Geschmacksorgane des Menschen die Schmeck- und Riechzellen in Mund und Nase. Das heißt, wenn vom ›Geschmack‹ die Rede ist, dann beinhaltet dies je schon das sinnliche Zusammenspiel eines Schmeckens und Riechens im Mund. Damit nähert sich die naturwissenschaftliche Sinnesphysiologie ein Stück weit der *Synästhetik des Geschmacks* und damit einem *gastrosophischen* Geschmacksbegriff, der neben dem Schmecken und Riechen auch das Sehen, Hören und Tasten umfasst und beinhaltet. Die Physiologie bezeichnet den Sachverhalt, dass die gustatorischen Sinneszel-

17 | Davies, Aroma-Perspektiven; Pollmer et al., Vorsicht Geschmack; Epping, Geheime Rezepte; Grimm, Die Suppe lügt; Eurotoques, Zurück zum Geschmack!

len durch die physische Nähe des Wahrgenommenen ›affiziert‹ werden, als *Kontaktchemorezeption.*[18] Damit entsteht folgendes Szenario: An der oberen Nasenetage auf einer Fläche von nur zehn Quadratzentimetern befinden sich an die zehn bis dreißig Millionen reizempfindliche Riechzellen. Diese sind mit vielen unterschiedlichen *Rezeptoren* bestückt, an die in der Nasenhöhle umher treibende Geruchsmoleküle und Aromastoffe ›andocken‹ können. Da Aromen flüchtige Verbindungen sind, die in den Substanzen des Essens stecken, trägt das Zerbeißen und Zerkauen derselben zur erforderlichen Freisetzung der Aromen aus dem Substrat bei. Die so freigesetzten Verbindungen gelangen dann an die nasalen Sensorzellen. Aktiviert werden nur solche Riechzellen, deren Rezeptoren zu einem Geruchsmolekül besonders gut ›passen‹. Ihre Fortsätze bündeln sich und ziehen als Riechfäden durch die knöcherne Siebbeinplatte in das Schädelinnere. Im Gehirn entsteht, so die neurophysiologische Theorie, eine Art *Fingerabdruck* der Aromamoleküle: der ›Geruch‹ bzw. der ›Geschmack‹ des Wahrgenommenen.[19]

Im Mundraum befinden sich die Schmeckzellen auf der Schleimhaut von Zunge, weichem Gaumen und Kehldeckel. Beim Erwachsenen konzentriert sich die Geschmacksempfindung fast ausschließlich auf die Zungenoberfläche. Die Zungenschleimhaut ist mit sichtbaren kleinen Noppen, so genannten *Papillen,* ausgestattet. Unter diesen Geschmackspapillen werden verschiedene Typen unterschieden, die unregelmäßig verteilt auf der Zungenoberfläche liegen. Gleichmäßig über die ganze Zunge verteilt sind nur Pilzpapillen, die mit zwei- bis vierhundert die zahlenmäßig größte Gruppe der Geschmackssinneszellen bilden. Die Pilzpapillen werden ergänzt durch Blätterpapillen, Wallpapillen und Fadenpapillen, entsprechend ihrer lokalen Verortung. In den Wänden und Gräben der Papillen finde, gemäß dem verbreiteten Lehrbuchwissen zum naturwissenschaftlichen Geschmacksbegriff, die sinnliche Wahrnehmung in Form der besagten Kontaktchemorezeption durch winzigste *Geschmacksknospen* statt. Die Forschung geht heute von zwei- bis fünftausend solcher über den Mundraum verstreuten Geschmacksknospen aus, die sich bei Erwachsenen alle zehn bis vierzehn Tage erneuern. Der wissenschaftliche Fortschritt im Verständnis des physiologischen Funktionierens des Geschmackssinns wird vor allem mit der ›Entdeckung‹ bestimmter *Reizzonen* auf der Zunge verbunden, die unterschiedlich empfindlich für vier Wahrnehmungen seien. Als vollständiges Bild der zeitgenössischen Physiologie des Geschmacks ergibt sich dann: »›Süß‹ schmeckt angenehm nährend, die Sensoren liegen an der Zungenspitze, und die Empfindung wird durch hoch kalorische Kohlenhydrate ausgelöst. Das Gegenteil ›bitter‹ hat sein Geschmackszentrum im hinteren Zungenbereich ebenso wie ›sauer‹, und die mineralische

18 | Hatt, Botschaften der Zunge, 229

19 | Finger et al., The Neurobiology of Taste and Smell

Würze ›salzig‹ wird von den Sensoren seitlich vorn auf der Zunge wahrgenommen.«[20] Indessen stellen jüngste Forschungsergebnisse diese Topologie der Geschmackszonen in Frage und gehen stattdessen davon aus, dass die Zunge zwar an der Spitze, am Rand und im Hintergrund geschmacksempfindlicher ist als in der Mitte, aber die Sensibilität für alle vier Grundqualitäten an jeder Lokalisation nahezu gleich sei.[21] Auch die geläufige Annahme von *vier Grundwahrnehmungen* (süß, sauer, salzig, bitter) wird in vielen Beiträgen nicht mehr als unumstößliche Wahrheit tradiert. Ein Paradigmenwechsel scheint durch den von japanischen Ernährungswissenschaftlern entdeckten umami-Geschmack notwendig geworden zu sein[22], der als ein weiterer, sinnesphysiologisch nachweislicher, spezifischer Geschmacksstoff von den menschlichen Geschmacksknospen rezipiert wird – und dessen Molekularstruktur, eine Aminosäure-Substanz, von der Nahrungsindustrie durch den künstlichen Geschmacksverstärker Natriumglutamat auch mit viel Erfolg imitiert wird. Der amerikanische Neurophysiologe Friedman schlägt vor, den umami-Geschmack mit ›würzig‹ zu umschreiben.[23] Man geht also zunehmend nicht mehr von einem Spektrum mit nur vier, sondern mit ganzen fünf Geschmackswahrnehmungen aus. Dann gilt gemäß der naturwissenschaftlichen Sinnesphysiologie: Alles Essen schmeckt *süß, sauer, salzig, bitter oder würzig* und ansonsten schmeckt es nach *nichts* – wenigsten nach nichts geschmackssinnlich Wahrnehmbarem.

Oder doch? Folgen wir dem Stand der Forschung noch einen Schritt weiter, um dies zu klären. Es wird gesagt, dass sich die Poren der Geschmacksrezeptorzellen in den Geschmacksknospen der Zungenpupillen befinden. Jeweils etwa fünfzig Sinneszellen sind gruppenweise in einer Knospe gebündelt, die ihrerseits mit Nervenzellen verschaltet ist. Jede Geschmacksknospe besitzt etwa fünfzig bis hundertfünfzig *Mikrovilli*-Rezeptorzellen, die die Moleküle der freigesetzten Substanzen aufnehmen. Diese mikrophysische Rezeption der Geschmacksstoffe durch die Geschmacksrezeptorzellen wird von der Sinnesphysiologie *gustatorische Transduktion* genannt.[24] Die Physiologie des Geschmacks weiß einiges über die molekularen Prozesse dieser gustatorischen Transduktion. Spezifische Rezeptorstoffe (Proteine) nehmen den Sinneseindruck ›wahr‹. Für diese Wahrnehmung sind die Rezeptorproteine direkt oder indirekt an porenformende Proteine, so genannte Ionenkanäle, gekoppelt. Deshalb führt der Kontakt eines Geschmackseindrucks mit der Zunge dazu, dass sich in der Zellmembran der Rezeptoren Kanäle öffnen, durch die Ionen, d.h. elektrisch

20 | Raap, Geschmack, 190; Teuteberg, Prolegomena, 104

21 | Hatt, Botschaften der Zunge, 232

22 | Ishige, The History and Culture of Japanese Food, 223f.

23 | Vgl., Friedman, Die Sinne des Geschmacks und ihre Bedeutung, 26

24 | Glendinning et al., Taste Transduction and Molekular Biology

geladene Teilchen (etwa alle positiv geladenen wie Natrium-, Kalium- oder Calcium-Ionen) in die Zelle oder aus der Zelle strömen können. Dadurch verändert sich das *Potential* einer Sinneszelle, das normalerweise negativ ist. Die Größe der Potentialänderung spiegelt die Reizkonzentration wider: Hohe Reizkonzentrationen rufen eine sehr starke Änderung dieses Potentials, geringe Reizkonzentrationen entsprechend keine Änderungen hervor. Die geschmackliche Wahrnehmung *sauer* braucht Protonen, die direkt einen spezifischen Kaliumkanal blockieren können. Für *Salzgeschmack* gibt es einen speziellen Ionenkanal, der ständig geöffnet ist und durch den die ein- und zweiwertigen Kationen eines Salzes (z.B. Natrium oder Calcium) in die Zelle einströmen können und dadurch die Zelle affizieren. *Süß-* und *Bittergeschmack* werden durch einen komplexeren Mechanismus ausgelöst. Es existieren spezialisierte Rezeptorproteine, die an eine intrazelluläre Signalkaskade gekoppelt sind, an deren Ende die Beeinflussung von Ionenkanälen steht. Dieser Weg beinhaltet die Möglichkeit einer intensiven Signalverstärkung, denn ein einziges Süß- oder Bittermolekül kann einen Rezeptor aktivieren, dieser aber Tausende von intrazellulären Botenstoffen freisetzen und damit auch Tausende von Ionenkanälen öffnen. Eine Rezeption positiv geladener Ionen in die Zelle führt zur *Zelldepolarisation*. Diese Information, die besagte ›Potentialänderung‹ der Geschmackssinneszellen, wird dann an einer chemischen Synapse auf die Gehirnnerven übertragen, die diese wiederum an das Gehirn weiterleiten und dort schließlich als geschmackliche Wahrnehmung ›dies ist bitter‹ zu Bewusstsein kommen.

Brechen wir, an diesem Endpunkt des Wahrnehmungsprozesses angekommen, das Porträt der naturwissenschaftlichen Theorie des Geschmacks ab. Welche Erkenntnisse bietet sie? Trotz ihrer ausgeklügelten Wahrheiten, ihrer diversen Benennungen und Einsichten in die einzelnen Schritte der ›gustatorischen Transduktion‹ entzieht sich bis heute der genaue Wahrnehmungsvorgang, also die ›Umcodierung‹ der physischen Sinnesdinge in ›elektrische Informationen‹, die sich an den Geschmacksporen auf der Zunge ereignet, einer naturwissenschaftlichen Erklärung. »Es ist weiterhin ein ungelöstes Rätsel der Physiologie, dass der Reiz für eine Geschmackswahrnehmung sich nicht abbilden lässt auf die Reize für die Erregung der beteiligten Chemorezeptoren.«[25] Die moderne Sinnestheorie vermag kaum etwas darüber auszusagen, ob der Geschmackseindruck ›süß‹ von einer in den Kuchen hineingearbeiteten Trockenfrucht oder von einem Stück Zucker herrührt oder ob dieser Kuchen bloß für *meinen* Geschmack zu süß geraten ist. Das sind gastrosophische Fragen des Geschmacks und einer ästhetischen Geschmacksreflexion, die von einer physiologischen Wahrnehmungstheorie durch die rätselhaften Mechanismen einer ›gustatorischen Transduktion‹ und so genannter ›gustofazialer Reflexe‹ ignoriert werden. Kaum verwunderlich, dass sachkundige Kritiker daher zu beden-

25 | Mayer, Empfindung und Erkenntnis, 203

ken geben: »Geschmack und Geruch sind mysteriöse Sinne geblieben, ganz im Gegensatz zu einem annähernd vollständigen Verständnis anderer Sinne.«[26]

Indessen scheint die zeitgenössische Sinnesphysiologie elementare Einsichten der empiristischen Wahrnehmungstheorie des griechischen Philosophen Epikur bloß zu variieren. Seine Theorie geht von der feinstofflichen oder, griechisch gesprochen, der *atomaren* Beschaffenheit des sinnlich Wahrgenommenen aus, das die Geschmacksempfindung bewirkt. Epikur denken die Wahrnehmung so, dass von den Dingen ein ununterbrochener Strom feinster Stoffe oder Atome oder, wie man heute sagt, Moleküle und Ionen etc. abfließen und nach langer mysteriöser Reise und wechselhafter Überfahrt schließlich irgendwo im Gehirn landen. So fließt zwischen Leib und Dingen nach der Passung der Poren ein ständiger Strom des Gleichen zum Gleichen. Aristoteles findet die Tatsache, dass jede Wahrnehmung mittels einer Berührung der Sinne durch die Sinnesdinge zustande kommt, nur deshalb »höchst seltsam«[27], weil durch diese atomistische oder physiologische Erklärung selbstverständlich alle Sinne – also auch die edlen Fernsinne des Sehens und Hörens – als Derivate und Varianten des primitiven Nahsinns des Schmeckens oder Riechens aufzufassen sind. Der Philosoph und Poet Lukrez, ein Vertreter der epikureischen Aisthetik, erklärt den Sachverhalt, wieso man Saures, Bitteres, Süßes, Würziges, Scharfes, Herbes schmeckt und ölige, scharfe, ziehende, flüchtige, stechende Gerüche empfindet, durch die Existenz von entsprechenden eckigen, glatten, kugeligen, runden, krummen, spitzen, gebogenen Atomen und Atomverbindungen. Mit anderen Worten: Schon in der antiken Philosophie der Atomisten wird die Sinneswahrnehmung auf die Rezeption von molekularen Strukturen und Gebilden zurückgeführt, die für eine gustatorische Transduktion zwischen Außending und Sinnesorgan sorgen. Allerdings denkt die philosophische Geschmackstheorie der Epikureer nicht an die Möglichkeit von bloß vier oder fünf, sondern von im Prinzip *endlos vielen* Geschmackserfahrungen und der damit verbundenen Lustfülle. Alles, schreibt Lukrez, »das sanft die Sinne bezaubert, kann nur aus Urkörpern einer bestimmten Glätte bestehen. Umgekehrt wird das als rau und lästig Empfundene immer auch als Gebilde aus rauen Urkörpern aufgedeckt werden. Einige Atome gelten mit vollem Recht nicht als glatte, auch nicht als gekrümmte, mit hakigen Spitzen gespickte, zeigen vielmehr nur mäßig vorstehende Ecken. Mit diesen können sie eher kitzeln die Sinne als grob sie verletzen.«[28] Was bereits von der epikureischen Wahrnehmungslehre vertreten wurde, findet sich in der Biochemie unserer Tage naturwissenschaftlich erklärt wieder: Man geht davon aus, dass ›lange,

26 | Korsmeyer, Making Sense of Taste, 74

27 | Aristoteles, Über die Seele, 404b13ff

28 | Lukrez, De rerum natura, II 422-425

scharf-kantige Moleküle‹ als Bittergeschmack wahrgenommen werden, süße Geschmacksstoffe eher ›glatte Moleküle‹ aufweisen und so weiter.[29] Trotz dieser Annäherung an die materialistische Erkenntnistheorie der Epikureer seitens der modernen Molekularbiochemiker besteht doch eine fundamentale Differenz zwischen ihnen. Epikur erweitert seine physiologische Wahrnehmungstheorie durch einen gastrosophischen Hedonismus, der den *Sinn für Geschmack* als das Resultat und Glück einer kulinarischen Lebenskunst begreift. Dadurch wird eine physiologische Aisthetik des Geschmacks als Sinneswahrnehmung in eine kulinarische Ästhetik des *guten Geschmacks* – als eines durch ethische, lebenskünstlerische Praxis gut auszubildenden Erkenntnisvermögens wohlschmeckenden Essens – integriert und so im Ansatz ein gastrosophischer Geschmacksbegriff entwickelt. Diesen entscheidenden Schritt geht die zeitgenössische naturwissenschaftliche Theorie des Geschmacks nicht. Sie bleibt beim Physiologismus der gustofazialen Reflexe stehen: Während für den hedonistischen Epikureer nichts besser die Höhe der Verfeinerung repräsentiert als die verschiedenen Geschmäcker eines feinen Mahls, sind für den Biologen die molekularen Mechanismen, die dem Geschmack zugrunde liegen, das Wesentliche.

Der sinnessphysiologischen Weisheit letzter Schluss bleibt jener alt hergebrachte Irrglaube der traditionellen philosophischen Ästhetik, der zufolge der Geschmack der Wahrnehmungssinn mit dem geringsten Differenzierungsvermögen und unter den Sinnen der »primitivste« (ebd.) sei. In einer einflussreichen Studie heißt es lapidar: »Geschmack ist der ›arme Bezug‹ in der Familie der Sinne. Er ist darin arm, nur eine beschränkte Menge an Qualitäten der Gesamtheit der menschlichen Erfahrung beizusteuern.«[30] Sogar Naturwissenschafter, die sich selbst als ›Verteidiger des Geschmacks‹ verstehen, gelangen zu dem immer gleichen, deprimierenden Ergebnis einer physiologischen Sichtweise und ihrer erkenntnistheoretischen Bedingungen: »Der einfachste Test, um den Geschmacksanteil eines wohlschmeckenden Gerichts oder eines guten Weins zu erkennen, besteht darin, die Nase zuzuhalten – was an sensorischen Empfindungen übrig bleibt, wird durch den Geschmackssinn hervorgerufen. Er beschränkt sich auf die vier Grundqualitäten salzig, sauer, bitter und süß. Damit lassen sich natürlich nicht die Feinheiten einer guten Küche und eines edlen Weins wahrnehmen. Der Geschmackssinn ist ein recht grobes Sinnesinstrument, mit dem sich zwar eine saure Gurke von einer süßen Banane unterscheiden lässt, der aber nicht den nuancierten Essgenuss eines Feinschmeckers erlauben würde.«[31] – Was ist mit einer Theorie des Geschmacks anzufangen, welche die geschmackliche Wahrnehmung *bewusst behindert*, indem sie zu einem Schmecken bei zugehaltener Nase

29 | McLaughlin/Margolskee, The sense of taste, 538

30 | Geldard, The Human Senses, in Korsmeyer, Making Sense of Taste, 75

31 | Hatt, Botschaften der Zunge, 229

zwingt, um dann festzustellen, dass der Geschmackssinn ein grobes Sinnesinstrument sei, weil er offenbar die Feinheiten einer guten Küche auf vier oder bestenfalls fünf Grundqualitäten reduziert? Würde man nicht von einem wissenschaftlichen Geschmacksbegriff erwarten, dass er gerade die lebensweltliche Funktionsweise und realen Erkenntnisleistungen desjenigen Geschmacksvermögens erklärt, das den nuancierten Essgenuss eines Feinschmeckers *ermöglicht*? Anbetracht dieser programmatischen Defizite und Unerklärlichkeiten des naturwissenschaftlichen Physiologismus tritt die unterschätzte Wirkung der alten Philosophie und deren antihedonistischen Ästhetik zutage, die für eine bemerkenswerte (aber zu wenig bemerkte) Kontinuität zwischen ihrer metaphysischen Sinneshierarchie und dem naturwissenschaftlichen Verständnis des Geschmacks als einem ›niedrigen‹ Erkenntnisvermögen sorgt: Heute wird die von der philosophischen Wahrnehmungstheorie postulierte Primitivität des Geschmackssinns durch die Sinnesphysiologie ›bewiesen‹. Indessen scheint es aber eher so, dass der Physiologismus des Geschmackssinns die rationalistische Anthropologie der Philosophen *bloß fortsetzt* und *naturwissenschaftlich rationalisiert* – »verkleidet in der Glaubwürdigkeit von empirischen Studien«[32].

Aisthetik des Geschmacks

Ein erster Schritt zu einer gastrosophischen Aisthetik des Geschmacks besteht darin, das Wahrgenommene nicht auf das Abstraktum eines ›sinnlich Gegebenen‹ zu reduzieren oder mit einem ›Sinnesreiz‹ gleichzusetzen. Hegel bringt dieses reduktionistische und ungastrosophische Geschmacksverständnis treffend auf den Punkt, wenn er meint, dass der Geschmack nur »mit dem Materiellen als solchem und den unmittelbar sinnlichen Qualitäten desselben« beschäftigt sei. Daher können es, so Hegel weiter, dieser Sinn »nicht mit den Gegenständen der Kunst zu tun haben«, weil »das Sinnliche im Kunstwerk ausschließlich mit dem Ideellen des Gedankens« verbunden sei.[33] Freilich verhält es sich in der Sache komplett anders: Der Gegenstand des kulinarischen Geschmacks ist weder etwas Materielles als solches noch sind seine sinnlichen Qualitäten unmittelbar gegeben. Vielmehr hat dieser Sinn eine Kunst zum Gegenstand – nämlich die Kochkunst (bzw. die Landbaukunst), d.h. ihr Gegenstand ist ein kulinarisch (agrarisch) *erzeugtes Produkt*. Wenn ›das Sinnliche‹ in einem erzeugten Produkt wie einem Kunstwerk ausschließlich ›mit dem Ideellen des Gedankens‹ verbunden ist, wie Hegel in diesem Punkt ganz richtig sieht, dann gilt dies gerade für die Geschmackssache: Das geschmacklich Wahrgenommene ist stets ein Kunstwerk, dessen Hervorbringung nicht ohne

32 | Korsmeyer, Making Sense of Taste, 74

33 | Hegel, Ästhetik I, 61

Begleitung von tausenderlei Gedanken und Kenntnissen zustande kommt. Allen kulinarischen Werken, allen zum Genuss produzierten Dingen, die wir essen, liegt ein geschmackssinnliches Denken zugrunde, das um die Essbarkeit und Schmackhaftigkeit der hergestellten Speisen weiß und dieses Wissen in sein Werk setzt.

Eine lange Geistesgeschichte hat uns an die skurrile Vorstellung gewöhnt, dass wir ›unmittelbare Materialqualitäten‹, ›sinnlich Gegebenes‹ und ›Reize‹ schmecken würden – so als ob wir beim Sehen nur die Spektralfarben sehen würden. Doch ebenso selbstverständlich wie wir mit unseren Augen die bunte Welt der Dinge erfassen, besteht auch die Welt, mit der unserer Geschmack zu tun hat, aus solchen Dingen und Phänomenen wie Äpfeln und Möhren, Kiwis aus Neuseeland, Bio-Schokolade, Süßrahm-Butter, dampfendes Gemüse, probiotische Joghurts, tiefgefrorene Fischstäbchen und lokales Bier mit Salzgebäck. Der ›Gegenstand‹ und das ›Sinnending‹ des Geschmacks sind die unzähligen und mannigfaltigen Erscheinungsformen von Essbarem, von Geschmäckern und Geschmackssachen, von kulinarischen (und agrarischen) Kunstwerken. Jean Anthelme Brillat-Savarin hatte sich einem gastrosophischen Geschmacksverständnis angenähert, als er gegenüber dem Physiologismus von bloß vier Geschmackswahrnehmungen einwendete: »Die Geschmäcke sind unzählig.«[34] Allerdings führt es wiederum in einen ähnlich ›vierschrötigen‹ Atomismus, wenn er dann diese Unzähligkeit »auf unendliche Reihen einfacher Geschmäcke« (ebd.) zurückführt. Denn auch die Rede von einfachen Geschmäckern legt eine falsche Abstraktion der realen Gegenstände der geschmacklichen Wahrnehmung nahe. Es sind nicht ›einfache Geschmäcker‹, sondern *rostrote Weintrauben, krosse Pommes frites, dampfendes Rocheford-Soufflé*, ein *Pastinaken-Kartoffel-Auflauf* und die unendliche Reihe *solcher Geschmäcker*, um die es einer Theorie des Geschmacks gehen sollte. Dann wird auch klar, dass es so viele Geschmäcker gibt, wie es Begriffe gibt, die diese benennen können. Im Prinzip sind tatsächlich unzählige Geschmacksbegriffe denkbar, die nur durch die Grenzen einer Sprache und der individuellen oder kollektiven Kenntnisse (Begriffe) eingeschränkt, aber ebenso ›in unendlicher Reihe‹ möglich werden. Schmecken bedeutet in diesem Sinne, irgendetwas als dieses so-und-so zu identifizieren. Darum heißt ›etwas wahrzunehmen‹ auch, es als ein bestimmtes, gewusstes, wahres Etwas wahrzunehmen und es gleichzeitig als dieses (so-und-so) zu erkennen, zu verstehen, zu wissen. Deshalb sind *Sinneswahrnehmungen* per se *Erkenntnisprozesse* und deshalb *ist* der Geschmack als Sinnestätigkeit der Geschmack des jeweils Wahrgenommenen, sofern der Wahrnehmende *einen Sinn dafür* hat, ein Verstehen, Wissen, Kenntnisse davon hat: Dies müsste der Grundgedanke einer philosophischen Aisthetik des Geschmackssinns sein, welche die Verkürzungen sowohl der

34 | Brillat-Savarin, Physiologie des Geschmacks, 14

traditionellen Metaphysik und deren Sinnestheorie als auch der naturwissenschaftlichen Sinnesphysiologie umgeht, um sich der phänomenalen Welt des Essens zu öffnen.

Typische Fragen der geschmacklichen Wahrnehmung sind daher: Ist diese Avocado reif? Ist dieses Gericht eine Suppe aus pürierten Möhren oder aus Kürbis? Passt dazu Schmand oder eher Blauschimmel-Käse? Schmeckt die Schokolade mit einem höheren Schokobutteranteil besser als die mit geringerem? Was ist von der Kombination von Mousse au Chocolate mit Chili-Aroma zu halten? Warum sollten hart kochende Kartoffeln für Kartoffelsalat nicht so geeignet sein wie mehlig kochende? Ist das Gelee zu wabbelig? Fühlt sich das Fritierte so knusprig an, wie man es sich wünscht? Wenn nicht, was wäre zu tun? Sind die Krabben aus indischer Aquakultur? Sind ›dies‹ Paprikaschoten aus kontrolliert biologischem Anbau? Und so weiter. Schon diese kleine Liste macht deutlich: Die Frage des Geschmacks darauf zu reduzieren, ob es sich dabei um einen gustatorischen Reiz der Zungenpapillen, um sinnlich Gegebenes etc., ob es süß oder salzig, bitter oder sauer schmeckt, verlangt nichts weniger als das Wesentliche, das kulinarische Ding an sich, zu *verkennen*. Die kurze Liste alltagsweltliche Geschmacksfragen lässt hingegen erkennen, dass eine Theorie des Geschmacks nicht nur mit dem Genuss von bereits fertig zubereiteten Dingen zu tun hat. Zwar legt das herkömmliche Bild vom Feinschmecker die Vorstellung nahe, der Wahrnehmende, das Subjekt des Geschmacks sei jemand, der Kochkunst bloß rezipiert und Speisen wahr- bzw. ›zu sich nimmt‹, die ihm irgendwie – ja wie eigentlich? – ›gegeben‹ sind, d.h. von Anderen zubereitet und serviert werden. Doch der Schmeckende ist nicht nur das genießende Selbst, der Essende. Auch der Kochende und Einkaufende gebraucht seinen Geschmackssinn, ist ein schmeckender Mensch.

Weit stärker als bei der genießenden Geschmackswahrnehmung wird geschmackliche Urteilskraft bei der Essenszubereitung aktiviert und ausgebildet (und bei der Essensbesorgung als Verstandestätigkeit benötigt und eingesetzt). Während der Genießende – der Feinschmecker im herkömmlichen Verstand – sinnlich gegebene Geschmackssachen bloß beurteilt, indem er das Vorgegebene nur noch ›nachschmeckt‹, dringt das kulinarisch tätige, kochende Selbst – der neue Feinschmecker oder Gastrosoph – in komplexere Regionen der Geschmackswelten und ihrer Begriffe vor: Der Selbstkochende *schafft Geschmäcker*. Und selbstverständlich wird, einmal abgesehen von Berufsköchen, jeder, der kocht (und dafür einkauft), am Ende sein Werk auch genießen. An der geschmacklichen Wahrnehmungstätigkeit des kulinarisch tätigen Selbst wird erkennbar, dass der Geschmackssinn nicht in einer primitiven Rezeptivität und affizierten Passivität, sondern allenthalben durch Kreativität und spontaner Aktivität funktioniert – die eben all diejenigen praktizieren und kultivieren, die kulinarisch tätig sind. Begreift man das Kochen als eine Form des Schmeckens, weil dabei Geschmäcker ausgewählt, verändert und kreiert werden, tritt eine weitere Komponente eines gastrosophischen Geschmacksverständnisses hervor: Der Koch hat bereits eine Geschmacksidee im Sinn noch vor jeder Wahrnehmung (Perzeption). Sein Gegenstand ist mitunter nicht in sinnlicher Nähe, sondern in imaginärer Ferne, weil der Geschmackssinn auch die gedankliche, wissensmäßige Vorwegnahme (Antizipation) des Schmeckens beinhaltet. Der imaginäre und phantasievolle Geschmack liegt der kulinarischen Kreativität zugrunde und geht insofern weit über die unmittelbare Wahrnehmung von sinnlich gegebenen Geschmackssachen hinaus. Außerdem weitet sich das Ideelle des Geschmacks noch über das Kochen und Genießen hinaus auf den Einkauf aus: Auch das Einkaufen ist ein Schmecken, ein Vorgeschmack. Im vorschmeckenden Einkauf zeigt sich vielleicht am deutlichsten, dass der angeblich primitive Geschmackssinn weltumspannende Realitäten und Kausalitäten umfasst und auf Wissen und viel Kenntnissen basiert, die eine differenzierte Auswahl erforderlich machen. Das vorschmeckende Auswählen von Nahrungsmitteln beweist in einem zwar weniger komplexen Maße als beim kreativen Kochen, aber besser einsehbar als beim gewöhnlichen Genießen, dass der Geschmack – anders als die gängige Theorie meint – schlechterdings ein *theoretischer Sinn* ist, der von Erkenntnis und begrifflichem Wissen lebt.

Spricht man gastrosophisch vom Geschmack (als dem Sinn für kulinarische Dinge) ist dabei an jenes, oft implizite und mehr oder weniger ausgebildete Alltagswissen zu denken, das einen dazu befähigt, bestimmte Dinge als Lachs oder Hering, Vollkornschwarzbrot, Mangos, Kapern, regionalem Feldsalat etc. *wahrzunehmen*. Der *Geschmack*, als Sachkenntnis und Urteilskraft im Bereich von Nahrungsmitteln und Gerichten, umfasst das (meistens diffuse) *Wissen* über deren Herkunft und Herstellungsweise und begründet die Wahl des jeweiligen Essens. Das Ausmaß dieses Wissens kann extrem unterschiedlich sein. Und zweifelsohne geht es einer gastrosophischen Ästhetik darum, dass jeder Mensch über ein möglichst großes Wissen verfügt und in diesem Sinne einen *guten Geschmack* ausbildet. Doch unabhängig von der Frage und der Schwierigkeit, ob sich ein solcher guter Geschmack allgemeingültig bestimmen lässt (oder bestimmen lassen muss), ist ein ganz anderer, grundlegender Sachverhalt hervorzuheben. Die Tatsache nämlich, dass die geschmackliche Wahrnehmung auf recht komplexem Wissen und detailreichen Sachkenntnissen, gewissermaßen auf einer eigenen, essthetischen Wissenschaft beruht, die solche weit reichenden Lebensvollzüge wie das Einkaufen, das Kochen und das Tafelvergnügen ermöglichen. Dies widerlegt nicht nur die geläufige Vorstellung vom Geschmack als einem niedrigen Sinn. Darüber hinaus ergibt sich, dass ein *gastrosophisches* Geschmacksverständnis einen Weg bietet, den sachlichen Zusammenhang zwischen *Essen und Wissen begrifflich* zu erfassen. Denn die Einsicht, dass Schmecken auf Wissen basiert, führt zu der Schlussfolgerung, dass eine Geschmackstheorie, welche den gängigen

Verkennungen sowohl einer metaphysischen Philosophie der Sinne als auch einer naturwissenschaftlichen Physiologie der Sinne enträt, nicht als eine Aisthetik der Sinneswahrnehmung durchgeführt werden kann. Stattdessen ist eine Theorie des kulinarischen Geschmacks als eine *Ästhetik* zu formulieren, die das Essen, also die Dinge des Schmeckens, in den Kontext einer *Lebenskunst* stellt. Aus dieser Perspektive wird begreiflich, dass der gesellschaftlich und individuell ausgebildete *Sinn für Geschmack* den Menschen allererst jene ›sinnliche‹ Wahrnehmungsfähigkeit verleiht, ohne die sie nicht wüssten, was sie schmecken – ohne die das Geschmeckte sinnlos wäre.

3.3. Geschmack als Lebensstil

Eine bis heute verbreitete Redensweise spricht vom ›Geschmack‹, nicht um die Sinneswahrnehmung und ein Sinnesorgan zu bezeichnen, sondern um eine Lebensweise zu umschreiben, die ein bestimmtes Wertesystem ausdrückt. Die Wortbedeutung dieses *metaphorischen* Geschmacksbegriffs beginnt mit der Formierung der bürgerlichen Gesellschaft der Moderne seit dem 17. Jahrhundert. Diese Entwicklung spiegelt sich ideengeschichtlich wieder unter anderem in Balthasar Gracians Lehre vom *bon gusto*, Christian Thomasius' Theorie eines *gesitteten Geschmacks* und schließlich in Kants *Geschmacksästhetik*, die seitdem diese Sprachregelung rechtfertigt und sowohl den Diskurs der philosophischen Ästhetik als auch den allgemeinen Sprachgebrauch beherrscht.[35] Hier braucht der allmählichen Popularisierung der Rede vom Geschmack nicht im Einzelnen nachgegangen werden.[36] Die Vergegenwärtigung genügt, dass der *ästhetische Geschmacksbegriff* gewöhnlich keinerlei Bezug zum kulinarischen Geschmack hat. So sagt man, jemand ›habe Geschmack‹ und meint damit, dass sich diese Person auf eine bestimmte Weise kleidet, oder dass sie sich mit Kunst, mit ›Schönem‹ beschäftigt und über ›geistreiche Dinge‹ sachkundig urteilt, oder dass sie sich auf eine ›stilvolle‹ Weise einzurichten weiß, und so weiter. In der Blütezeit des Bürgertums hatte sich ein sehr detailliertes Ideal des ›guten Geschmacks‹ herausgebildet, das den ›bürgerlichen Lebensstil‹ diktierte und die Alltagsästhetik der herrschenden Klasse von der Lebensweise der sozialen Unterschichten (als ›proletarisch‹ bzw. ›unästhetisch‹) abgrenzte – und gleichzeitig zu deren normativen Richtmaß erhob. Der französische Kulturtheoretiker Pierre Bourdieu hat in einer umfangreichen Studie den sozialen Distinktions- und Herrschaftscharakter des bürgerlichen »Klassengeschmacks« für das Nachkriegs-Frankreich analysiert und damit die historische Relativität dessen Geltung enthüllt.[37] Ein kultursoziologischer Blick auf die Gegenwart lehrt, dass an die Stelle des gesellschaftlichen Ideals eines im modern-bürgerlichen Sinne ›guten Geschmacks‹ inzwischen eine postmoderne Beliebigkeit von Lebensstilen und Geschmäckern getreten ist.[38] Doch trotz dieser Diskontinuität des gesellschaftlichen Geschmacks existiert eine in unserem Kontext bemerkenswerte Kontinuität im Gebrauch des Geschmacksbegriffs: Bis heute werden Dinge des Lebensstils – der Lebenskunst, der Alltagsästhetik – mit der Kategorie *Geschmack* umschrieben und bis heute wird dabei *nicht* an den kulinarischen Geschmack, nicht an die Praxis des Essens als (möglicher) Le-

35 | Ferry, Der Mensch als Ästhet

36 | Lemke, Ethik des Essens, 349ff.

37 | Bourdieu, Die feinen Unterschiede

38 | Schulze, Die Erlebnisgesellschaft; Fichtner, Tellergericht: Die Deutschen und das Essen

benskunst und als (mögliches) ästhetisches Urteilsvermögen gedacht. So kommt es, dass die Beurteilung des ›Geschmacks‹ einer Zeit oder einer Person immer noch selten mit dem kulinarischen Lebensstil und der fraglichen Ästhetik ihrer Küche in Verbindung gebracht wird.

Während Bourdieu den Geschmacksbegriff auch explizit auf die kulinarische Lebenskunst bezog und anhand des Geschmacks des Essens (bzw. des individuellen oder kollektiven Ernährungsstils) die soziale Position und kulturelle Identität der betreffenden Person oder Bevölkerungsschicht rekonstruierte, gehört die Frage, wie sich jemand ernährt, was er isst, welche Küche er lebt, gemeinhin nicht selbstverständlich zum Indiz seines ›ästhetischen Geschmacks‹. Die populäre Wertschätzung, die beispielsweise der Kunst als einer Sache des gesellschaftlichen Geschmacks entgegengebracht wird, bleibt der kulinarischen Lebensweise verwehrt, obschon sich – wie bereits deutlich wurde – in diesen Dingen seit einiger Zeit einiges tut. Doch es scheint in weiter Ferne zu liegen, wenn es überhaupt jemals dazu kommen sollte, dass Kochen und Esskultur als gesellschaftlich angesehene und wertgeschätzte Ausdrucksformen der ›Hochkultur‹ gelten. Das sieht man schon daran, dass die staatliche Kulturförderung Museen, Konzerten, Theaterhäusern und den damit verbundenen Künsten zu Gute kommt, von einer vergleichbaren Förderung der Esskunst jedoch nicht die Rede sein kann. Die beschränkte, ungastrosophische Vorstellung von Kultur (im Sinne von ›Hochkultur‹ und ihren Ausdrucksformen des ›gesellschaftlichen Geschmacks‹), die sich in dieser Politik niederschlägt, dominiert auch die Lehre und Forschung an Hochschulen und anderen Bildungseinrichtungen. Schon an der Tatsache, dass jede ernsthafte, theoretische Beschäftigung mit dem Essen als unwissenschaftliche Neigung belächelt wird und vom Kanon der etablierten Wissensformen ausgeschlossen ist, lässt sich ermessen, wie weit entfernt der kulinarische Geschmack bzw. der ganze Themenkomplex des Essens, seiner Erzeugung, Bereitstellung, Beschaffung, Zubereitung und Verspeisung von der ihm gebührenden, gastrosophischen Anerkennung und gesellschaftlicher Selbstverständlichkeit liegt. Zwar werden in diversen Forschungsfeldern und Wissenschaften einzelne Teilaspekte des Nahrungsgeschehens behandelt. Aber eine gastrosophische Wissenschaft vom Essen, die alle essistenziellen Weltbezüge berücksichtigt und die bislang untereinander unverknüpften Fragmente der Sache zu einem Ganzen verbindet und vernetzt, steckt noch in ihren Anfängen.[39] Freilich ist die Konsolidierung einer solchen Wissenschaft vom Essen, zu der auch die vorliegende Ästhetik einen Beitrag leisten soll, dringend erforderlich, um dem kulinarischen Geschmack als kultureller Leistung und Lebenskunst die nötige Wertschätzung und gesellschaftliche Anerkennung zu verschaffen. Ein tragender Grundgedanke lautet diesbezüglich: Eine Kunst des Essens steht in ihrer Komplexität ebenso wie in ihrer Bedeutung

39 | Lemke, Gastrosophische Aspekte der Kulinaristik

für die Gesellschaft anderen Künsten in nichts nach. Stärker sogar als in der Kunst und im Kunstgeschmack bildet sich Kultur, hier verstanden als allgemeine gesellschaftliche Lebensweise, in der Küche und im kulinarischen Geschmack ab. Denn diejenigen, die keine Künstler sind und die Beschäftigung mit Kunst, ihrer Produktion wie Rezeption, nicht zu den wichtigen Dingen ihres Lebens zählen – und das ist ja die Mehrheit der Menschen –, können auch ohne diesen ›Geschmack‹ (an der Kunst) auskommen. Anders aber verhält es sich mit dem kulinarischen Geschmack. Egal was wir tun und lassen, diese Geschmacksfragen kann uns keiner abnehmen: Weil alle sich tagtäglich zu den kulinarischen Dingen verhalten müssen, zeigt jeder, *welchen Geschmack* er hat und lebt – und welchen nicht.

Die verbreitete Auffassung, ›dass sich über Geschmack nicht streiten lässt‹ – *de gustibus non est disputandum* –, weil jeder einen anderen habe, bestätigt zunächst die lebenspraktische Bedeutung des Geschmacks als Ausdrucksform und Indikator der eigenen Lebensweise. Mithin unterstützt sie die Kritik an einem physiologischen Geschmacksverständnis. Denn wenn es stimmen sollte, dass jeder Mensch einen eigenen Geschmack hat, dann ist der Glaube an nur vier oder fünf Grundgeschmäckern unsinnig, weil er verkennt, dass es so viele Geschmäcker und subjektive Erfahrungen jener Grundgeschmäcker gibt, wie es Menschen gibt. Mit der Vorstellung vom geschmäcklerischen Subjektivismus verbindet sich indessen auch die Behauptung, dass Geschmackssachen wegen ihrer Relativität kein Gegenstand allgemein verbindlicher Bewertungen seien. Denn, wenn jeder einen anderen Geschmack hat, dann kann es keinen, von Allen geteilten, richtigen oder falschen, guten oder schlechten Geschmack geben. Demnach wäre der eigene Gusto frei von normativen Geboten, moralischer Verantwortung und sachlicher Begründung: Über Geschmack und erst recht über kulinarischen Geschmack lasse sich nun einmal nicht streiten. Den Gemeinplatz, dass ›jeder einen eigenen Geschmack‹ habe, konsequent zu Ende gedacht, führt zu der unplausiblen Schlussfolgerung, dass es demnach überhaupt keinen allgemeinen und nicht-subjektiven Geschmack geben kann und jene subjektiv-allgemeine Wahrheit oder Intersubjektivität eines ästhetischen Geschmacksurteils, die sich der Vernunfttheoretiker Kant als erster klarmachte (siehe unten), eine ›Schnapsidee‹ sei. Das Erstaunliche an dem gut gepflegten und gerne bemühten Topos vom Relativismus des subjektiven Geschmacks ist seine leicht durchschaute Unwahrheit: Leben nicht ganze Industriezweige von der dauerhaften Einhelligkeit des Geschmacksurteils unter Millionen von Menschen – ihrem gemeinsamen Wohlgefallen an McDonalds' Speiseangebot – um hier nur das schlagkräftigste und unwahrscheinlichste Beispiel unter vielen andern anzuführen? Jede Mensa und Kantine, jeder noch intakte Familientisch, jedes Festessen und alle anderen Formen von Gemeinschaftsmählern und Mahlgemeinschaften belegen den *Gemeinsinn*, den intersubjektiven Konsens des kulinarischen Geschmacks und widerlegen zugleich die geläufige Behauptung, jeder habe einen anderen und nur seinen eigenen subjektiven Geschmack.

Lediglich in einem Punkt trifft der Relativismus des kulinarischen Geschmacks tatsächlich zu: Es mag sein, dass Ihnen Kapern und erst recht Kapern mit in Butter gedünsteten Kohlrabistiften schmecken, aber mir weder das eine noch das andere – vielleicht, weil mir von Kapern unwohl wird. Eine *physische Unverträglichkeit* und eine *geschmäcklerische Vorliebe* gegenüber diesem oder jenem sind zweifelsohne triftige Gründe und Beweise für einen Subjektivismus und die Ideosynkrasie des Geschmacks. Doch diese Fälle schließen nicht den für eine gastrosophische Ästhetik entscheidenden Sachverhalt aus, dass Sie und ich den Geschmack an einem anderen Gericht, beispielsweise an gekochten Salzkartoffeln mit gedünsteten Karotten und Petersilie teilen, und gegebenenfalls – nämlich unter der Voraussetzung, dass wir über dererlei Dinge miteinander reden und zu philosophieren wissen – darin *übereinkommen könnten*, dass dieses Kartoffel-Karotten-Gericht nicht sonderlich ›gut‹ schmeckt, wegen der mehligen und versalzenen Kartoffeln, wegen der, in diesem Fall unzweckmäßig, in dicke Scheiben geschnittenen und der folglich nicht weich genug gekochten und zumal geschmacklosen Möhren und darüber hinaus wegen der unnötig welken Petersiliespuren. Entscheidend ist: Um die Frage, ob uns der Geschmack dieses kulinarischen Werkes (wie jedes anderen Essens) ›gut gefällt‹, müssen wir in einen praktischen Diskurs treten und können unser Tischgespräch dazu nutzen, um über diese ›Geschmacksfrage zu disputieren‹ – wer redet von Streit? Über Geschmack ist nicht zu streiten, sondern ein sachkundiger Disput zu führen. Damit sind wir an dem Punkt angelangt, die für die gastrosophische Ästhetik entscheidenden zwei Grundhaltungen gegenüber dem Kulinarischen und mithin gegenüber dem Essen als Lebenspraxis erörtern zu können: dem ästhetischen und dem nicht-ästhetischen Geschmack. (Um begrifflich zu markieren, dass es bei ihrer Charakterisierung nicht um ästhetische Fragen im Sinne der Kunst und des Kunstgeschmacks geht, bezeichne ich den kulinarisch-ästhetischen auch als *essthetischen* Geschmack, mit der entsprechenden Abgrenzung zum nicht-essthetischen Geschmack.)

Essthetischer und nicht-essthetischer Geschmack

Um sich den Gegensatz zwischen einem essthetischen und einem nicht-essthetischen Geschmacksurteil klar zu machen, kann die in der philosophischen Ästhetik bis heute gebräuchlichste Systematik, die von Kant, herangezogen werden. Gleichzeitig lässt sich zeigen, dass der Kantischen Theorie des ästhetischen Geschmacks tatsächlich gastrosophisches Gedankengut zugrunde liegt und insofern bei ihm der systematische Gebrauch des Geschmacksbegriffs – im Unterschied zu den vielen Philosophen, die sich auf seine Ästhetik berufen – eine gewisse sachliche Berechtigung hat.[40] Die sachliche Bestimmung des ›Geschmacks‹, d.h. des Ästhetischen aus dem Kulinarischen, spricht Kant deutlich an: »Jedermann sagt«, so Kant, »Hunger ist der beste Koch«, um diesem Gemeinplatz im nächsten Schritt entgegenzuhalten: »Mithin beweist ein solches Wohlgefallen keine Wahl nach Geschmack.«[41] Kant bekräftigt diesen Gegensatz an anderer Stelle: »Der Hunger aber und die Befriedigung desselben (die Sättigung) ist ganz was anders als der Geschmack.«[42] Dementsprechend zeigt sich eine nicht-ästhetische Haltung gegenüber dem Essen darin, dass das *angenehme Gefühl des Sattseins* das einzige oder zumindest das vorrangige Kriterium für ›gutes Essen‹ und für den eigenen ›Sinn für Kulinarisches‹ abgibt. Im Gegensatz zu dieser nicht-essthetischen Haltung besagt Kants berühmte Formel des vom Sättigungsbedürfnis »freien« und »interessenlosen Wohlgefallens«: Eine ästhetische Einstellung legen alleine diejenigen an den Tag, welche das Essen danach beurteilen, ob und wie es schmeckt, statt sich dafür zu interessieren, ob es ordentlich abfüllt. Ästheten bestimmen den Sinn fürs Kulinarische nicht über das funktionelle Interesse an der Sättigung, sondern »rein« über die Lust an seinem guten Geschmack. Die programmatische Gegenüberstellung von einer rein ästhetischen und einer nicht-ästhetischen Haltung, die sich aus Kants Systematik für eine Philosophie des kulinarischen (des essthetischen und nicht-essthetischen) Geschmacks gewinnen lässt, kann indessen nicht ohne Korrekturen übernommen werden. Denn die kantianische Prämisse, dass wir zur Ermöglichungsbedingung einer ästhetischen Einstellung zum Essen gar kein Interesse daran haben dürfen, ob es sättigt, sondern es »rein« danach beurteilen (sollen), ob es geschmacklich gut gefällt und insofern ein schönes Essen ist, geht über sein Ziel hinaus. Dass die kulinarische Ästhetik auf die Kosten der Sättigung geht, mag vielleicht im Kontext der wegen ihrer kleinen Portionen berühmt-berüchtigten Nouvelle Cuisine stimmen. Doch in der *Alltagspraxis*, also bezogen auf eine gute Alltagsküche, überstrapaziert ein derartiger Essthetizismus die Idee und den Reiz an einer ästhetischen Haltung zum Essen. Denn es tut dem Sinn für kulinarisch Gutes keinen Abbruch, wenn zur Ästhetik des Essens auch gehört, dass es sättigt und neben dem geschmacklichen Wohlgefallen auch dem leiblichen Wohl schmeichelt. (Und sei es nur, wie bei der japanischen und chinesischen Ästhetik des Essens, durch eine List der gastrosophischen Vernunft, die dafür sorgt, dass nach einem schönen Mahl, das wegen seiner kleinen Rationen das Hungergefühl nicht zu vertreiben vermag, zu guter Letzt ›Reis satt‹, also Füllendes, aber geschmacklich Fades gereicht wird.) Mit anderen Worten: Der essthetische Geschmack muss nicht, wie es bei Kant der Fall ist, in

40 | Dazu ausführlich: Lemke, Ethik des Essens, 204-217

41 | Kant, Kritik der Urteilskraft (§ 5), 47

42 | Kant, Anthropologie in pragmatischer Hinsicht (§ 25), 467

einem kategorischen Widerspruch zu unseren leiblich-sinnlichen Interessen stehen.

Auch in einem anderen Punkt ist Kants Ästhetik zu korrigieren. Denn einen nicht-ästhetischen Geschmack fürs Essen zeigt nicht nur derjenige, der es lediglich unter Aspekten eines nutritiven Funktionalismus wahrnimmt: Im Prinzip ist hier jede Haltung, die ohne Bezug auf Wohlgeschmack als *primärem* (obgleich keineswegs ausschließlichem) Kriterium auskommt, nicht ästhetisch. Eine solche nicht-essthetische Haltung liegt dem Geschmack kulinarischer Traditionen und Gewohnheiten zugrunde (etwas schmeckt gut, weil man es so gewohnt ist) oder Geschmacksmoden (etwas wird goutiert, weil Viele es möge) oder diätetische Ernährungslehren (man wählt eine bestimmte Diät, weil sie gesund sein soll) oder religiöse Vorschriften (man isst und lässt sich nur das schmecken, was einem der jeweiligen Glauben gebietet). In jedem Fall überlagert sich das Ästhetische untrennbar von außerästhetischen Wertorientierungen und lässt sich folglich nicht auf eine solche kategorische Weise davon »rein« halten, wie Kants Bestimmungen des ästhetischen Geschmacks als einem von jeglichen außerästhetischen Welt- und Selbstbezüge »freien« Wohlgefallen suggerieren.[43] So ist seine Formel vom interessenlosen Wohlgefallen als dem Grundzug einer ästhetischen Haltung dahingehend zu korrigieren, dass sie normative und mithin politische und moralische Kriterien nicht unberücksichtigt lassen muss. Ähnlich wie wohlschmeckendes Essen auch sättigen kann, so braucht eine philosophische Ästhetik auch die politischen und moralischen Aspekte des Geschmacks (des Nahrungsgeschehens im Ganzen) nicht ausblenden, bloß damit das Kulinarische *ästhetisch* beurteilt werden kann. Dass hingegen ein geschmacksästhetisches Wohlgefallen nur im notwendigen Zusammenspiel mit einer Politik und Moral des kulinarischen Geschmacks möglich ist, gehört zu den gesellschaftlich weit reichenden Implikationen einer gastrosophischen Ästhetik, die sie auch anhand der zeitgenössischen Eat Art und Feinschmeckerei, wie wir sahen, zeigen kann.

Seit Kant gilt es jedoch in der philosophischen Ästhetik für ausgemacht, dass ein ästhetisches Geschmacksurteil weder mit Politik noch mit Moral zu tun haben dürfe. Stattdessen drücke es bloß eine Lust oder Unlust, ein gefühlsmäßiges Wohlgefallen oder Missfallen aus, was in keinerlei Zusammenhang mit sachlichem Wissen und (gegebenenfalls auch) gesellschaftskritischer Erkenntnis stehe. Während die Unplausibilität dieser Bestimmung im Kontext der zeitgenössischen Kunst unmittelbar auf der Hand liegt, trifft für die kulinarische Lebenskunst durchaus zu, dass ihr ästhetischer Genuss untrennbar mit einer gefühlsmäßigen Lust verbunden ist. Insofern hat auch in diesem Punkt eine gastrosophische Theorie des Geschmacks eine folgenreiche Korrektur an der herkömmlichen Ästhetik

43 | Kant, Kritik der Urteilskraft (§ 2), 41

vorzunehmen. In der kantianischen Denktradition beinhaltet die Definition, dass eine ästhetische Haltung eine Lust sei, die Vorstellung, dass das Geschmacksurteil alleine *deswegen* kein Erkenntnisurteil sein könne: weil gemäß der metaphysischen Prämissen dieser Denkungsart sich Lust und Erkenntnis wie Körper und Geist gegenseitig ausschlössen. Die Konsequenz ist offensichtlich und – jedenfalls bei Kant explizit – gewollt: Ein solches Lustmodell enttheoretisiert, entpolitisiert und entmoralisiert das Ästhetische. Dass jedoch für den angeblichen Gegensatz von ästhetischen Urteilen und Erkenntnisurteilen bzw. von einem auf Lust basierendem Geschmack und einem per se lustlosen Wissen nichts weiter spricht als der tief verinnerlichte Dualismus eines rationalistischen Weltbildes, ist Anlass genug für eine neue philosophische Ästhetik.[44] Im programmatischen Bezug aufs Essen kann diese Ästhetik – wie in den ersten beiden Stücken des vorliegenden Werkes – als eine Philosophie des Essens in der Kunst, der Eat Art, beziehungsweise des Kochens als ethisch-politischer Lebenskunst durchgeführt werden und darüber hinaus auch – wie hier – in Form einer Theorie des Geschmacks.

Zur gastrosophischen Ethik eines guten Geschmacks

Das entscheidende Kriterium für einen kulinarisch-ästhetischen Geschmack ist – *Wissen.* Ein Grunderfordernis für die Ausbildung und Verfeinerung eines essthetischen Geschmackssinns besteht deshalb in der fortgesetzten Aneignung entsprechender, gastrosophischer Kenntnisse und in der von Mahl zu Mahl – im buchstäblichen Sinne: aufgrund aller zubereiteten und genossenen Mahle realisierten – *allmählichen Verfeinerung* eines erfahrungsgesättigten Sachverstandes. In dieser essthetischen Wissensaneignung bekundet sich die *ethische* Entscheidung, sich mit den kulinarischen Geschmackssachen selbsttätig zu beschäftigen: Eine Ethik des guten Essens, des gastrosophisch tätigen Selbstseins liegt einer gelebten Ästhetik des kulinarischen Geschmacks zugrunde. Wer mit gutem Essen leben will und es als Praxis eines ethisch guten Lebens täglich kultiviert (alimentiert, produziert, goutiert, disputiert), wird auch das Essthetische (das Ästhetische eines kulinarisch guten Geschmacks) wertschätzen und die lebenskünstlerischen Angelegenheiten eines guten Geschmacks (der Dinge wie seiner Selbst) in den Rang eines ebenso an sich wertvollen wie gesellschaftlich wichtigen Tun-Wissens heben. In der Ausbildung und täglichen Kultivierung eines gastrosophischen Feinschmeckertums beim Einkaufen, Kochen und Genießen verwirklicht sich eine ethische Praxis, die das Essen zum Gegenstand der philosophischen Erkenntnis und einer gelebten Weisheit (sapientia) macht. Über Jahrhunderte hat der ungastrosophische Geist des Abendlandes einen unüberbrückbaren Gegensatz zwi-

44 | Lemke, Für eine nicht-ästhetische Philosophie der Kunst

schen Essen und Wissen, Küche und Philosophie, Ästhetik und Ethik konstruiert. Dies wurde, wie sich oben zeigte, von der traditionellen Hierarchie der menschlichen Sinne durch die metaphysisch-rationalistische Anthropologie des Geschmacks als eines niedrigen und vernunftwidrigen Sinns ohne Verstand ›begründet‹ und von der naturwissenschaftlichen Physiologie des Geschmacks nachträglich ›rationalisiert‹. Im Widerspruch zu diesen Denkgewohnheiten setzt eine philosophische Theorie des Kulinarischen, d.h. eine gastrosophische Annäherung an das Ästhetische, bei der Tatsache an, dass sich das ethische Streben nach der Weisheit eines guten Essens in einem essthetischen Geschmackssinn kundtut. Es wird begreiflich, dass ein ästhetischer Geschmack im kulinarischen Sinne ein wahrhaft *geschmackvolles Wissen* ist.

Man kann dann sagen: In dem nicht-essthetischen, schlechten Geschmack der gegenwärtigen Esskultur wirkt sich die Folge eines massiven Wissensverlusts aus. Abgesehen vom durchschnittlichen Wissensstand der Berufsköche verstehen die meisten Menschen bemerkenswert wenig vom Essen. »Es ist einfach unverständlich«, stellt der Gastrokritiker Jürgen Dollase fest, »wie sehr wir in diesem Sektor ein ganz normales Verhältnis zu Wissen und Verstehen vernachlässigt haben, wie wenige spezifisch kulinarische Probleme wir lösen können und wie wenige Zusammenhänge wir im kulinarischen Sektor begreifen.«[45] Auf Wiesen Kräuter zu erkennen, an Sträuchern Beeren zu finden oder im Waldboden seltene Pilze, muss nicht Botanikern vorbehalten sein. Die weltwirtschaftlichen Zusammenhänge zwischen dem Einsatz von ertragssteigender Gentechnologie zur Tierfutterproduktion in dem einen Teil der Erde und dem bedenkenlosen Konsum von billigen Fleischprodukten im anderen Teil der Erde sind dank solcher gastrosophischen Menschen wie Frances Lappé (siehe 2.1) durchschaut: Aber wer will davon etwas – wissen? Kennt man den Unterschied zwischen ›natürlichem‹ und ›naturidentischem‹ Geschmack? Oder die beste Saison für die von Kant so gerne gegessenen Pastinaken? Was in aller Welt, wird so mancher fragen, sind denn allein schon – Pastinaken? Und was macht man damit am Besten? Und woraus ist hinsichtlich ihrer Qualität und Herkunft zu achten? Nur im eigenen und sich seines Selbst ermächtigenden Willen zum gastrosophischen Wissen ›vermählt‹ sich die kulinarische Ästhetik mit der Ethik eines guten Welt-Essens.

Das Essen und das gastrosophische Wissen um seine zahlreichen Welt- und Selbstbezüge gehören heute nicht zur selbstverständlichen Allgemeinbildung. So kommt es, dass die Kenntnisse über die agrarische Erzeugung, die Lebensumstände der Nutztiere, die industrielle Verarbeitung, die Zubereitungsweisen und so weiter, die alle bei der Entstehung des Geschmacks oder Nicht-Geschmacks der Dinge mitwirken, aus dem Alltag verschwin-

45 | Dollase, Kulinarische Intelligenz, 13; This-Benckhard, Rätsel und Geheimnisse der Kochkunst

den und an Spezialisten allen voran den so genannten Food Designern, Flavouristen, Geschmacksmanipulatoren, Aromamachern, Molekularmagieren und anderen Gastrotechnologen und Diätfuturisten delegiert werden. Eine nicht-essthetische, sich selbst gastrosophisch entmündigende und entfremdete Haltung zum Essen kommt fürwahr mit wenig Wissen aus. Man kann den aktuellen Zustand des gesellschaftlich vorherrschenden Geschmacks schnell skizzieren: »Wer seine Körperfunktionen aufrechterhält, indem er den Tag mit einem probiotisch frisierten Trinkjoghurt beginnt, mittags ein belegtes Baguette beim Supermarktbäcker kauft, nachmittags einen aus Neuseeland eingeflogenen Apfel isst und sich abends eine Tiefkühlpizza in den Ofen schiebt, wird wohl oder übel überleben, ohne sonderlich viel über Essen und Ernährung lernen und wissen zu müssen.«[46] Um sich den Geschmack nicht verderben zu lassen, wächst in der schönen neuen Welt des Essens die gegenaufklärerische Neigung, gar nicht erst wissen zu wollen, ›was drin ist‹, wo es herkommt, wo es hingeht, wer es macht oder gemacht hat, was es mit einem macht. »Und all das Nichtwissen verfestigt sich nun zum großen, allgemeinen Unbehagen, zur Traurigkeit im Überfluss, zu Ratlosigkeit in der Vielfalt, Dekadenz im Reichtum.« (Ebd.) Angesichts des grassierenden Nichtwissens und eines zumeist nicht bewusst gemachten, allgemeinen Unbehagens in der Esskultur unserer Zeit muss der Wahlspruch einer gastrosophischen Aufklärung heute lauten: *Sapere aude*! Habe Mut, deinen eigenen Geschmack auszubilden, um dich aus der selbstverschuldeten Unmündigkeit zu befreien.

Essthetik der sinnlichen Erkenntnis

Der alten – freilich noch heute vielerorts tradierten – philosophischen Ästhetik geht es darum, in der Kunst eine Form der *sinnlichen Erkenntnis* zu sehen – mit gut gemeinter Absicht, aber letztlich zu ihrem Nachteil. Denn dies führt zwar dazu, eine andere, eben ästhetisch genannte Erkenntnisweise der Künstler gegenüber der (traditionellerweise als höherwertig angesehenen) rein theoretischen, *begrifflichen Erkenntnis* der Philosophen zu profilieren. Doch wird dieser (ungleiche und unfaire) Parallelhandel zu dem beträchtlichen Preis bezahlt, dass Kunst jede forschende Wissenschaftlichkeit und theoretische Reflexion abgesprochen und ausschließlich auf ›Sinnliches‹ und gefühlsmäßig erfasstes ›Schönes‹ verpflichtet wird. Immer noch wird an diesen Gegensatz zwischen der ästhetischen (als sinnlichen) Erkenntnis und der begrifflichen Erkenntnis geglaubt, um das Ästhetische einer verstandesmäßigen Rationalität unterzuordnen. Für Alexander Gottlieb Baumgarten, dem Begründer der modernen *Ästhetik* als einer *scientia cognitionis sensitivae*, steht fest, dass eine sinnliche Erkenntnis

46 | Fichtner, Tellergericht: Die Deutschen und das Essen, 22

den Status einer »inferioren Erkenntnis« hat.[47] Auch dieser unbegründeten, letztlich metaphysischen Hierarchie zwischen Verstand und Sinnlichkeit (in Fortsetzung der Hierarchie unter den menschlichen Sinnesvermögen) kündigt die gastrosophische Ästhetik ihre Gefolgschaft auf, indem sie den Wissenscharakter des kulinarisch-ästhetischen Geschmacksvermögens geltend macht. Mit weit größerer Berechtigung und mit weit größerem Gewinn als bezüglich der Kunst steht es an, den *kulinarischen Genuss* als eine im wahrsten Sinne *sinnliche Erkenntnis* zu würdigen. Wenn irgendwo eine gleichberechtigte Beziehung und ein unzertrennliches Zusammenspiel von Sinnlichkeit und Verstand existiert, dann zweifelsohne im essthetischen Geschmack. Zu dieser Vernunft war bereits Kant, der unbekannte Gastrosoph, vorgedrungen. Er hatte erkannt: »Es ist keine Lage, wo Sinnlichkeit und Verstand, in einem Genusse vereinigt, so lange fortgesetzt und so oft mit Wohlgefallen wiederholt werden können, – *als eine gute Mahlzeit in guter Gesellschaft.*«[48] Eine gastrosophische Theorie des Geschmacks versteht sich nicht zuletzt deshalb bewusst und programmatisch als eine *Ästhetik,* weil speziell die tafelgemeinschaftliche Beurteilung des Essens und der Genuss der kulinarischen Praxis auf einer sinnlichen Erkenntnis beruht. Die Besonderheit des essthetischen Sinns liegt darin, dass es sich bei ihm – trotz der Eigentümlichkeit seines Wissens und verstandesmäßigen Wesens – um keine kopflastige Leistung handelt, die sich ins bloß Kognitive einer ausschließlich theoretischen oder wissenschaftlichen Erkenntnistätigkeit vereinseitigt. Im Unterschied zur ›sinnlichen Erkenntnis‹ durch die Kunst (sowie sie eben trivialerweise ›von außen‹, durch die Sinne, wahrgenommen wird: was für jede Erkenntnisform und allen voran für die Bücher lesende Philosophie gilt) verbinden sich im Falle des kulinarischen Geschmacks komplexer Sachverstand und beurteilende Reflexion *wirklich* mit der Sinnlichkeit des Schmeckens, Riechens, Sehens, Fühlens und Hörens. Diese ästhetische Sinnlichkeit, die *Sinnlichkeit des kulinarischen Genusses,* gilt es abschließend bezüglich ihrer drei Erkenntniskräfte zu erörtern: der Synästhesie, der essthetischen Sinnesaktivität sowie des sinnlichen Erkenntnisprozesses des Mundens.

Vollmundige Synästhetik und aktivierte Sinnlichkeit

Sowohl in der gängigen philosophischen Sinnestheorie (Aisthetik) als auch in der naturwissenschaftlichen Sinnesphysiologie werden das Schmecken bzw. der Geschmack als einer und als niedrigster von fünf Sinnen behandelt und seine Funktion stets separat von den anderen Sinnsorganen gedacht. Erst eine solche Denkweise macht es überhaupt möglich, unter den

47 | Lemke, Zu einer nicht-ästhetischen Kunstphilosophie

48 | Kant, Anthropologie in pragmatischer Hinsicht (§ 64), 567 (Hervorh. H. L.)

separierten Sinnen eine Hierarchie zu konstruieren. Hingegen erfasst ein gastrosophisches Verständnis des Geschmacks das konstitutive Zusammenspiel aller Sinne beim Schmecken: Wir nehmen Essen sinnlich wahr, indem wir es gleichzeitig schmecken, riechen, sehen, hören und (im Mund) fühlen. Diese vollmundige Synästhesie ist eine genuin *ästhetische Sinnlichkeit*, eben die Sinnlichkeit des Essens, und darüber hinaus eine sinnliche Erfahrung, die jeder macht, ganz gleich, welche Haltung zum Kulinarischen ansonsten sein Verhalten bestimmen mag.

Sprichwörtlich weiß man: ›Das Auge isst mit.‹[49] Es erkennt die Formen und Farben der Dinge und ihre Präsentation. Ebenso unbestritten ist es, dass Essen gerochen wird und der Duft der Küche zur geschmacklichen Wahrnehmung gehört. Die Nase und der Geruchssinn leisten, physiologisch gesehen, sogar mehr für den Geschmackssinn als der Gaumen. Außerdem entstehen akustische Geräusche beim Kauen, beim Zerbeißen von Knusprigen, beim Knacken von Hartem etc. und erst recht beim Schmatzen, Schlürfen, Schnalzen, Zuzeln und anderen unbeliebten Tönen des Essens. Der Tastsinn, den der ältere Sprachgebrauch auch ›das Gefühl‹ nennt, wird gewöhnlich mit tastenden Händen und der fühlenden Haut in Verbindung gebracht, ohne dabei auch an den essenden Mund und die schmeckende Zunge zu denken. Doch zählen die Geschmackssinne Mund und Zunge zu den ganz wesentlichen ›Einbildungskräften‹ der Sinnlichkeit des kulinarischen Genusses. Auf äußerst komplexe Weise spielt die Zunge im Mundraum mit dem Wahrzunehmenden, dreht den Bissen ›ein bisschen‹ von einer Seite zur anderen, tastet mit ihrer sensiblen Haut die Dinge ab, streichelt sie mit ihren ›Knospen‹, zermalmt und ›atomisiert‹ das Zerkaute und vermischt (›synthetisiert‹) es mit Mundwasser, damit alle Komponenten und noch die kleinsten Bestandteile der zerlegten Speise wahrnehmbar werden.

Am Züngeln und Munden tritt das Aktive des geschmacklichen Wahrnehmens hervor. Anders als uns die herkömmliche Sinneslehre der Philosophen und Physiologen weismachen will, beweist die Synästhetik des Geschmacks, dass die sinnliche Wahrnehmung weniger durch Passivität und Rezeptivität gekennzeichnet ist als durch Sinnesaktivität. Der Geschmack wird nicht einfach durch das ihm Gegebene affiziert, sondern in einer aktiven Bezugnahme oder Intentionalität selbst tätig. Die geschmackliche Sinnestätigkeit spielt sich im Vollzug ihrer Synästhesie ab, so dass im realen Genuss die vollmundige Sinnlichkeit des Essens wie des Essenden als der erkenntnismäßigen Bewahrheitung des Geschmeckten und als das Selbstgewahren des Schmeckenden erfahren wird. Weil im kulinarischen Genuss menschliche Sinnlichkeit voll gelebt wird, ist er an sich erfreulich. Daher spricht man in diesem Zusammenhang ganz zu Recht von der *Gaumenfreude*, wenn man damit die Lust im Schmecken, Riechen, Sehen,

49 | Wierlacher, Was heißt, die Augen essen mit?

Fühlen und Hören des synästhetisch Genossenen meint. Freilich ist diese Freude am sinnlichen Selbstgenuss nicht identisch mit dem kulinarisch-ästhetischen Genuss, der sich am Essen als etwas Kunstvollem (einem geschmackvollen Werk) vergnügt. In der Unterscheidung der ›bloßen‹ Gaumenfreude zum *kulinarischen Vergnügen* kommt die gastrosophische Differenz zwischen einem essthetischen und einem nicht-essthetischen Sinn für Geschmack zum Tragen. Denn während die Gaumenfreude auch eine Lust darin empfinden kann, das Essen ohne Aufmerksamkeit ›herunterzuschlingen‹, verlangt die essthetische Wahrnehmungstätigkeit eine bewusste und selbstzweckliche Weise des Wahrnehmens, die von einer entsprechenden Wissbegierde und gastrosophischen Sachkenntnis begleitet ist. Der Schmeckende oder genauer: das Selbst eines essthetischen Genießens erfährt sich als ein Wesen, das sein leibliches Sensorium tätig sein lässt. Es wurde der Vorschlag gemacht, eine solche vollzugsorientierte Selbst-Bezüglichkeit des Wahrnehmenden als Muster für eine genuine »ästhetische Wahrnehmung« aufzufassen. So bezeichnet Martin Seel als ästhetische oder vollzugsorientierte Wahrnehmungen diejenigen, »bei denen die Wahrnehmungstätigkeit selbst zu einem primären Zweck der Wahrnehmung wird.«[50] Deshalb gehe es »im Vollzug der entsprechenden Wahrnehmungen [...] um den Vollzug dieser Wahrnehmungen selbst«. (Ebd.) Doch diese Erklärung bleibt eine leere Bestimmung. Denn dem Genießenden geht es nicht um die Wahrnehmungstätigkeit an sich, vielmehr ist das Wahrgenommene ihr Zweck: der Wohlgeschmack des Essens, aufgrund dessen der Wahrnehmende sich selbst als ein *gutes Essen genießendes Selbst* erfährt (das zugleich über gutes Essen etwas Gutes von der Welt erfährt). Dieses essthetische Selbst verwirklicht sich im bewussten Vollzug der so betätigten (Weltbezüge und) Sinne: diese Sinnesaktivität und Selbstkultivierung verwirklicht die *gastrosophische Sinnlichkeit des Menschen.* Der französische Philosoph Michel Serres umschreibt die lustvolle und vollmundige Sinnlichkeit der essthetischen Sinnestätigkeit poetisch, indem er den Geschmack als Kuss des Essens bezeichnet: »Der Geschmack ist ein Kuss, den der Mund sich selbst vermittels der schmackhaften Speise gibt. Mit einem Male erkennt er sich, wird sich seiner selbst bewusst.«[51]

Phänomenologie der sinnlichen Erkenntnis

Der Geschmackssinn weist im Unterschied zum visuellen Blick keine ›augenblickliche‹ Erkenntnis auf. Die sollte man von ihm auch nicht verlangen. Was für den Gesichtssinn *der Blick* ist, ist beim Geschmack *die Mahlzeit.* Die Mahlzeit buchstäblich verstanden als die sich über einen gewissen Zeitraum erstreckende Gesamtheit der Schmeckakte eines Mahls, eines

50 | Seel, Ästhetik und Aisthetik, 49

51 | Serres, Die fünf Sinne, 299

Mahlens. Will man den essthetischen Erkenntnisprozess in seiner Sinnlichkeit phänomenlogisch erfassen – d.h. abgesehen von der Epistemologie des diskursiven Geschmacksurteils, der gemeinsamen (mahlgemeinschaftlichen) Reflexion des Geschmacks –, ist die eigenzeitliche Ganzheit und Einheit eines Mahls von entscheidender Bedeutung und nicht der einzelne Bissen. Zur phänomenologischen Bestimmung der synästhetischen Einheit der geschmackssinnlichen Erkenntnis schlägt Brillat-Savarin ein Drei-Phasen-Modell der unmittelbaren, der vollkommenen und der reflektierten Wahrnehmung vor: »Die unmittelbare Geschmacksempfindung ist der erste Eindruck, der durch die Tätigkeit der Mundorgane entsteht, so lange der schmeckbare Körper sich noch auf der Vorderzunge befindet. Die vollkommene Geschmacksempfindung setzt sich aus dem ersten Eindruck und der folgenden Empfindung zusammen, welche entsteht, sobald das Nahrungsmittel in die Rachenhöhle gelangt ist und dem ganzen Organe seinen Geschmack und Geruch mitgeteilt hat. Die reflektierte Geschmacksempfindung endlich ist das Urteil, welches die Seele über die ihr vermittelten Empfindungen der Organe fällt.«[52] Eine ähnliche Strukturierung des geschmackssinnlichen Erkenntnisprozesses schlägt Korsmeyer (im Rekurs auf Roland Barthes) vor: Zu dessen Beschreibung bringe »Barthes ›bestimmte multiple und sukzessive Apprehensionen‹ vor: Eintritte, Wendungen, Überlagerungen [beim Schmecken]: Der Perspektive im Blick (dem Vergnügen des Panorama-Erlebnisses) korrespondiert die Sequenz im Geschmack.«[53] Entsprechend ist es die Reihenfolge solcher multiplen und sukzessiven Apprehensionen, die dem Schmecken und der geschmacklichen Wahrnehmung ihr eigenes sequenzielles Wesen und ihre eigensinnige Subtilität, Fülle und Tiefe verleiht. Diese Sinnlichkeit des mahlzeitlichen Erkenntnisprozesses versinnlicht das gastrosophische Wissen und die allgemeine Sachkenntnis in den Dingen eines guten Geschmacks.

Jürgen Dollases Theorie der »kulinarischen Intelligenz« ergänzt diese Ansätze zu einer gastrosophischen Phänomenologie der sinnlichen Erkenntnis durch einen weiteren Vorschlag. Er unterteilt den »Geschmacksverlauf« in vier Phasen.[54] Der Phase A, während der sich der Geschmack des in den Mund genommenen Bissens entwickelt. Erst in der dann folgenden Phase P ist der Geschmack als Wahrgenommenes vollständig präsent. In der dritten Phase D lässt die Wirkung bereits nach, während man das Geschmacksgut noch im Mund hält. Schließlich markiert die Phase S den Nachgeschmack (nach dem Herunterschlucken). Aus diesem Phasenmodell ergibt sich für die Beschreibung der synästhetischen Apperzeption des essthetischen Urteils, dass Nahrungsmittel und zubereitete Spei-

52 | Brillat-Savarin, Physiologie des Geschmacks, 17

53 | Korsmeyer, Making Sense of Taste, 82

54 | Dollase, Kulinarische Intelligenz, 71f

sekomponenten eine *je eigene Geschmackskurve* aufweisen. Dollase veranschaulicht dies am Beispiel des gleichzeitigen Genusses von einigen Pommes frites mit einem Stück Schweinefilet. Die Pommes frites entfalten in der ersten Phase wegen ihrer trockenen und heißen Krossheit sofort eine starke »spektakuläre Präsenz« (ebd.) und tun sich gegenüber dem Fleischgeschmack hervor. Ihre Wirkung lässt jedoch bereits in der zweiten Phase der Geschmacksentwicklung nach, während es sich beim Fleisch umgekehrt verhält. Das Fleisch muss erst eine gewisse Zeit gekaut werden, bis seine Konsistenz erfasst, seine Textur erfühlt und seine Aromen aufgeschlossen sind. Während der ›Pommes-frites‹-Effekt abfällt, steigt die ›Fleisch‹-Wahrnehmung, so dass sich für ihre Kombination gegenläufige, kontrapunktische Geschmackskurven ergeben. Aus dieser Detailbetrachtung lässt sich ein genereller Sachverhalt für die geschmackssinnlichen Erkenntnis ableiten: Wird ein aus mehreren Komponenten zusammengesetztes Mahl gegessen, entsteht eine äußerst komplexe Abfolge an distinkten Schmeckakten, aufschlussreichen Wechselwirkungen und hermeneutischen Horizontverschmelzungen. Es ergeben sich nicht nur Interferenzen zwischen den verschiedenen Schmeckakten und synästhetischen Ekstasen mit einer unbeschreiblichen Fülle an essthetisch erkennbaren Nuancen, darüber hinaus wird der sinnliche Erkenntnisprozess, im Falle eines gemeinsamen Mahls, auch durch die begleitende gemeinsame Geschmacksreflexion beeinflusst und gelenkt. So ergibt sich folgende mahlzeitliche Phänomenologie des ästhetischen Geschmacks: Provisorische (visuelle und olfaktorische) Auswahl und Aufnahme eines ersten Bissens: dem Vorschmecken; dann beginnt der erste Schmeckakt: das Probieren oder Anschmecken; es entsteht ein erstes vorläufiges Geschmacksurteil. Daraufhin folgt der zweite Durchgang. Es wird eine andere Speisekomponente probiert: immer noch provisorisch ausgewählt und angeschmeckt. Dieser Prozess wird fortgesetzt bis alle Speisekomponenten einmal probiert wurden und ein erster vorläufiger Gesamteindruck entsteht. Von da an wird die ganze Schmeckaktion von einem bewussten Hinschmecken geleitet und einer beurteilenden Reflexion begleitet. Dabei kann sich das Urteil unter dem Eindruck der synästhetischen Synthesen im Durchgang der einzelnen Schmeckakte ändern. Doch in jedem Fall erfordert die reflektierende Einheit der kulinarisch-ästhetischen Erkenntnis die Sinnestätigkeit des Schmeckens, Riechens, Hörens, Fühlens, Sehens. So erklärt sich das konstitutive Zusammenspiel des geistigen Vermögens und der menschlichen Sinnlichkeit in einer bewussten Betätigung der Sinne.

Das mithilfe einer gastrosophischen Theorie des Geschmacks begreifbare sinnliche Wesen des Verstandes oder der Vernunft ist auch etymologisch gut belegt: So weist der griechische Begriff für Vernunft, *nous,* eine sachliche Beziehung zu *schnuppern* und *schnüffeln* auf, weshalb Aristoteles aisthesis beiläufig auch als nous bezeichnet.[55] Mit anderen Worten: Wer sein Essen beschnüffelt, um dessen Geschmäcker zu erkunden, praktiziert ein im wahrsten Sinne vernünftiges Tun. Demgegenüber zeigt Antonius Anthus die reinste esskünstlerische Unvernunft, wenn er in seinen *Vorlesungen zur Esskunst* fordert, »jede Prüfung einer Speise durch direktes Beriechen mittels unzweideutiger Annäherung der Nase an den Gegenstand ist als unschicklich, roh, und Andere im höchsten Grade störend auf das Bestimmteste zu missbilligen«[56]. Vielleicht mag man in diesem unsinnlichen und gastrosophisch sinnwidrigen Gebot ein kleines Verbrechen an der essthetischen Menschheit erkennen, das hier berechtigten Anlass zu dem transkulturellen Plädoyer für eine gewisse ›Asiatisierung der westlichen Esspraktiken‹ bietet, so dass durchaus diese praktische Vernunft – das wissbegierige Beschnuppern des Essens – dereinst einmal zum guten Geschmack gehört. Ein Grund für die zunehmende Beliebtheit von so genanntem *Finger Food* ist zweifelsohne die erlaubte Sinnlichkeit des Essgenusses, die über Jahrhunderte hinweg im Namen ›zivilisierter Tischsitten‹ verboten war und jede Kunst eines vernünftigen Genießens verhindern half. Eine Aufklärung veralteter und unnötiger Benimmdisziplinierungen wie rigider Tischsitten zugunsten einer neuen Ästhetik des Geschmacks plädiert für ein ungeniertes Zupfen, Saugen, Zuzeln, Pulen, Bröseln, Dippen und dergleichen überall dort, wo und immer dann, wenn es für das freie Geschmacksurteil und kulinarische Vergnügen erforderlich scheint.[57] Die alten Griechen wussten noch, dass *Weisheit* (gr. *sophia*, lat. *sapientia*) von einem gut ausgebildeten Geschmack herrührt. Der feinsinnige Philologe Friedrich Nietzsche stellt die Zusammenhänge her: »Das griechische Wort, welches den Weisen bezeichnet [sophos], gehört etymologisch zu sapio ich schmecke, sapiens der Schmeckende, sysyphos der Mann des schärfsten Geschmacks; ein scharfes Herausmerken und -erkennen, ein bedeutendes Unterscheiden macht also, nach dem Bewusstsein des Volkes, die eigentümliche Kunst des Philosophen aus.«[58] Die unbezweifelbare Tatsache, dass der Geschmack als einem allen Menschen gleichermaßen gegebenen Vermögen von jedem zu einem philosophischen Sinn ausgebildet und verfeinert werden kann und folglich alle, die einen kulinarisch guten Geschmack haben (kultivieren), eben darin echte Weisheit der Lebenspraxis zeigen, revidiert die alte philosophische und ungastrosophische Ästhetik. Der gastrosophische Geschmacksbegriff nimmt der von Aristoteles, Kant, Hegel, Jonas und vielen Anderen vorgetragenen Behauptung, dass alleine ›das Auge der philosophische Sinn schlechthin‹ sei, einiges an Plausibilität. In der Weisheit eines guten Geschmacks jedenfalls verwirk-

55 | Aristoteles, Nikomachische Ethik 1143b5

56 | Anthus, Vorlesungen zur Esskunst, 192

57 | Bareiss, Wie ißt man das?

58 | Nietzsche, Die Philosophie im tragischen Zeitalter der Griechen, 1, 816

licht sich eine ästhetische Vernunft. Insofern bedeutet die fortgesetzte Praxis einer ästhetischen Esskultur, welcher die Ethik einer gastrosophischen Lebenskunst zugrunde liegt, sowohl die Ausbildung einer guten kulinarischen Urteilskraft als auch die Verfeinerung einer vernünftigen Sinnlichkeit.

Zur essthetischen Erziehung des Menschen

Hier entsteht eine Brücke zum ersten Teil dieses Buches. Denn wie dort anhand einschlägiger Positionen zur zeitgenössischen Eat Art aufbereitet wurde, lassen sich esskünstlerische Aktivitäten als kulturelle Interventionen verstehen, die den gesellschaftlich vorherrschenden und im gastrosophischen Sinne nicht-ästhetischen, schlechten Geschmack thematisieren. Einige eat-artistische Arbeiten und Aktionen bezwecken explizit eine *Ästhetisierung des kulinarischen Geschmacks*, indem sie durch eine spezifisch inszenierte Schulung des Geschmackssinns der zunehmend verkümmerten und verarmten Sinnlichkeit des Essens und dem Verlust seiner sinnlichen Erkenntnis entgegenzuwirken versuchen. Sie leisten unersetzbare ›Entwicklungshilfe‹ zur Belebung einer sinnlichen Selbsterfahrung der Menschen und zeichnen sich auch dadurch als emanzipatorische Kunstpraxis aus.[59] Schon in Marinettis Revolutionierung des kulinarischen Lebens sollen, um an dieser Stelle noch einmal auf die wegweisenden Anfänge der modernen Eat Art zurückzukommen (siehe 1.1.), alle Sinne mobilisiert werden. Dass sogar einfachste Hilfsmittel und Kunstgriffe eine lebenskünstlerische Ästhetisierung des Geschmacks ermöglichen, stellt Marinetti beispielsweise durch den Verzicht auf den Gebrauch von Messer und Gabel unter Beweis. Er schlägt vor, den allzu selbstverständlichen Einsatz dieser ebenso sinnenwidrigen wie unsinnlichen Essinstrumente zu unterlassen, »damit noch vor der Berührung durch die Lippen das Wohlgefallen der taktilen Berührung gewährt wird.«[60] Statt mit Metallstangen zu hantieren und das Essen auf ›sinnlose‹ Distanz zu bringen, können von Messer und Gabel befreite Hände und Finger – unter der Voraussetzung mundgerecht zubereiteter, verzehrfertiger Speisen – zu ästhetischen Medien werden. Denn mit Händen und Fingern zu essen heißt, schon beim An- und Hinschmecken den Körper der Dinge spüren, ihre skulpturalen Qualitäten, ihre Wärme und Kälte fühlen; heißt ihr harte, weiche, zarte, bröselige Konsistenzen und Texturen betasten und das zu berühren, was einen selbst berührt. Raffinierte Kreationen können ein Wunderwerk an Geschmäckern und geschmacklichen Variationen entstehen lassen, um essthetische Erfahrungen hervorzurufen, welche die normalen Geschmacksgewohnheiten in Frage stellen und für eine neue Sinnlichkeit öffnen. Die Esskünstler ak-

59 | Paetzold, Profile der Ästhetik, 219ff

60 | Marinetti/Fillia, Die futuristische Küche, 103

tivieren ein gustus aestheticus durch »die Kreation von simultanen und veränderlichen Bissen, die zehn, zwanzig verschiedene Geschmacksmomente enthalten und in wenigen Augenblicken gekostet werden können«. (Ebd., 30) Jedes Mahl, jeder Happen kann eine ähnliche Funktion der feinsinnigen Differenzierung entfalten, wie Bilder in der Literatur, Kompositionen in der Musik oder Choreographien im Tanz. Eine artistische Thematisierung des kulinarischen Geschmacks kann eine subtile Synästhesie aller Sinne bewirken, um durch das aktive Zusammenspiel des Sehens, Hörens, Fühlens, Riechens und Hörens die kulinarische Einbildungskraft zu inspirieren.

Mustergültig erfindet das von Marinetti und seine Künstlerkollegen inszenierte *Essen für den Tastsinn* eine ganze Propädeutik der Geschmackserfahrung, um über den Kunstgenuss neue Wahrnehmungsfähigkeiten zu aktivieren und das Geschmacksvermögen der Gäste durch eine sensibilisierte Sinnlichkeit zu reanimieren: Bei der besagten Aktion (ebd., 149f.) wird jedem eingeladenen Gast ein Pyjama zur Verfügung gesteht. Jeder Pyjama ist mit verschiedenen, zum Berühren bestimmten Stoffen wie Schwämme, Korken, Glaspapier, Filze, Aluminiumplatten, Bürsten, eiserne Besen, Pappen, Samt und Seide oder dergleichen bestückt. Ein paar Minuten vor dem Essen muss jeder Gast einen der Pyjamas anziehen. Dann werden alle in einen großen dunklen Saal ohne Möbel geführt: Ohne etwas zu sehen, müssen die Gäste nach der Inspiration ihres Tastsinns schnell den eigenen Tischgenossen auswählen. Nachdem die Wahl getroffen ist, werden sie in das Speisezimmer geführt, das mit vielen kleinen Tischen für zwei Personen ausgestattet ist: Man staunt über den eigenen Tischgenossen, der einem durch die Sensibilität der Finger gegenüber den betastbaren Stoffen zugeteilt wurde. Dann wird nach der folgenden Speisekarte serviert: 1) *Polyrhythmischer Salat*: Die Kellner gehen auf die Tische zu und bringen jedem Gast eine Schachtel mit einer Kurbel in der linken Wand, während ein kleines Porzellangefäß zur Hälfte in die rechte Wand eingefügt ist. In dem Gefäß sind rohe Salatblätter, Datteln und Weintrauben. Jeder Gast benutzt die rechte Hand, um ohne Besteck den Inhalt des Gefäßes zum Munde zu führen, während er mit der linken Hand die Kurbel dreht. So wird die Schachtel musikalischer Rhythmen von sich geben. Daraufhin beginnen alle Kellner vor den Tischen einen langsamen Tanz mit großen geometrischen Gebärden, bis die Speisen verzehrt sind. 2) *Zauberspeise*: Man bedient sich handlicher Näpfe, die außen mit rauen Stoffen zum Anfassen bedeckt sind. Man muss den Napf mit der linken Hand halten und mit der rechten die geheimnisvollen Kugeln ergreifen, die darin enthalten sind. Es sind alles Kugeln aus gebranntem Zucker, aber jede mit verschiedenen Bestandteilen gefüllt (etwa kandierte Früchte oder Scheiben von rohem Fleisch oder Knoblauch oder Bananenbrei oder Schokolade oder Pfeffer), so dass die Gäste nicht erahnen können, welchen Geschmack sie gerade zum Munde führen. 3) *Berührungsgarten*: Vor den Gästen werden große Teller aufgestellt, die zahlreiche ungesalzene, rohe und gekochte Gemüsesorten enthalten. Von diesem Gemüse kann man nach Belieben kosten, aber ohne Zuhilfenahme der Hände, denn man muss mit dem Gesicht in den Teller tauchen und so durch den direkten Kontakt der Haut der Wangen und der Lippen die verschiedenen Gemüsesorten abküssen. Jedes Mal, wenn die Gäste aus dem Teller auftauchen, um zu kauen, spritzen ihnen die Kellner Lavendel und Eau de Cologne ins Gesicht. Zwischen den einzelnen Gängen müssen die Gäste, da das ganze Essen auf dem Vergnügen des Tastsinns beruht, ununterbrochen ihre Fingerkuppen anfühlen, indem sie den Pyjama des Tischnachbarn berühren. Die eat-artistische Aufwertung des Tastsinns, die künstlerische Inszenierung des kulinarischen Geschmacks führt zu einer ethisch wirksamen Intensität, in der die mögliche Ästhetisierung des sinnlichen Erkenntnisvermögens erfahrbar wird. Dieser Kunst, die darin paradigmatisch ist für interventionistische Eat Art, geht es mit ihrer Geschmacksästhetik um kein bloß unterhaltsames ›Geschmackstheater‹, sondern um eine essthetische Erziehung des Menschen.

Ein gastrosophischer Zugriff auf die Kunstgeschichte der letzten Jahrzehnte würde mit etlichen Beispielen für eine solche künstlerische Ästhetisierung des Geschmacks und der Sinnlichkeit belohnt werden (analog zu den Detailanalysen im ersten Teil dieses Buches). Man gelangt stets zu dem gleichen bemerkenswerten Ergebnis: Die Eat Art wie auch die außerkünstlerische Geschmacksschulung vermag gerade das zu leisten, was – in Analogie zu Kants Idee einer »Versinnlichung sittlicher Ideen« als dem programmatischen Motiv einer philosophischen Ästhetik[61] – die *Versinnlichung gastrosophischer Ideen* genannt werden kann. Auf diese Weise bringt eine Ästhetik des kulinarischen Geschmacks einen moralischen Geschmack auf den Begriff: nämlich das geschmackvolle Kochen und Genießen als der jedem möglichen Alltagskunst, kulinarisch gut zu leben.

Während es zum autonomen Wesen modernen Kunst gehört, bewusst bis zu den Grenzen des gesellschaftlichen Geschmacks, der eingewöhnten Wahrnehmungsweisen und des Sinns der Sinne vorzudringen, verfolgen außerhalb des Kunstkontextes in jüngster Zeit zahlreiche Aktivisten eines neuen Feinschmeckertums über pädagogische und propädeutische Maßnahmen die Sensibilisierung des allgemeinen Sinns für einen besseren Geschmack. Zu solchen essthetischen Aufklärungskampagnen zählt Geschmacksunterricht für Kinder und Jugendliche, den – neben weniger bekannten Initiativen wie die der erwähnten *b-healthy* Aktivisten in New York (siehe 2.2.) – beispielsweise die inzwischen durch internationale Popularität gestärkte *Slow Food* Bewegung für Schulen anbietet.[62] Zweifelsohne

61 | Kant, Kritik der Urteilskraft (§ 60), 217

62 | Slow Food, Mit allen Sinnen – Geschmacksbildung für Kinder; Meier-Ploeger, Sinnesschulung bei Kindern

kommt den Lehrern ebenso wie den Eltern eine große, doch selten befolgte Verantwortung für die Genussfähigkeit und das Qualitätsbewusstsein ihrer Zöglinge zu. Um die kommende Generation vor der gegenwärtigen Tendenz einer weiteren gastrosophischen Selbstentfremdung zu bewahren, müssten Heranwachsende mit Fragen des guten Geschmacks umgehen lernen und an die Kunst des Kochens und Genießens herangeführt werden – gewissermaßen als eine andere Form des ›Philosophierens mit Kindern und Jugendlichen‹. Statt wie bislang üblich lediglich die ernährungswissenschaftliche Lehre von Nährwerten, Kalorien und einer richtigen Diät zu vermitteln oder gelegentlich eine ›Aktion Gesunde Kost‹ gegen Fettleibigkeit (adoleszenter Adipositas) zu veranstalten, geht es darum, die Lust an kulinarischer Kreativität zu wecken und den realen Nutzen von Bildung für das eigene Leben gerade anhand des faszinierend facettenreichen Wissens eines guten Welt-Essens (mit all seinen globalen politischen, ökologischen, sozialen, interkulturellen, alltagsweltlichen, körperlichen, künstlerischen Faktoren) begreifbar zu machen. Kinder und Jugendliche sollten die Möglichkeit haben, ihre Sinne zu schulen, ihren Geschmack zu verfeinern und sich selbst als Wesen zu erfahren, die einander schlicht dadurch Lebensfreude bereiten können, dass sie sich gegenseitig bekochen und das gemeinsame Werk eines schönen Mahls genießen. Der jeden Tag mögliche und sinnlich erlebbare Zugang zu einem guten Essen als einer gastrosophischen Kunst des guten Lebens würde eine Vernunft aktivieren, deren Gutes niemandem als bloße Pflicht aufgezwungen werden muss, die stattdessen als ein alltägliches Glück und eine wohlvolle Lust erfreut, weil ihr Vergnügen die Welt ›ein bisschen weit‹ – im vollsten Sinne des Wortes: nämlich *Bisschen für Bisschen* – besser macht.

Warum sollten Schulen nicht die essthetische Erziehung des Menschen zu einer ihrer zentralen Bildungsaufgaben und Lehrfächer machen können? Es gibt bereits konkrete Vorstellungen zu einer solchen angewandten Gastrosophie: »Ziel muss der Aufbau kulinarischer Kompetenz in den unmittelbar praktischen Bereichen des täglichen Lebens sein, weil nur so ein wirklich alternatives Handeln entstehen kann, das nicht nur für das Individuum, sondern für die Gesellschaft insgesamt relevant wird. Selbstverständlich kann dieses Fach kein Wahlfach mehr sein, und schon gar nicht eines, das primär für die weibliche Jugend vorgesehen ist. Der Umgang mit dem Essen in jeder Form muss man wie das Erlernen einer Sprache oder des Schreibens und des Rechnens sehen, wobei die Bedeutung dieses Faches unmittelbar im Zusammenhang mit den absoluten Grundkompetenzen diskutiert werden sollte. Die klassische Vorstellung von Bildung muss dringend in diesem Punkte erweitert werden, nicht nur weil dieser Bereich vom täglichen Leben bis zu hochkünstlerischen Leistungen alles beinhaltet. Im Grunde sollte der gesamte Sektor zu den selbstverständlichen Grundanliegen von Schule und Bildung gehören.«[63] Die Erziehung zur essthetischen Mündigkeit und das *Sapere aude!*, d.h. die gastrosophische Aufforderung zum Mut, einen guten Geschmack auszubilden und in die Welt zu setzen, richtet sich freilich mehr noch als an ›unmündige‹ Heranwachsende an jeden bereits erwachsenen Menschen. Ihnen und ihrer Mündigkeit obliegt es, mit der so dringend nötigen Sensibilisierung und Verbesserung ihres Geschmacks zu beginnen. Und dies nicht zuletzt, um als Vorbilder zu zeigen und vorzuleben, dass es aufgrund einer ethischen Lebenspraxis möglich ist, sich den Instanzen der gastrosophischen Gegenaufklärung und den Realitäten des gesellschaftlichen Geschmacks zu widersetzen, indem diesen eine Essthetik des Widerstands entgegengehalten wird: in Form einer kulinarischen Lebenskunst und durch den Genuss von ›Gastrosophenfutter‹.

63 | Dollase, Kulinarische Intelligenz, 125

Extrabeilage: Gebt uns unser täglich' Symbolbrot!

*oder Wahrheiten der gegenwärtigen Brotkultur**

> *Nicht von dem Wohlwollen des Fleischers, Brauers oder Bäckers erwarten wir unsere Mahlzeit, sondern von ihrer Bedachtnahme auf ihr eigenes Interesse. Wir wenden uns nicht an ihre Humanität, sondern an ihren Egoismus, und sprechen ihnen nicht von unseren Bedürfnissen, sondern von ihren Vorteilten.*
> *Adam Smith, Der Wohlstand der Nationen*

> *Ein Beispiel. In London existieren zweierlei Sorten von Bäckern, die ›full priced‹, die das Brot zu seinem vollen Wert verkaufen, und die ›undersellers‹, die es unter diesem Werte verkaufen. Letztere bildet über 3/4 der Gesamtzahl der Bäcker. Diese undersellers verkaufen, fast ausnahmslos, Brot, das verfälscht ist durch Beimischung von Alaun, Seife, Perlasche, Kalk, Derbyshire-Steinmehl und ähnlichen angenehmen, nahrhaften und gesunden Ingredienzen.*
> *Karl Marx, Das Kapital*

Brot als Bildschirmsymbol

Die Recherchearbeiten für eine Studie zur *Kultur des neuen Kapitalismus* führen den amerikanischen Soziologen Richard Sennett bei seiner Suche nach dem »flexibilisierten Menschen« in die Räume einer Bäckerei.[1] Und damit in *heilige Räume* – bedenkt man die kulturgeschichtliche Bedeutung des Brotes in der griechischen Zivilisation und erst recht im christlichen Glauben, der das Brot mit allerlei Zusätzen symbolisch auflädt.[2] Aus dieser Tradition stammt bekanntlich die heilig gesprochene Rede vom ›tägli-

* | Dieser Text wurde erstmals als Vortragsperformance gehalten im Rahmen der Veranstaltungsreihe »puzzelink_evidenz.7«, Hamburg 2004

1 | Sennett, Der flexible Mensch

2 | Dazu ausführlich: Lemke, Ethik des Essens, 84-109

chen Brot‹, die hier sowohl im wörtlichen als auch im metaphorischen Sinn genommen wird, um von der Kunst und Künstlichkeit des Essens zu sprechen.[3] Bereits ein Viertel Jahrhundert zuvor hatte Sennett die besagte Bäckerei in Boston zum empirischen Gegenstand seiner kulturkritischen Forschungen gewählt. Die von ihm wahrgenommenen »tiefen Veränderungen«, die der Bäckerbetrieb in den letzten fünfundzwanzig Jahren mitgemacht hat, betreffen vor allem die Professionalisierung der Dienstleistung sowie die Rationalisierung der Produktionsprozesse. So macht er am Beispiel dieser Backstube die gesellschaftliche und individuelle Folgen des neoliberalen Kapitalismus deutlich: Heute werden in dem »flexiblen High-Tech-Betrieb« verstärkt sozial deregulierte Arbeitsplätze angeboten, gewerkschaftlich nichtorganisierte Arbeitskräfte bevorzugt und die »flexible Arbeitszeit als Lockmittel für schlecht bezahlte Jobs benutzt«. (Ebd., 89) Mit der computertechnologischen Automatisierung der Produktion geht außerdem, wie Sennett glaubt, ein Verlust der handwerklichen Qualität der Produkte einher: »Das computergesteuerte Backen hat die Tätigkeit am Arbeitsplatz tiefgreifend verändert. Inzwischen kommen die Bäcker nicht mehr mit den Zutaten der Brotlaibe in Berührung, da sie den gesamten Vorgang mit Hilfe von Bildschirmsymbolen überwachen, die zum Beispiel aus den Daten über Temperatur und Backzeit der Öfen ermitteln, ob das Brot durchgebacken ist; nur wenige Bäcker sehen tatsächlich noch das Brot, das sie herstellen. Ihre Monitorbilder sind nach dem üblichen Windows-Prinzip aufgebaut, auf einem davon erscheinen Symbole für viel mehr Brotsorten, als man hier früher je hergestellt hat – russisches und italienisches Brot und französisches Bâtard sind durch Mausklick möglich. Brot ist ein Bildschirmsymbol geworden.« (Ebd.)

Um dieses Symbolbrot besser zu verdauen, hilft es, sich die wenig bekannten Hintergründe der modernen Brotherstellung zu vergegenwärtigen. Der ›Brotologe‹ Dr. Walter Freund, ein Konditormeister und Dozent an der Uni Hannover – einer, der sich in der Ontologie unseres täglichen Brotes auskennt – erläutert den heute üblichen Produktionsprozess eines industriellen Brotmachens: »Man will Arbeitszeit sparen. Da macht man die Tüte auf, wiegt das Fertigmehl und Wasser ab, gibt noch Hefe oder sonst noch irgendetwas dazu und stellt das Produkt her.«[4] So einfach ist das. Fertigmehle haben Backtechnik sowie Rezepte revolutioniert und die Backbetriebe rationalisiert. In Deutschland gibt es noch 18.800 Bäckereien mit eigener Backstube. Allein in den letzten Jahren ging für mehr als viertausend von ihnen der Ofen für immer aus und immer mehr Bäcker müssen zusehen, wie sie ihre Brötchen verdienen. Dagegen legen die Brotfa-

3 | Geyrhalter, Unser täglich Brot

4 | Zitiert in Pollmer et al., Vorsicht Geschmack. Das Folgende stützt sich auf diesen Text. Zur Leseerleichterung wird er weitestgehend sinngemäß oder im Wortlaut wiedergeben.

briken mächtig zu. Lediglich fünf Duzent Großbäckereien beliefern heute 120.000 Tankstellen, Supermärkte und Filialläden mit Tütenbrot sowie industriell hergestellten Teiglingen zum Fertigbacken.[5] Sackweise geliefert, enthalten Fertigmehle alles, was das Produkt braucht – auch die erforderlichen Zusatzstoffe, damit aus dem zum Verwechseln ähnlichen Instantpulver eine ›Müslistange‹ oder ›Holzofenbrot‹ gezaubert werden kann. Diese bequeme Tütenbäckerei, die nahezu aus einem Nichts ein populären Schein der Fülle kreieren und Gebäck eine von Grund auf neue Gestalt gibt, ist das futuristische Gesamtkunstwerk der Backmittelindustrie. Ob in Form knuspriger Brötchen, oder als Brot, Hörnchen oder als Plunder zum Kaffee: Jahr für Jahr schlucken Bäckerkunden 250.000 Tonnen dieser Pülverchen und Pasten. Der Kapitalumsatz des industriellen Backkomplexes beläuft sich inzwischen auf eineinhalb Milliarden Euro. Der durchschnittliche Pro-Kopf-Verbrauch der Bundesbürger liegt bei knapp neunzig Kilogramm Brot, Brötchen, Kleingebäck und verwandtem Backwerk. Auf den Tag umgerechnet sind das also ungefähr ein viertel Kilo: zum Beispiel drei Scheiben Brot, ein Brötchen und ein Stückchen Kuchen. »Convenience-Produkte nennt die Nahrungsbranche die Fertigware, die in aller Munde sind. ›Mittlerweile ist wohl allen Bäckern und Konditoren insgeheim klar‹, bekennt die Zeitschrift *Backjournal*, ›dass ohne Convenience-Produkte heute in der täglichen Praxis nichts mehr geht‹.«[6] Die höchsten Zuwachsraten verzeichnen dabei bereits vorgegärte und vorgebackene Tiefkühlteiglinge. Neben den klassischen Bäckereiprodukten gehen warme Snacks, wie Pizzazungen, Zwiebelkuchen oder Käse- bzw. Schinkenstangen, Wiener-Würstchen-Croissants, sowie die Trendware Donuts und Bagels weg wie warme Semmel. So kommt es, dass fast aller Bäcker fleißig ihr Sortiment aus den phantastischen Katalogen der Fertigbackmittel zusammenstellen und zu den entsprechenden wohlfeilen Hilfen aus Chemie und Biotechnologie greifen: Jeder weiß es, fast jeder nimmt es – nur gegenüber dem Kunden schweigt die Branche wie ein Grab. Lüften wir es für einen Moment.

Die Geschichte der Backmittel, der modernen Helfershelfern der Bäcker, begann mit der Herstellung von Malzprodukten, d.h. künstlich gekeimtes Getreide. Sie erhöhten die Enzymaktivität schwacher Mehle, also solcher Mehle, die für die traditionelle Landwirtschaft üblich waren. Daher waren die Malzmehle ursprünglich ein Segen für die Kunst des Brotbackens. Um 1920 begannen dann chemische Mehlbehandlungsmittel aufzutauchen, insbesondere Oxidantien zur Bleichung und Verbesserung der Backfähigkeit des Brotteigs. Diese neue Brotchemie fand bei den Mühlen starkes Interesse. In der Nachkriegszeit forderte dann das alt eingesessene Backmittel-Unternehmen Diamalt ein striktes Verbot aller chemischen Be-

5 | Greenpeace, Schöner Essen, 34

6 | Pollmer et al., Vorsicht Geschmack, 34

handlungsstoffe. Unterstützung bekam es von den Lebensmittelchemikern, die im Januar 1952 ihre grundsätzliche Ablehnung erklären. (Kurz zuvor war ebenfalls in der DDR jegliches Bleichen und Behandeln von Mehlen verboten worden.) Der Nobelpreisträger Otto Warburg kritisierte den Zusatz von Chemikalien und plädierte für einen unbedenklichen Brotgenuss; der weit blickende Wissenschaftler schrieb: »Diese Substanzen sind bei ständigem Genuss gefährlich [...] Wenn die Backfähigkeit nur auf Kosten der Gesundheit erreicht werden kann, so müssen sich die Bäcker mit der natürlichen Backfähigkeit des Mehles begnügen. Bekanntlich ist Brot auch schon vor der chemischen Mehlbehandlung gebacken worden.« (Ebd., 43) Diese frühe Zusatzstoff-Debatte und wissenschaftliche Kritik an einer manipulierenden Geschmacksindustrie führte zur Gründung der Deutschen Forschungsgemeinschaft (DFG), deren Fachkommission auch das Verbot der Behandlung von Roggenmehlen forderte. Tatsächlich wurden im Laufe der Jahre dann viele Oxidantien gesetzlich untersagt. Doch der Siegeszug der Lebensmittelchemie wurde nicht aufgehalten. »Die ganze Sache hat sich«, wie Warburg das Scheitern der Kritik einsehen musste, »als völlig zwecklos erwiesen, weil für alle Gifte, die sich rentieren, Ausnahmen gemacht wurden.« (Ebd.)

Schaubäckereien – Triumph der lieblosen Maschinen

Das deutsche Lebensmittelrecht von heute verpflichtet die Bäcker nicht dazu, ihre heimlichen Hilfen zu deklarieren. Laut Lebensmittelrecht verkaufen sie ›lose Ware‹, die von der Kennzeichnung ihrer Zutaten befreit ist. So verschweigen die Backmeister die Wahrheit, dass sie mit bequemen Fertigmehl arbeiten, weil sie sich »wegen des schlechten Images schämen, dies auch öffentlich zuzugeben«. (Ebd., 35) Ihnen wird gleichzeitig auf dem Convenience-Sektor praktisch alles: Vollkornbrötchen und Apfeltaschen, Baguette und Nussecken – backfertig angeboten. Für jeden Teig und jede Füllung steht eine Palette von Fertigprodukten zur Verfügung. Bei Windbeuteln hat der Bäcker die Qual der Wahl zwischen einem Fertigmehl, das noch mit Wasser und Eiern verrührt wird, oder einem Fertigmehl, das nur noch Wasser braucht, und vorgefertigten Windbeuteln, die noch gefüllt werden müssen. Natürlich gibt es dafür wiederum Fertigfüllungen. Oder er greift gleich zu gefüllten Windbeuteln, die tiefgefroren angeliefert werden. Werden sie vor den Augen des Kunden produziert, ahnen die Verbraucher kaum, dass sie einen trügerischen Schauspiel beiwohnen, bei dem Fabrikmassenware in authentische Handwerksqualität verwandelt wird. Um dieser Live-Inszenierung Glaubwürdigkeit zu verleihen, stehen in den Verkaufsräumen von so genannten *Schaubäckereien* Backöfen, aus denen ›ofenfrische‹ Brezeln, Berliner oder Croissants kommen. Ihr Geheimnis sind die erwähnten Tiefkühlteige, die industriell vorgefertigt, gefrostet und erst bei Bedarf gebacken werden. Gefrostet wird mit Kohlendioxid, weshalb der Kälteberater Hubert Jünger den Firmen vorwirft, statt natürliche Kohlensäure zu verwenden, das Gas der Chemieindustrie, bei der Kohlendioxid massenhaft anfällt, zu entsorgen. (Ebd., 41) Dass das ›Rohmaterial‹ des Brotbackens nicht frisch aus der Mühle, sondern aus der Kälte kommt, stellt enorme Anforderungen an die Temperaturbelastbarkeit von Gebäcken: Normalerweise splittert die Kruste beim Aufbacken von Tiefgefrorenem, die Krume löst sich ab, wird trocken und unelastisch. Erst ein Zusatz modifizierter Stärken verhindert das. Sie regulieren den Wasserhaushalt im Gebäck und schützen die Teigstruktur vor dem Krümeln. Noch wichtiger sind Tricks bei Füllungen von Apfeltaschen oder Kirschplunder. Denn werden diese Leckerbissen tiefgefroren, bilden sich lästige Eiskristalle, die das Kaugefühl unangenehm verändern. Der US-Konzern Dow Chemical empfiehlt für diesem Fall modifizierte Zellulosen vom Typ Methocel: Methocel verhindert das Wachsen von Eiskristallen, so dass das Produkt beim Auftauen stabil bleibt. Doch das Produkt des US-Konzerns kann mehr und bietet technologische Lösungen für das besondere Problem des so genannten Durchsuppens aufgetauter saftiger Füllungen in die Kruste der betreffenden Backmischkombinationen. Der unkomplizierte Zusatz von Methocel oder modifizierten Zellulosen lässt das Innenleben wieder fest werden, damit es beim Erhitzen nicht kocht und zum Platzen des Teigmantels führt. So zieht der Einsatz von Lebensmittelchemikalien weiteren Chemieeinsatz in der Geschmacksindustrie mit sich. In der Philosophie der Technik nennt man eine derartige Produktionslogik eine Anpassung an Fehlentwicklungen.

Im Symbolismus des Brots, das hier als pars pro toto für die ›schöne neue Welt des Essens‹ steht, steckt Wissenschaft und Technik, Molekulargastronomie und Nanotechnologie. In Minutenschnelle kneten heute Hochgeschwindigkeitsmixer üppige Teigmasse. An die Stelle der gefühlvollen Hand des Bäckers ist die lieblose Maschine getreten. Doch damit treten eben neue, schlechterdings durch die Maschinisierung verursachte Probleme auf. Ein wesentlicher Grund für die Existenz der technologischen Zusätze besteht darin, die Teige, das werdende Brot gegenüber dieser gefühllose Behandlung gefügig zu machen. Simples Backpulver wird zu einem Präzisionstriebmittelsystem hochgerüstet, das mit High-Chem auf die Minute genau programmierbar ist. Für Bisquitböden oder Sandkuchen empfiehlt ein Anbieter beispielsweise intelligente »Triebmittelsysteme, die schnellen Vortrieb während des Mischens liefern, während der Gare schlummern und beim Backen wieder zu vollem Trieb erwachen«. Die erste Phase dieses Treibens ist ein Reaktionsvorgang im Hochgeschwindigkeitsmixer: Monocalciumphosphat-Monohydrat setzt aus Natriumhydrogencarbonat winzige Gasbläschen frei, die im Teig an der Grenzfläche zwischen Fett und Wasser in Wartestellung verharren. Die zweite Triebphase setzt erst ein, wenn es richtig warm wird: Sie erhält ihr Startsignal also im Backofen. Dabei kommen die Wirkkräfte des mit Wachs imprägnierten Natriumpyrophosphat zur Entfaltung. Bei etwa 60 Grad schmilzt dieser wachsige Schutzmantel, so dass das freigesetzte Pyrophosphat es mit dem restlichen Natriumhydrogencarbonat ›treiben kann‹. Das wiederum setzt Kohlendioxid frei und pumpt damit die präparierten winzigen Bläschen zu ihrer endgültigen Porengröße auf. Wird der richtige Zeitpunkt allerdings verpasst, zerreißt das Gebäck, weil die schnell steigende Ofentemperatur den Teig außen verfestigt hat. Die Phosphatexperten der Backmittelkonzerne verkaufen für gefrostete Hefeteige daher andere Triebsysteme als für flüssige pumpfähige Massen. Allein mit dem feinen Unterschied, ob für das betreffende Kleingebäck Eipulver oder Frischei verwendet wird, verdienen die Konzerne ihre Brötchen. Je nachdem, welche Phosphate zum Einsatz kommen, bleibt das Gebäck saftig und wird die Porung reguliert. In Füllungen steuern Phosphate die Textur, indem sie programmiert Calcium freisetzen, das seinerseits die Gelierung der Füllung einleitet. Daneben verhindern Phosphate in Fertigmehlen das Verklumpen. Speziell das Phosphat E 341 schützt die Pulver vor Motten- und Käferfraß, die Insekten gehen davon ein. Brot und Backwaren verkörpern heute weitestgehend technische Produkte eines hoch mechanisierten Gewerbes.

Viele mysteriöse Wahrheiten und Transsubstanziationen sorgen für unser täglich' Brot. Beispielsweise auch der Geschmacksstoff Vitamin C. Die bekannte Ascorbinsäure ist ein echter Magier im Mehl. Eine Prise und die Teige werden elastisch. Das vermindert den Energiebedarf für den Kneter und erhöht zugleich die Dehnbarkeit des Teiges, was wiederum das Volumen vergrößert. Zugleich erlaubt die Elastizität eine höhere Wasserzugabe, was sich nicht nur vorteilhaft auf das Gewicht auswirkt, sondern auch die Frischhaltung verbessert. Indessen ist selbst ein harmloser Geselle wie Vitamin C als Backmittel nicht automatisch gesund, denn der Backprozess zersetzt seine molekulare Struktur und die Ascorbinsäure mutiert zu Threonsäure. Diese Threonsäure hat eine recht pikante Nebenwirkung: Im Tierversuch ruft sie Skorbut, also gerade Vitamin C-Mangel hervor. Im Falle der Threonsäure ist die Wirksamkeit zwar noch zu gering, um beim Gelegenheits-Brotesser Spuren zu hinterlassen. Aber die Metaphysik dieses Mutationsprozesses zeigt, wie schnell aus einem vermeintlich gesunden Zusatzstoff ein an sich unnötiges und vermeidbares Risiko entstehen kann.

Beim Backen, d.h. bei biochemischen Vorgängen unter enormer Hitzeeinwirkung, können aus harmlos erscheinenden Mittelchen leicht unerwünschte ›Abbauprodukte‹ entstehen. Das trifft beispielsweise zu für das in manchen Gebäcken enthaltene Antioxidans BHA, für das bis heute, wie für die meisten Stoffe, keine Untersuchungen darüber vorliegen, was eigentlich genau damit bei Temperaturen von bis zu 250 Grad Celsius passiert. Noch niemand hat den Mut gefasst und das Sortiment des Bäckers an Versuchstiere verfüttert. Die vielfältigen Reaktionen und Veränderungen, die beim Erhitzen im Backofen eintreten können, die möglichen physiologischen Auswirkungen und die Bedeutung der zahlreichen neu gebildeten

Produkte für die gesundheitliche Verträglichkeit sind noch weitgehend unbekannt.

Und diese Unwissenheit breitet sich, wie gesagt, in dem Maße aus, wie die Verwendung eines zusätzlichen Stoffes oft den nächsten nach sich zieht. Vitamin C etwa wird wegen seiner ausgeprägten und günstigen Wirkungen leicht mal überdosiert. Die Folge davon ist, dass die Teigmasse an den Maschinen und Fließbändern kleben bleibt. Dies führt jedoch nicht zum Stillstand der Produktion, weil der Bäcker als erfahrener Zusatzstoffchemiker vor dem Bildschirmbrot einfach eine Prise Cystein dazu gibt und der Teig verliert im Nu seine Klebrigkeit und alles läuft weiter wie – geschmiert. Kein Wunder also, dass diese Brotsubstanz zu den begehrten Zutaten im Fertigmix gehört, zumal der Backmittelzusatz von Cystein auch für den Appetit anregenden Brötchenduft sorgt. Und: es dient auch als Antischnurrmaßnahme beim Keksen. Als ›Schnurren‹ eines Teiges wird das Phänomen bezeichnet, dass sich ein Teig beim Auswalzen wieder zusammenzuziehen pflegt, eben zusammenschnurrt. In automatischen Backstraßen stört dieses Geschnurre den reibungslosen Betriebsablauf: Die Teige müssen länger geknetet werden und vor allem solange ruhen, bis sich das Eiweiß entspannt hat. Zudem besteht die Gefahr, dass Kekse, Plätzchen oder Cracker auch noch nach dem Ausformen schnurren, so dass das Gebäck beispielsweise um einen halben Millimeter zu dick ausfällt. Bei einer Rolle von zwanzig Keksen ist das bereits ein ganzer Zentimeter zuviel. Damit passt die Verpackung nicht mehr, und der computergesteuerte Einwickelautomat spielt verrückt. Also verhilft man der Teigmasse mit ein wenig Cystein dazu, ›schlapp zu machen‹.

Schlappes Brot in Form von Weißbrot genießt große Beliebtheit. Einst das Brot, mit dem die reiche, weiße Oberschicht des Westens ihrem sozialen Umfeld einen ›feinen Geschmack‹ vor(ent)hielt, sichert sich inzwischen auch die arme und farbige Bevölkerung in allen Weltteilen dieses Symbol, ›dazuzugehören‹. Das Toastbrot strahlt mit einer Weiße, die einem Waschpulver zur Ehre gereicht, obwohl das Bleichen von Mehl, wie zu Marx' Zeiten noch üblich und nötig, längst verboten und durch eine weit raffiniertere Backkunst ersetzt ist. Heute verwendet man zum Aufhellen eher Lipoxygenasen. Diese Enzyme verwandeln das störende Carotin. Das Aufhellen und Bleichen durch das neue Wirkprinzip der enzymatischen Reinigung ist gesetzlich erlaubt. Nachdem also das Toastbrot ›schöne Weißheit‹ genießt, wird dem Fertigmehl für das erwünschte gleichmäßige Röstergebnis auch ein Mix aus so genannten Bräunungs-Präkursoren zugesetzt. Um die gewünschte feine Porung von Toast, das dadurch weniger Brot als Kuchen ähnelt, werden Phosphate mit geeigneten Emulgatoren kombiniert.

Unser täglich' Toastbrot oder Frühstücksbrötchen ist ein *wahres Symbolbrot*: ein technisch massenhaft reproduzierbares Kunstwerk der Backmittelbastler, Teigarchitekten und Brotaromakuratoren. Die simple Rezeptur eines solchen Kunstprodukts liest sich wie das Angebot eines Lieferanten für Feinchemikalien: »Zucker, Verdickungsmittel Guarkernmehl, Sojamehl, Emulgator verestertes Mono- und Diglycerid, Lecithin, Säureregulator Phosphat, Malzmehl, Malzextrakt, Molkenpulver, Weizenmehl, pflanzliches Öl, gehärtet, Mehlbehandlungsmittel Ascorbinsäure, Cystein, Enzyme«. Oder man liest »Rezeptfrei vom Bäcker«, wie ein ehrlicher Slogan der Hamburger Backmittelfirma Phönix (›Aurora-Mehle‹) heißt. Und daran ist soviel wahr, dass beispielsweise die produzierte Käsestange noch etwas Konservierungsmittel Natamycin enthalten darf, den es sonst tatsächlich nur auf Rezept in der Apotheke gibt: Denn Natamycin ist ein Antibiotikum gegen Mundfäule und Fußpilz.[7]

Die Zutaten, die ›unser täglich' Brot‹ so lecker machen, machen auch krank. Die zahlreichen Allergien unter Bäckern verraten, dass die Industriebäckerei als erstes ihrer Belegschaft einen hohen Preis abverlangt und ihr Broterwerb ihnen das eigene physische Wohl kostet. Unter den Arbeitern und Produzentinnen sind Mehlstäube und Backmittel nach wie vor die häufigste Ursache für berufsbedingtes Asthma bronchiale. Bis zu 2000 Verdachtsfällen von Bäckerasthma werden jährlich registriert. Dazu kommt noch einmal eine ähnlich hohe Anzahl an Dermatosen, d.h. Hautausschlägen, verursacht durch die gleichen Allergene. Die Backmittelbranche versucht, dem Mehl die Schuld zu geben und spricht von Mehlstauballergien, obwohl Menschen seit Jahrtausenden ohne solche Erkrankungen mit Mehl gearbeitet haben. Die wachsende Zahl allergischer Erkrankungen im Backgewerbe verlief nachweislich parallel zum Absatz von Backmitteln. Besonders auffallend ist die zunehmende Sensibilisierung gegen die Backmittelenzyme. Dieser Zusammenhang konnte durch die allergologische Forschung bestätigt werden: Bestandteile der Backmittel, insbesondere Enzyme, wurden als Allergene erkannt. Es gibt aber kaum eine Backware, die nicht mit Enzymen – neben dem bereits erwähnten Weißmacher von Toastbrot – beispielsweise die so genannten Amylasen aufgepeppt wäre. Dieses Biopräzisionswerkzeug wandelt die Stärke bzw. die Kohlenhydrate des Mehls in Dextrine und Zucker um, die dann dem Hefepilz als Nahrung dienen. So wird das Brotvolumen, die Teigbereitung und die Bildung von Bräune und Rösche optimiert. Durch Reaktionen mit anderen Teig-Inhaltsstoffen sind Amylasen an dem Entstehungsprozess des typischen Brotaromas mitbeteiligt. Durch einen gezielten Einsatz dieser Wirkstoffe lässt sich schließlich auch die Stärkestruktur so verändern, dass die Frischhaltung der Gebäcke deutlich verlängert wird.

Führende Allergologen beklagen das Fehlen geeigneter Deklarationsvorschriften für Backmittel und Bäckereierzeugnisse. Da die Rezepturen als Betriebsgeheimnis gelten, führen auch Nachfragen bei den Herstellern kaum weiter. Nicht einmal die auf den ersten Blick überzeugend klingende

7 | Pollmer et al., Vorsicht Geschmack, 41

Angabe ›Alpha-Amylase‹ ist präzise genug. Denn Alpha-Amylasen können aus verschiedener Herkunft stammen, aus Bakterien oder Pilzen oder tierischen Organextrakten und damit auch unterschiedliche allergene Eigenschaften haben. Vor allem aber werden Alpha-Amylasen, wie andere Lebensmittelenzyme auch, nicht mehr traditionell, sondern zunehmend mit Hilfe gentechnisch veränderter Mikroorganismen hergestellt. Enzyme werden mit Hilfe biotechnologischer Verfahren schon lange hergestellt und in der Lebensmittelindustrie eingesetzt, beispielsweise bei der Produktion von Glucosesirup, von Fruchtsäften und vielen anderen Produkten. Mit Hilfe der Gentechnik ist es nun möglich, Enzymbaupläne aus anderen Organismen in Mikroorganismen zu übertragen und die Produktionsverfahren zu optimieren im Sinne höherer Ausbeute und einfacherer Gewinnungsverfahren. Ein Beispiel ist Lab aus gentechnischer Produktion, das als Chymosin der Dicklegung der Milch für die Käserei dient und in vielen Ländern bereits eingesetzt wird. Auch Aromastoffe (z.B. Vanillin), Geschmacksverstärker oder Süßstoffe kommen aus den Fermentern mit gentechnisch manipulierten Mikroben. Mit Hilfe der Gentechnik sollen die Starterkulturen neue Eigenschaften erhalten. Beispielsweise können Milchsäurebakterien mit einer Resistenz gegen einen Bakteriophagen ausgestattet werden, bestimmte Aromen entwickeln oder die Reifungszeit bei Käse oder die Teiggärungszeit bei Brot verkürzen.

Ein Bäcker, der mit diesen Stoffen arbeiten muss, kann sich kaum gezielt schützen, selbst wenn er weiß, wogegen er allergisch ist. Der behandelnde Arzt ist kaum in der Lage, eine entsprechende Diagnose zu stellen, wenn ihm die Inhaltsstoffe der Backmischungen unbekannt sind. Ernährungsmediziner haben festgestellt, dass jeder zehnte Nahrungsmittel-Allergiker auf die Alpha-Amylase reagiert. In einer Detail-Untersuchung mit gegen Alpha-Amylase allergischen Personen besserte sich das Leiden bei vier von fünf Betroffenen durch eine brot- und backwarenfreie Ernährung bzw. verschwand gänzlich.[8] Demnach stellen manche Enzyme nicht nur für die Produzenten, sondern auch für die Konsumenten ein Risiko dar. Einen wirksamen Schutz gegen die allergenen Wirkungen der Enzym-(Gen-)Technologie könnte durch eine gesetzliche Deklarationsauflage gewährleistet werden, die die Nahrungsindustrie zu gesundheitlich unbedenklichen Genussmitteln verpflichtet.

Totale Verblendung durch die Nichtzutat – Abfall im Brot

Aber von einer solchen gesellschaftlichen Aufklärung und guten Gastropolitik will der Gesetzgeber nichts wissen. Ganz im Gegenteil sorgt das geltende Lebensmittelrecht für eine Entmündigung insbesondere der Konsumenten durch eine vorsätzlich täuschende, ideologische Desinformation,

8 | Pollmer et al., Vorsicht Geschmack, 44

an der sich die Wirkungsmechanismus einen totalen Verblendungszusammenhangs mustergültig studieren lässt. Jedenfalls sind sich Kritiker einig: »Müssten die Bäcker alle Zusätze ihrer Fertigmischungen offen legen, würde die Nation vermutlich wieder selber backen.«[9] Um beispielsweise eine großindustrielle Maschinentauglichkeit von Brotteig sicherzustellen, werden viele Substanzen – in diesem Fall so genannte Emulgatoren – benötigt, damit die Teigmasse die Hochgeschwindigkeitsmixer aushält. Solche äußerst hilfreichen Zutaten, die der Experte daher auch ›technische Hilfsstoffe‹ nennt, erfüllen ihre wertschöpfende Funktion, sobald sie sich während des Backprozesses im Brotlaib vollständig transsubstanziiert. Durch die mysteriöse Metaphysik dieser Transsubstanziation wird aus der zugesetzten Feinchemikalie durch einen nicht weniger mysteriösen Vorgang eine Zutat, die keine zu sein scheint. Das gleiche ereignet sich bei der erwähnten Cystein-Behandlung: Wenn die Festigkeit des Teiges mithilfe solcher Enzyme reguliert wird, dann hat dies im Gebäck keine erkennungsdienlichen Wirkungen: Zum Glück! – sollte man denken, denn sonst würde jede Verpackung den Genießer daran erinnern, dass man mit Cystein sich etwas einverleibt, das aus asiatischem Menschenhaar extrahiert wird oder aus Schweineborsten oder eben aus gentechnisch manipulierten Mikroorganismen. Also werden Cysteine, wie Emulgatoren, kurzerhand zu ›Nichtzutaten‹ nicht-erklärt. Aber jeder kritische Brotologe wird sich durchaus die Frage stellen: Wer steckt hinter solchen täuschenden Nicht-Erklärungen und was in aller Welt ist eine ›Nichtzutat‹?

Zunächst einmal handelt es sich gewissermaßen um ein philosophisches Kunstprodukt, nämlich um ein Werk der hohen Kunst, neue Begriffe zu schaffen. In diesem Fall steckt hinter der Bezeichnung der Nichtzutat eine pfiffige juristische Wortschöpfung. Was auf den ersten Blick so widersinnig wie unauffällig klingt, hat eine tiefere und raffinierte Logik: Zutaten, die nicht sein sollen, sind solche Zutaten, die im Namen des Gesetzes auf der Zutatenliste verschwiegen werden dürfen. Daher die schöne Schlussfolgerung, solche nicht-aufklärungspflichtige – und offenbar bewusst gegenaufklärerische – Realitäten kurzerhand als nicht-seiend zu deklarieren: beispielsweise als Nichtzutat. Und so geschah es. Die geheimnisvolle Zauberformel des Gesetzgebers heißt LMKV § 5, Abs.2, Ziffer2. Dabei handelt es sich ebenso wenig wie bei der Nichtzutat um »Neusprech« aus der »schönen neuen Welt« von Georg Orwell, sondern lediglich um die Abkürzung für die deutsche Lebensmittelkennzeichnungsverordnung, gefolgt vom fraglichen Paragraphen, der regelt, dass der Brotkonsument *nicht* über die tatsächlich verwendeten Stoffe aufgeklärt, sondern lieber auf dem Erkenntnisstand der chemisch nachweislichen Zusammensetzung des Endproduktes gehalten werden. Doch diese politische Entmündigung der Konsumenten produziert Unwahrheiten ohne Ende: Ähnlich wie der Verbrau-

9 | Fock et al., Prost Mahlzeit!, 180

cher nichts darüber erfährt, dass das Fleisch, das er sich schmecken lässt, von Tieren stammt, die mit genetischen manipuliertem Futter gemästet wurden,[10] so spart die Geschmacksliste des backindustriellen Rechtsbegriffs geflissentlich viele Zusätze aus. Einen wesentlichen Anteil an dem exzessiven Einsatz von Chemie trägt folglich das Lebensmittelrecht. Zwar denkt der Gesetzgeber gelegentlich an ›Befreiungen‹, aber er befreit nicht sein Souverän, die Menschen, von einer (in diesem Fall) kaum selbst verschuldeten Unmündigkeit, sondern lediglich die Nahrungsindustrie von der rechtlichen und damit letztlich moralischen Pflicht, über die Wahrheit und Lüge ›unser täglich' Brot‹ aufzuklären. Bei derartigen Befreiungen von der Deklarationspflicht können die Herrschenden auf das bis heute weit verbreitete christliche Kulturerbe und eine religiöse Heilslehre vertrauen, die einen unersättlichen Glauben an Symbolbrot predigt.[11] Was die Produktauszeichnung, ihre phantasievolle Verpackung und Präsentation versprechen, die von einer gigantischen Werbeindustrie professionell abgewickelt wird, hat wenig mit dem Geschmack der Waren zu tun, dafür umso mehr mit dem Lebensstil, den sie symbolisieren. Schon längst kommt es den übersättigten Konsumenten nicht mehr auf deren Inhalt, Herkunft und Qualität, sondern auf deren »geheime Botschaft« an: auf Geschmack als Zeichensystem und kollektiver Mythologie.[12]

Wenn schon nicht die Politik, so sorgt sich wenigstens das Kapital um das Wohl der Menschen. Zumindest lässt sich in der Brotwelt ein Gesundheitstrend beobachten, der – über den Marktmechanismus vermittelt – die Nachfrage oder den Hunger nach gesundem Essen stillen will. So erklärt sich, warum inzwischen selbst konventionelle Bäcker ein abwechslungsreiches Angebot an ›Vollkorn‹ anbieten. Die Branche wirbt mit großen Worten: »Das volle Getreidekorn ist reich an lebenswichtigen Vitaminen und Mineralstoffen. Alle diese natürlichen Vital- und Aufbaustoffe sind in Bäcker's Vollwertgebäcken enthalten.«[13] Was diese Werbung verschweigt, ist die wahre Produktion dieses ›Vollwertgebäcks‹. In diesem Begriff verbirgt sich ein handelsübliches Fertig-Backmittel. Für den gesunden Anschein kerniger Brotsorten sorgen neben der Farbgestaltung durch taugliche Pülverchen, die eine ›natürliche Brotfärbung‹ garantieren, ›Dekorflocken‹ für weitere ›natürliche Schönheit‹. Der dekorative Schein einer industriellen Vollwertigkeit zeigt sich auch bei der Ästhetik einer künstlich zugesetzten Fülle: der Ballaststoffe. Beim Ausschöpfen der wohlbekömmlichen Wirkungen von Ballaststoffen auf die allgemein träge Darmtätigkeit der Gesamtbevölkerung übertrifft sich die einfallsreiche Branche selbst. »Glaubt

10 | Zu den unschönen Wahrheiten der Fleischindustrie und zur Weisheit einer Kritischen Wurstologie: Lemke, Nietsches Wille zur Wurst

11 | Lemke, Ethik des Essens, 84-109

12 | Karmasin, Die geheime Botschaft unserer Speisen

13 | Werbeslogan zitiert in Pollmer et al., Vorsicht Geschmack, 45

man den Marktdaten, dann füllt das Abführimage Kasse wie Klo.« (Ebd., 46) Seit der Wert von Rohfasern als potentielle Ballaststoffe bekannt ist, wetteifern die Abfallverwerter um den Zugang in den gesundheitsbewussten Magen-Darm-Trakt. So kommt es, dass Wirtschaftskriminelle und Kleinbetrüger statt Vollkorn schon mal Biertreber, sprich ausgelaugte Gerstenschalen aus den Brauereien, in den Teigmassen deponieren. Andere verhökern wertlose Sojaspelzen unter der Vollkornflagge und entsorgen damit gewisse Überreste der Margarinefabrikation. Ein führender US-amerikanischer Waschmittelkonzern ließ sich sogar einen Zusatz an Baumwollfasern für Light-Brote patentieren. Das Technologische Institut der Lebensmittelindustrie in Odessa am Schwarzen Meer prüfte Maisstängel, Weizenstroh und Birkensägemehl als ›nichttraditionelle Pflanzenrohstoffe zur Brotherstellung‹.

Die kritischen Brotologen Pollmer, Hoicke und Grimm fassen diese Entwicklungen in einer provokanten Formel zusammen, die an das Objekt *Abfall in Brot* des Eat Art Künstlers Daniel Spoerri erinnert: »Es gibt viel zu tun. Backen wir's rein.« (Ebd.) Doch während das Industriebrot produziert wird, um seinen Konsumenten zu schmecken, handelt es sich bei dem erwähnten Werk, für das Spoerri Abfälle in Brotteig einbuk, um eine Kunst des Brotbackens, die nicht schmecken soll, sondern nachdenklich machen will. Nachdenklich gegenüber der kapitalistischen Nahrungsproduktion zeigt sich jedenfalls Richard Sennett: »Früher sah ich in der Bäckerei wenig Abfall, nun sind die riesigen Plastikmülltonnen jeden Tag voller geschwärzter Laibe. Die Mülltonnen erscheinen als passendes Symbol für das, was aus der Kunst des Backens geworden ist.«[14] Wer sich täglich sein Industriebrötchen und Symbolbrot und deren zahlreichen Erscheinungsformen schmecken lässt, macht schlechterdings mit beim groß angelegten Selbstexperiment einer technologischen Optimierung der Welt des Geschmacks und einer Menschheit, die sich von ›Müll‹ ernährt.

Selbstgemachtes Brot als eine Essthetik des Widerstands

Unter der computerautomatisierten Produktionsweise der großindustriellen Bäckerei scheint der Verfall des Brotmachen-Könnens unausweichlich. Sennett kommt zu dem folgenden Schluss: »Als Resultat dieser Arbeitsweise wissen die Bäcker allerdings nicht mehr, wie Brot eigentlich gebacken wird. Automatisiertes Brot ist kein Wunder an technischer Vollkommenheit; die Maschinen geben regelmäßig falsche Informationen über die Laibe im Ofen, beispielsweise messen sie nicht genau die Stärke der aufgehenden Hefe oder den wirklichen Zustand des Brotes. Die Arbeiter können diese Fehler teilweise am Bildschirm ausgleichen, sie können die Maschinen jedoch nicht einstellen, oder, wichtiger noch, Brot von Hand ba-

14 | Sennett, Der flexible Mensch, 88

cken, wenn die Maschinen – wie so oft – ausfallen. Als programmabhängige Arbeitskräfte besitzen sie kein praktisches Wissen.« (Ebd., 87) Viele Kritiker der Esskulturindustrie stimmen darüber ein, dass die Rationalisierung und Standardisierung mit einem Verzicht auf handwerkliche Qualität erkauft wird, wodurch der Geschmack der Produkte sich immer weniger voneinander unterscheidet. Doch klingt in dieser Klage ein unnötig nostalgischer Ton durch, welcher der traditionellen Welt des althergebrachten Handwerks nachtrauert. Auch der Kulturkritiker Sennett ist sich durchaus der Gefahr eines Konservativismus bewusst, der die Vergangenheit einer beschwerlichen Arbeitswelt mythologisiert. Selbstironisch räumt er diesen nahe liegenden Einwand aus: »Man muß diesen Verlust des menschlichen Handwerks jedoch nicht unbedingt romantisieren; als leidenschaftlicher Amateurkoch fand ich die Qualität des Brotes, das den Herstellungsprozeß überstand, hervorragend, eine anscheinend von vielen Bostonern geteilte Meinung, denn die Bäckerei ist beliebt und profitabel.« (Ebd.)

Gleichwohl weiß Sennett – zumal als leidenschaftlicher Amateurkoch –, dass ein anderes Brotmachen und ein besserer Brotgeschmack möglich ist: Das *selbstgemachte Brot* als beispielhafte Frucht einer kulinarischen Lebenskunst gehört zum bekannten Arsenal der revolutionären Praktiken einer politischen Gegenküche.[15] Warren Belasco hebt hervor, dass das Ideal des eigenen Kochens und Brotbackens, das der maschinell produzierten Weißbrot-Fertigware und mithin jedem industriellen Fertigessen entgegengehalten wird, einen »Kult der Kreativität« und eine »Liebe zu den Dingen« zum Ausdruck bringt, die freilich unter den Kritikern der »Counter Cuisine« Bewegung als Anachronismus belächelt würden. Zweifelsohne trifft für deren historische Anfänge zu, dass »Brotbacken eine Form des therapeutischen Werkelns und der Meditation war: ein Weg, die Aufmerksamkeit zu bündeln, eine Chance, langsamer zu machen und für einige Stunden im sinnlichen Kontakt mit Texturen und Aromen und dem Gefühl zu verbringen, etwas aus dem Nichts erschaffen zu haben.« (Ebd., 278) *Das Tassajara Bread Book*, das der Zen-Meister Edward Espe Brown zur gleichen Zeit wie Lappés *Öko-Diät* schrieb, wurde als die ›Bibel des Brotbackens‹ bezeichnet.[16] Doch würde man das Ideal des selbstgemachten Brotes mit einer falschen Romanisierung und Spiritualisierung der kulinarischen Eigenarbeit belasten, wenn damit lediglich eine Begeisterung für liebevolles Backkunsthandwerk und die Wiederbelebung eine unzeitgemäße mystische Welt des Dorfbäckers verbunden wäre – wovor der kritische Brotkulturtheoretiker Sennett, wie gesagt, zurecht warnt. Die *ethisch-ästhetische Gegenmacht* des kulinarisch Selbstgemachten gegenüber dem

15 | Belasco, Appetite for Change

16 | Brown, The Tassajara Bread Book; ein Portrait des Zen-Meisters Brown (beim Brotbacken) zeigt Doris Dörries Dokumentarfilm How to cook your Life (2007)

industriell Fertigprodukt besagt nicht, dass das ›tägliche Brot‹, das uns heute die ›Herrn‹ der Lebensmittelindustrie geben, in Zukunft nur noch selber gebackenes sein müsste. Bei der ebenso profanen wie zukunftsweisenden Frage nach einem frischen und wohlschmeckenden, ›himmlischen Brot‹ geht um kein Entweder-Oder zwischen symbolbrotkapitalistischer Bevormundung einerseits und altbackener Selbstversorgung und Eigenbrötlerei andererseits. Vielmehr macht die idealtypische Gegenüberstellung von Fertigkost versus Selbstkochen am Beispiel des Brotes deutlich, dass die esskulturelle Entwicklung der Menschheit alleine durch die *individuelle Untätigkeit und Unwissenheit im Kulinarischen ermöglicht* wird, wogegen von der täglichen Selbsttätigkeit einer kulinarischen Lebenspraxis eine *gastrosophische Ästhetik des Widerstandes* ausgehen kann, die nicht zuletzt auch von gutem Geschmack zeugt. Welche Richtung die zukünftige Entwicklung der globalen Ernährungsverhältnisse einschlägt, hängt daher vielleicht von technologischen Wundern oder spirituellen Erweckungen ab; sie hängt aber ganz sicher vom tagtäglichen Tun und Lassen der Individuen ab. Eine besonders wirkungsmächtige Aktivität, die kumulativ und unaufhaltsam die riskierte Welt des Essens zum Wohle aller verändern könnte, ist die kulinarische Praxis. Zweifelsohne klingt dies lächerlich, wenn nicht abstrus. Doch es sollte deutlich geworden sein, welche gesellschaftliche Bedeutung das Kochen und Essen haben, wenn darin einmal mehr gesehen wird als bloß eine alltägliche Nebensache und Notwendigkeit. Daher schließe ich mich den Worten des Gastrosophen Tudge, Autor des Buches *Future Food. Politics, Philosophy and Recipes for the 21st Century*, an: »Ich bin naiv genug, zu glauben, dass die mit Abstand wichtigste Sache, die die Menschheit richtig machen muss, die Essensproduktion ist.«

Literaturverzeichnis

Adorno, Theodor W., Ästhetische Theorie, Frankfurt a.M. 1970

Adrià, Ferran Juli Soler, Albert Adrià, El Bulli 2003-2004, o.O., 2006

[AHA]-Projekte (Anke Haarmann), Projekt 6 ›Stadt‹ 2004/05; URL: www.aha-proje kte.de/stadt/index.html

Angres, Volker/Hutter, Claus-Peter/Lutz Ribbe, Futter fürs Volk. Was die Lebensmittelindustrie uns auftischt, München 2001

Aristoteles, Metaphysik, Hamburg 1982

Bacon, Francis, Neu-Atlantis, in: Der utopische Staat: Morus – Campanella – Bacon, herausgegeben von Klaus J. Heinisch, Reinbek bei Hamburg 1960, 171-215

Beck, Ulrich, Macht und Gegenmacht. Neue weltpolitische Ökonomie, Franfurt a.M. 2002

Behrens, Roger, Musik von den Herdplatten, taz 16.08.2002

Beil, Ralf, Künstlerküche. Lebensmittel als Kunstmaterial – von Schiele bis Jason Rhoades, Köln 2002

Belasco, Warren J., Meals to come. The History of the Future of Food, Berkeley 2006

—, Appetite for Change. How the Counterculture took on the Food Industry 1966-1988, Toronto 1989

Bestor, Theodore C., Tsukiji. The Fish Market at the Center of the World, London 2004

Beuys, Joseph, Kartoffelernte 1977, Produktion Galerie René Block, VAM – future kids, Realisation Michael und Carmen Geissleer, s/w, 55 Minuten

—/Jannis Bounellis/Anselm Kiefer/Enzo Cucchi, Ein Gespräch, Zürich 1986

Böhme, Gernot, Aisthetik. Vorlesungen über Ästhetik als allgemeine Wahrnehmungslehre, München 2001

Boudry, Pauline/Brigitta Kuster/Renate Lorenz (Hg.), Reproduktionskonten fälschen. Heterosexualität Arbeit & Zuhause, Berlin 2000

Bourdieu, Pierre, Die feinen Unterschiede. Kritik der gesellschaftlichen Urteilskraft, Frankfurt a.M. 1984

Bourdain, Anthony, Geständnisse eines Küchenchefs. Was Sie über Restaurants nie wissen wollten, München 2001

Bratman, Steven, Der Möhrchen-Freak: Vom Kult ums richtige Essen, in: GeoWissen, Ernährung und Gesundheit, Nr. 28, 2001, 156-164

—/David Knight, Health Food Junkies. The Rise of Orthorexia Nervosa – The Health Food Eating Disorder, Broadway Books, 2000

Breslin, Paul A. S., Human Gustation, in: Thomas E. Finger, Wayne L. Silver, Diego Restrepo (Hg.), The Neurobiology of Taste and Smell, New York 2000, 423-462

Breton, André, Die Manifeste des Surrealismus, Reinbek bei Hamburg 1986

Brillat-Savarin, Anthelm, Physiologie des Geschmacks oder physiologische Anleitung zum Studium der Tafelgenüsse, Braunschweig 1866 (Orig. 1825)

Brown, Edward Espe, The Tassajara Bread Book, Boston 1970

Brunner, Karl-Michael, Zukunftsfähig essen? Kommunikation über Nachhaltigkeit am Beispiel des Handlungsfeldes Ernährung, in: Andreas Fischer und Gabriela Hahn (Hg.), Vom schwierigen Vergnügen einer Kommunikation über die Idee der Nachhaltigkeit Frankfurt a.M. 2001, 207-227

Bürger, Peter, Theorie der Avantgarde, Frankfurt a.M. 1982

Busse, Tanja, Die Einkaufsrevolution. Konsumenten entdecken ihre Macht, München 2006

Caplin, Adam and James, Urban Eden, London 2004

Critical Art Ensemble (CAE), Molecular Invasion, New York o.J.

Deleuze, Gilles/Félix Guattari, Was ist Philosophie?, Frankfurt a.M. 1996

Dolphijn, Rick, Foodscapes: Towards a Deleuzian Ethics of Consumption, Delft 2004

Dyk, Stützle, Alles umsonst? Linke Politik und Potentiale von Aneignungspraxen, in: Das Argument, 2004, 255, 710-720

Documenta 12, Viele Rätsel, wenig Stars und ein Restaurant in Barcelona, Spiegelonline 13. Juni 2007

De Domizio Durini Lucrezia et al. (Hg.), Joseph Beuys: Diary of Seychelles, August 1996

—, Lucrezia, Joseph Beuys Art of Cooking, Milano, Edizioni Charta 1998

Dollase, Jürgen, Kulinarische Intelligenz, Wiesbaden 2006

Dünnebier, Anna/Gert von Paczensky, Kulturgeschichte des Essens und Trinkens, München 1999

Elger, Dietmar, Dieter Froelich, Hannover 2005

Emmerich, Alf, Der Kochkünstler. Gespräch mit Ferran Adria, Die Zeit, Nr.1, Dezember 2006

Epping, Bernhard, Geheime Rezepte. Wie die Gentechnik unser Essen verändert, Stuttgart/Leipzig 1997

Ernährungstrends 2000+, Qualitative Wirkungsanalyse zur Esskultur und Ernährung, Eine Studie von Essen & Trinken, Hamburg 2000

Esterhazy, Ewa, Eat-art Bankette, in: Spoerri presents Eat-art 124-130

Eurotoques, Zurück zum Geschmack, hg. v. Ernst-Ulrich Schassberger, Stuttgart/ Leipzig 2004

Ferry, Luc, Der Mensch als Ästhet. Die Erfindung des Geschmacks im Zeitalter der Demokratie, Stuttgart 1992

Fichtner, Ullrich, Tellergericht. Die Deutschen und das Essen, München 2004

Finger, Thomas E./Wayne L. Silver/Diego Restrepo, The Neurobiology of Taste and Smell, New York 2000, 201-232

Flores, H. C., Food not Lawns. How to turn yard into a garden and your neighborhood in to a community, New York 2006

Fock, Andrea/Ulrike Gonder/Karin Haug/Udo Pollmer, Prost Mahlzeit! Krank durch gesunde Ernährung, Köln 2001

Food Not Bombs Bochum; www.bo-alternativ.de/fnb/

Frerichs, Petra/Margareta Steinrücke, Kochen – ein männliches Spiel? Die Küche als geschlechts- und klassenstrukturierter Raum, in: Ein alltägliches Spiel. Geschlechterkonstruktion in der sozialen Praxis. Gender Studies, Frankfurt a.M. 1999

Friedman, Mark I., Die Sinne des Geschmacks und ihre Bedeutungen, in: Geschmacksache, 25-34

Gadamer, Hans-Georg/Peter Volger (Hg.), Neue Anthropologie, Stuttgart/München 1975

Geier, Berhard, Überleben unsere Lebens-Mittel?, in: José Lutzenberger/ Franz Theo Gottwald (Hg.), Ernährung in der Wissensgesellschaft, Frankfurt a.M. 1999, 140-178

Geschmacksache, herausgegeben von der Kunst- und Ausstellungshalle der Bundesrepublik Deutschland GmbH, Göttingen 1996

Geyrhalter, Nikolaus, Unser täglich Brot, Dokumentarfilm 2006

Glendinning, John I./Nirupa Chaudhari/Sue C. Kinnamon, Taste Transduction and Molekular Biology, in: Thomas E. Finger/Wayne L. Silver/Diego Restrepo, The Neurobiology of Taste and Smell, New York 2000, 315-351

Gorz, André, Kritik der ökonomischen Vernunft, Berlin 1989

Götze, Karl Heinz, »Les Chefs«. Die großen französischen Köche des 20. Jahrhunderts, Frankfurt a.M. 1999

Gramsci, Antonio, Philosophie der Praxis, Frankfurt a.M. 1967

Grawert-May, Erik, Eis an Zimtsauce. Manieren und Manierismen bei Tisch, in: Geschmacksache, in: Alexander Schuller/Jutta Anna Kleber (Hg.), Verschlemmte Welt. Essen und Trinken historisch-anthropologisch, Göttingen 1994, 11-19

Greenpeace Magazin, Besser Essen, Heft 6, 2004
Grimm, Hans-Ulrich, Aus Teufels Topf. Die neuen Risiken beim Essen, Stuttgart 1999
—, Die Suppe lügt. Die schöne neue Welt des Essens, München 1997
—, Die Ernährungslüge. Wie uns die Lebensmittelindustrie um den Verstand bringt, München 2003
Guschas, Thilo, »Lebensgefühl des Ladendiebstahls«. Paul und Paula klauen für Yomango, Süddeutsche Zeitung, 22. Mai 2006
Haarmann, Anke, [AHA] Das Geheimnis von LE, Videofilm in Zusammenarbeit mit Irene Bude, Hamburg 2005 URL: http://www.aha-projekte.de/stadt
—, Selbstbilder-Projekte, URL: www.aha-projekte.de
Hansen, Karen Tranberg, The Cook, his Wife, the Madam, and their Dinner: Cooking, Gender and Class in Zambia, in: Carola Lentz (Hg.), Changing Food Habits, 73-89
Hardt, Michael/Antonio Negri, Empire. Die neue Weltordnung, Frankfurt a.M. 2002
Hartung, Elisabeth, Kunst – Essen – Kommunikation, Mitteilungen des Internationalen Arbeitskreises für Kulturforschung des Essens, Heft 9, 2002: 25-35
—, Einleitung, in: Daniel Spoerri presents Eat Art, a.a.O.
Hatt, Hanns, Botschaften der Zunge, in: Geschmacksache, 229-243
Hauskeller, Michael, Die Kunst der Wahrnehmung. Beiträge zu einer Philosophie der sinnlichen Erkenntnis, Reutlingen 2003
Hegel, Georg Wilhelm Friedrich, Vorlesungen zur Ästhetik I, Frankfurt a.M. 1986
Heldke, Lisa, Exotic Appetites. Ruminations of a Food Adventurer, New York 2003
—/Deane Curtin (Hg.), Cooking, Eating, Thinking: Transformative Philosophies of Food, Bloomington 1992
Hintermeier, Hannes, Die Aldi-Welt. Nachforschungen im Reich der Discount-Milliardäre, München 2000
Hirschfelder, Gunther, Europäische Esskultur, New York/Frankfurt a.M. 2001
Horkheimer, Max, Kritische Theorie gestern und heute, in: Ders., Gesellschaft im Übergang. Aufsätze, Reden und Vorträge 1942-1970, Frankfurt a.M. 1972
Höller, Carsten/Rosemarie Trockel, Haus für Schweine und Menschen, Köln 1997
—, Der Geruch, die Vogeljagd, das Essen und die Kunst, In: Kunstforum International, Essen und Trinken, Bd. 159, 2002, 177-187
Hösle, Vittorio, Philosophische Hilfestellungen für UN-Delegierte zwischen Austern und Austerität, ›Die Zeit‹, Der Ethikrat, Nr. 37, 2002

—, Moral und Politik. Grundlagen einer politischen Ethik für das 21. Jahrhundert, München 1997

Ishige, Naomichi, The History and Culture of Japanese Food, London/New York 2002

Jakubowicz, Dan, Genuss und Nachhaltigkeit. Handbuch zur Veränderung des persönlichen Lebensstils, Wien 2002

Jägel, Beate, Zur Geschichte der Anatomie und Physiologie des Geschmackssinns, Kiel 1991

Jonas, Hans, Der Adel des Sehens, in: Ders., Organismus und Freiheit. Ansätze zu einer philosophischen Biologie, Göttingen 1973

Kant, Immanuel, Anthropologie in pragmatischer Hinsicht, in: Ders., Werkausgabe, Bd. VII, Frankfurt a.M. 1968

—, Kritik der Urteilskraft, Hamburg 1974

Karmasin, Helene, Die geheime Botschaft unserer Speisen, München 1999

Kim, Jee, Future 500: Youth Organizing and Activism in the United States, Garret County 2002

Klink, Vincent, Cotta's kulinarisches Almanach, Stuttgart 1994

Klein, Naomi, No Logo!, Der Kampf der Global Players um Marktmacht, München 2002

Klüver, Reymer, Schlemmen gegen Rechts. Politisch aktiv mit dem Kochlöffel, Süddeutsche Zeitung, 10.9.2001

Kollath, Werner, Vernünftige Ernährung und ihre Propaganda in der Schule. Gesundheit und Erziehung 48, 1935

Kops-Horn, Anke-Maria, Bunte Gärten Leipzig 2003, URL: www.stadtteil arbeit.de/ seiten/projekte/leipzig/bunte_gaerten.htm

Korsmeyer, Eliseth, Making Sense of Taste. Philosophy and Food, 1999

Kotteder, Franz, Die Billig-Lüge. Die Tricks und Machenschaften der Discounter, München 2007

Krebs, Angelika, Arbeit und Liebe. Die philosophischen Grundlagen sozialer Gerechtigkeit, Frankfurt a.M. 2002

Kubelka, Peter, Kochen die älteste bildende Kunst. Ein Gespräch mit Heinz-Norbert Jocks, in: Kunstforum International 2002, Nr. 159, 93-109

—, Die essbare Metapher, in: Geschmacksache, 203-210

Kunstforum International, Lebenskunstwerke, Bd. 142, 1998

—, Lebenskunst als Real Life, Bd. 143, 1999

—, Essen und Trinken I, Bd. 159, 2002

—, Die große Enzyklopädie – Essen und Trinken A-Z, Bd. 160, 2002

Kurt, Hildegard, Der umgedrehte Spazierstock. Kunst & Ökologie: Strategien zur ästhetischen Einrichtung der zukünftigen Erde, in: Zukünfte Nr. 30, Winter 1999/2000, 74-77

Lakotta, Beate, Lebensart mit Rosmarin, in: Spiegel spezial 11/1997

Lange, Barbara, Beuys: Richtkräfte einer neuen Gesellschaft, Berlin 1999

Lappé, Anna/Bryant Terry, Grub. Ideas for an urban organic kitchen, New York 2006
Lappé, Frances, Die Öko-Diät. Wie man mit wenig Fleisch gut isst und die Natur schont, Frankfurt a.M. 1975
—, Democracy's Edge. Choosing to save our country by bringing democracy to life, San Francisco 2006
—, The Plowboy Interview: Frances Lappe, Fighting the World Hunger Myths, Mother Earth News Magazine, Issue 74, March/April 1982
—/Joseph Collins, Vom Mythos des Hungers. Die Entlarvung einer Legende: Niemand muss hungern, Frankfurt a.M. 1985
—/Anna Lappé, Hoffnungsträger. Ein internationaler Reiseführer zu grünen Initiativen, München 2001
—/Anna Lappé, Hope's Edge. The next diet for a small planet, New York 2002
Lechner, Wolfgang, Der Chemiker, Die Zeit Nr. 45, 2001
Lemke, Harald, Ethik des Essens. Eine Einführung in die Gastrosophie, Berlin 2007
—, Welt-Essen und globale Tischgesellschaft. Rezepte für eine gastrosophische Ethik und Politik, in: Iris Därmann/Harald Lemke (Hg.), Die Tischgesellschaft. Philosophische und kulturwissenschaftliche Annäherungen, Bielefeld 2007
—, Zen oder Der japanische Weg des Essens, München 2008 (in Vorbereitung)
—, Freundschaft. Ein philosophischer Essay, Darmstadt 2000
—, Gastrosophische Aspekte der Kulinaristik, in: Alois Wierlacher/Renate Bendix (Hg.), Kulinaristik. Konzeption und Innovation, Münster 2007
—, Kritik des Gouvernementalitäts-Diskurses. Zur Aktualität von Foucaults Spätwerk, in: Aufklärung und Kritik, 1/2007, 110-123
—, Was ist Praxologie? Von Marx über die Kritische Theorie zur Philosophie der Praxis, in: Horst Müller (Hg.), Die Übergangsgesellschaft des 21. Jahrhunderts – Kritik, Analytik, Alternativen, Norderstedt 2007, 66-85
—, Zu einer nicht-ästhetischen Kunstphilosophie, In: infection manifesto. Zeitschrift für Kunst und Öffentlichkeit, no. 5, 12/2004, 7-23
—, Kochen als Kunst. Zur Philosophie der kulinarischen Praxis; www.haraldlemke.de/texte/index.htm
—, Feuerbachs Stammtisch-These, in: Aufklärung und Kritik, 1/2004, 117-141
—, Der wahre Geschmack des Zen, in: Polylog. Zeitschrift für interkulturelles Philosophieren, Nr. 17, Wien 2007
—, Nietzsches Wille zur Wurst, in: Mitteilungen des internationalen Arbeitskreises für Kulturforschung des Essens, Heft 11, Heidelberg 2003, 76-80

Lentz, Carola (Hg.), Changing Food Habits. Case Studies from Africa, South America und Europa, Amsterdam 1999
Lingner, Michael/Ohno, Mario, Pruszkower Rhizom, 54-teiliges Geschirrservice, Jan van Eyck Akademie, Maastricht 1993
Luck, Georg, Zur Geschichte des Begriffs sapientia, in: Archiv für Begriffsgeschichte, Bd. 9, 1964
Lutzenberger, José/Gottwald, Franz-Theo, Global denken, lokal essen, in: Diess., Ernährung in der Wissensgesellschaft, Frankfurt a.M. 1999, 7-139
Lyndon, Davies, Aroma-Perspektiven, in: Geschmacksache, herausgegeben von der Kunst- und Ausstellungshalle der Bundesrepublik Deutschland GmbH, Göttingen 1996, 244-257
Mälzer, Tim, Der Küchenbulle, DVD 2006
—, Born to Cook 2, Köln 2005
Marcuse, Herbert, Versuch über die Befreiung, Frankfurt a.M. 1972
—, Über den affirmativen Charakter der Kultur, in: Ders., Kultur und Gesellschaft, Frankfurt a.M. 1968, 102-127
—, Konterrevolution und Revolte, Frankfurt a.M. 1973
Marinetti, Filippo Tommaso/Fillia, Die futuristische Küche, Stuttgart 1983
Marx, Karl, Die Deutsche Ideologie, in: MEW, Bd. 3, Berlin 1962
—, Das Kapital, MEW, Bd. 23., Berlin 1962
Mattenklott, Gert, Das gefräßige Auge oder Ikonophagie, in: Ders., Der übersinnliche Leib. Beiträge zur Metaphysik des Körpers, Reinbek bei Hamburg 1982
Mayer, Matthias, Empfindung und Erkenntnis. Bemerkungen zu Geruch und Geschmack als vernachlässigte Gegenstände der Philosophie, in: Barkhaus/Mayer/Roughley/Thürnau (Hg.), Identität Leiblichkeit Normativität. Neue Horizonte anthropologischen Denkens, Frankfurt a.M. 1996, 197-212
McHenry, Keith, Interview, Berlin 1996; www.geocities.com/RainForest/Canopy/ 3165/fnbinter.htm
—/Butler, C.T. Food not Bombs, See Sharp Press 2000
McLaughlin, S./Margolskee, R.F., The sense of taste. American Scientist 82, 1994, 538-545
Meier-Ploeger, Angelika, Sinnesschulung bei Kindern, in: Dietrich von Engelhardt/Rainer Wild (Hg.), Geschmackskulturen. Vom Dialog der Sinne beim Essen und Trinken, Frankfurt a.M./New York 2005, 248-261
Melo, Alexandre, ›Rate mal, wer zum Essen kommt‹, in: Parkett 44, 1995
Mennekes, Friedhelm, Beuys zu Christus. Eine Position im Gespräch. Stuttgart 1989
Mennell, Steve/Anne Murcott/Anneke H. van Otterloo (Hg.), The sociologiy of Food, Eating, Diet and and Culture, Current Sociology Vol. 40 Nr. 2, 1992

Merleau-Ponty, Maurice, Phänomenologie der Wahrnehmung, Frankfurt a.M./New York 1974

Metzler Lexikon Kultur der Gegenwart: Art. Esskultur, herausgegeben von Ralf Schnell, Stuttgart 2000

Meyer, Sybille, Das Theater mit der Hausarbeit. Bürgerliche Repräsentation in der Familie der wilhelminischen Zeit, Frankfurt a.M./New York 1982

Narayan, Uma, Dislocating Cultures. Identities, Traditions, and Third World Feminism, New York/London 1997

Negri, Antonio/Michael Hardt, Empire. Die neue Weltordnung, Frankfurt/New York 2002

Nestle, Marion, Food Politics. How the Food Industry influences Nutrition and Health, Berkeley/Los Angeles 2002

Oakley, Ann, The sociology of Housework, London 1974

Oliver, Jamie, The naked Chef. Die neue Kochlust, dvd 2003

—, Genial kochen mit Jamie Oliver, München 2002

—, Kochen für Freunde, München 2004

—, Besser Kochen, München 2006

Onfray, Michel, Die genießerische Vernunft, Baden-Baden/Zürich 1996

Oswalt, Philipp, Schrumpfende Städte – Handlungskonzepte, herausgegeben im Auftrag der Kulturstiftung des Bundes, Ostfildern 2005

Paetzold, Heinz, Profile der Ästhetik. Der Status von Kunst und Architektur in der Postmoderne, Wien 1989

Platon, Gorgias, in: Ders., Werke, Reinbek bei Hamburg 1957

Pollmer, Udo/Cornelia Hoicke/Hans-Ulrich Grimm, Vorsicht Geschmack. Was ist drin in Lebensmitteln?, Reinbek bei Hamburg 2000

Raap, Jürgen, Artikel ›Geschmack‹, Kunstforum International. Die große Enzyklopädie – Essen und Trinken A-Z, Bd. 160

Raufeisen, Jörg/Ole Plogstedt mit Hollow Skai, Rote Gourmet Fraktion (RGF). Kochen für Rockstars, Köln 2004

Rawls, John, Theorie der Gerechtigkeit, Frankfurt a.M. 1979

Ray, Gene, Kunst – Kritik – Politik. Über die Grenzen und Möglichkeiten anti-kapitalistischer Kunst, Analyse & Kritik, August 2006

Reinike, Ingrid/Petra Thorbrietz, Lügen, Lobbies, Lebensmittel. Wer bestimmt, was Sie essen müssen, Reinbek bei Hamburg 1997

Rumohr, Karl Friedrich von, Geist der Kochkunst, Frankfurt a.M. 1998 (Orig. 1822)

Sachs, Wolfgang, Nach uns die Zukunft: der globale Konflikt um Gerechtigkeit und Ökologie, Frankfurt a.M. 2002

Schallenberg, Jörg, Erst kommt das Fressen, dann die Musik, Die Zeit, Nr. 5, 2002

Schlosser, Eric, Fast Food Gesellschaft. Fette Gewinne, faules System, München 2003

Schmid, Wilhelm, Auf der Suche nach einer neuen Lebenskunst, Frankfurt a.M. 1992
Schmidt-Bergmann, Hansgeorg, Futurismus. Geschichte, Ästhetik, Dokumente, Reinbek bei Hamburg 1993
Schmitz, Hermann, Die Wahrnehmung, Bonn 1978
Schneider, Martina, Aldi – Welche Marke steckt dahinter? 100 Aldi-Produkte und ihre prominenten Hersteller, München 2005
Schopenhauer, Arthur, Die Welt als Wille und Vorstellung, München 1998
Schulze, Gerhard, Die Erlebnisgesellschaft. Kultursoziologie der Gegenwart, New York/Frankfurt a.M. 2005
Seel, Martin, Ästhetik und Aisthetik, in: Ders., Ethisch-ästhetische Studien, Frankfurt a.M. 1996, 36-69
Seneca, Briefe an Lucilius über Ethik, Stuttgart 1989
Sennett, Richard, Der flexible Mensch. Die Kultur des neuen Kapitalismus, Berlin 1998
Siebeck, Wolfram, Krokodilaugen in Aspik, Die Zeit Nr. 24, 2002
—, Lauter junge Helden, Die Zeit Nr. 25, 2002
Spiekermann, Uwe, Der Naturwissenschaftler als Kulturwissenschaftler: das Beispiel Werner Kollaths, in: Gerhard Neumann/Alois Wierlacher/Rainer Wild (Hg.), Essen und Lebensqualität. Natur- und kulturwissenschaftliche Perspektiven, New York/Frankfurt a.M. 2001, 247-274
—, Esskultur heute. Was, wie und wo essen wir? In: Dr. Rainer Wild-Stiftung (Hg.): Gesunde Ernährung zwischen Natur- und Kulturwissenschaft, Münster, 1999, 41-56
Spoerri, Daniel, presents Eat-art, Buch zur Ausstellung im Aktionsforum Praterinsel/München, herausgegeben von Elisabeth Hartung, Nürnberg 2001
—, Gastronomisches Tagebuch. Itinerarium auf einer ägäischen Insel nebst einer Abhandlung über den oder die Keftedes, Neuwied/Berlin 1970
—, Topographie des Zufalls, Berlin 1968
—, Gastronoptikum. Eine Sammlung von Koch- und Küchenkuriositäten, Zürich 1970
—, Zyklus des Lebens, in: Kunstforum International, Essen und Trinken, 73-91
Steiner, Rudoph, Geisteswissenschaftliche Grundlagen zum Gedeihen der Landwirtschaft, Dornach 1985
Stocker, Betty, Eat-art Multiples, in: Spoerri presents Eat-art, 105-114
Der Spiegel (Wochenmagazin), Im Mund explodiert, 52/2000
Telfer, Elisabeth, Food for Thought. Philosophy and Food, London/New York 1996
Tellenbach, Hubert, Geschmack und Atmosphäre: Medien menschlichen Elementarkontaktes, Salzburg 1968

Terry, Bryant/Anna Lappé, Grub. Ideas for an urban organic kitchen, New York 2006

Teuteberg, Hans Jürgen, Prolegomena zu einer Kulturpsychologie des Geschmacks, in: Ders./Alois Wierlacher/Gerhard Neumann (Hg.), Kulturthema Essen. Ansichten und Problemfelder, Berlin 1993

This-Benckhard, Hervé, Rätsel und Geheimnisse der Kochkunst. Naturwissenschaftlich erklärt, München 2002

Tiravanija, Rirkrit, Untitled Artists' Projects, in: Laura Trippi, Untitled Artists' Projects by Janine Antoni, Ben Kinmont, Rirkrit Tiravanija, in: Ron Scapp/Brian Seitz (Hg.), Eating Culture, New York 1998

—, ›Alles im Wok. Konzeptkoch Rirkrit Tiravanija‹, Kunstzeitung Nr. 59, 2001

Tracey, David, Guerrilla Gardening: A Manualfesto, Gabriola Island 2007

Tudge, Colin, Future Food. Politics, Philosophy and Recipes for the 21st Century, New York 1980

Vaerst, Eugen von, Gastrosophie oder Lehre von den Freuden der Tafel, 2 Bde., hg. v. Karl Heinz Kramberg, München 1975

Violand-Hobi, Heidi, ›Das Beste an mir sind meine Freunde‹ (Spoerri), in: Spoerri presents Eat-art, a.a.O., 180-185

Volxküchen-Kochbuch, Rezepte für viele Portionen, herausgegeben vom Hannebambel Kneipen-Kollektiv, Alibri 2001

Welsch, Wolfgang, Grenzgänge der Ästhetik, Stuttgart 1996

—, Ästhetisches Denken, Stuttgart 1989

Wetzlar, Jon von/Christoph Buckstegen, Die Kultur der Imbissbude. Urbane Anarchisten, Marburg 2003

Wierlacher, Alois, Was heißt, die Augen essen mit?, in: Dietrich von Engelhardt /Rainer Wild (Hg.), Geschmackskulturen. Vom Dialog der Sinne beim Essen und Trinken, Frankfurt a.M./New York 2005, 129-143

Witzigmann, Eckart, URL: www.witzigmann-palazzo.de

Zacharis, Thomas, Darf eine ›Jungfrau‹ Weißwürste zuzeln? Astro-Gastro-Fest von Daniel Spoerri in der Akademie München 1983, in: Spoerri presents Eat-art, a.a.O., 171-176

Zumdick, Wolfgang, Über das Denken bei Joseph Beuys und Rudolf Steiner, Basel 1995

Edition Moderne Postmoderne

Emanuel Alloa, Alice Lagaay, Carsten Lotz (Hg.)
Nicht(s) sagen
Strategien nicht-affirmativer Rede im 20. Jahrhundert
Dezember 2007, ca. 200 Seiten, kart., ca. 22,80 €, ISBN: 978-3-89942-828-5

Martin Nonhoff (Hg.)
Diskurs – radikale Demokratie – Hegemonie
Zum politischen Denken von Ernesto Laclau und Chantal Mouffe
Dezember 2007, ca. 180 Seiten, kart., ca. 26,80 €, ISBN: 978-3-89942-494-2

Dirk Quadflieg
Differenz und Raum
Zwischen Hegel, Wittgenstein und Derrida
November 2007, ca. 340 Seiten, kart., ca. 32,80 €, ISBN: 978-3-89942-812-4

Iris Därmann, Harald Lemke (Hg.)
Die Tischgesellschaft
Philosophische und kulturwissenschaftliche Annäherungen
November 2007, ca. 220 Seiten, kart., ca. 24,80 €, ISBN: 978-3-89942-694-6

Judith Siegmund
Die Evidenz der Kunst
Künstlerisches Handeln als ästhetische Kommunikation
Oktober 2007, 264 Seiten, kart., 29,80 €, ISBN: 978-3-89942-788-2

Hans-Joachim Lenger, Georg Christoph Tholen (Hg.)
Mnêma
Derrida zum Andenken
Oktober 2007, ca. 260 Seiten, kart., ca. 25,80 €, ISBN: 978-3-89942-510-9

Fabian Goppelsröder
Zwischen Sagen und Zeigen
Wittgensteins Weg von der literarischen zur dichtenden Philosophie
Oktober 2007, 170 Seiten, kart., 18,80 €, ISBN: 978-3-89942-764-6

Harald Lemke
Die Kunst des Essens
Eine Ästhetik des kulinarischen Geschmacks
September 2007, 220 Seiten, kart., 20,80 €, ISBN: 978-3-89942-686-1

Jens Szczepanski
Subjektivität und Ästhetik
Gegendiskurse zur Metaphysik des Subjekts im ästhetischen Denken bei Schlegel, Nietzsche und de Man
August 2007, 242 Seiten, kart., 27,80 €, ISBN: 978-3-89942-709-7

Steffen K. Herrmann, Sybille Krämer, Hannes Kuch (Hg.)
Verletzende Worte
Die Grammatik sprachlicher Missachtung
Juli 2007, 372 Seiten, kart., 30,80 €, ISBN: 978-3-89942-565-9

Leseproben und weitere Informationen finden Sie unter: www.transcript-verlag.de

Edition Moderne Postmoderne

Ludger Schwarte (Hg.)
Auszug aus dem Lager
Zur Überwindung des modernen Raumparadigmas in der politischen Philosophie

Juli 2007, 318 Seiten,
kart., zahlr. Abb., 31,80 €,
ISBN: 978-3-89942-550-5

Andreas Niederberger,
Markus Wolf (Hg.)
Politische Philosophie und Dekonstruktion
Beiträge zur politischen Theorie im Anschluss an Jacques Derrida

Juni 2007, 186 Seiten,
kart., 19,80 €,
ISBN: 978-3-89942-545-1

Daniel C. Henrich
Zwischen Bewusstseinsphilosophie und Naturalismus
Zu den metaphysischen Implikationen der Diskursethik von Jürgen Habermas

März 2007, 246 Seiten,
kart., 25,80 €,
ISBN: 978-3-89942-620-5

Alice Pechriggl
Chiasmen
Antike Philosophie von Platon zu Sappho – von Sappho zu uns

2006, 188 Seiten,
kart., 20,80 €,
ISBN: 978-3-89942-536-9

Reinhard Heil,
Andreas Hetzel (Hg.)
Die unendliche Aufgabe
Kritik und Perspektiven der Demokratietheorie

2006, 288 Seiten,
kart., 27,80 €,
ISBN: 978-3-89942-332-7

Jens Badura (Hg.)
Mondialisierungen
»Globalisierung« im Lichte transdisziplinärer Reflexionen

2006, 318 Seiten,
kart., 27,80 €,
ISBN: 978-3-89942-364-8

Ulrike Ramming
Mit den Worten rechnen
Ansätze zu einem philosophischen Medienbegriff

2006, 252 Seiten,
kart., 26,80 €,
ISBN: 978-3-89942-443-0

Peter Janich (Hg.)
Wissenschaft und Leben
Philosophische Begründungsprobleme in Auseinandersetzung mit Hugo Dingler

2006, 274 Seiten,
kart., 26,80 €,
ISBN: 978-3-89942-475-1

Stefan Blank
Verständigung und Versprechen
Sozialität bei Habermas und Derrida

2006, 232 Seiten,
kart., 26,80 €,
ISBN: 978-3-89942-456-0

Tobias Blanke
Das Böse in der politischen Theorie
Die Furcht vor der Freiheit bei Kant, Hegel und vielen anderen

2006, 232 Seiten,
kart., 25,80 €,
ISBN: 978-3-89942-465-2

Leseproben und weitere Informationen finden Sie unter:
www.transcript-verlag.de

Edition Moderne Postmoderne

Johann S. Ach,
Arnd Pollmann (Hg.)
no body is perfect
Baumaßnahmen am menschlichen Körper. Bioethische und ästhetische Aufrisse
2006, 358 Seiten,
kart., 27,80 €,
ISBN: 978-3-89942-427-0

Gerald Hartung,
Kay Schiller (Hg.)
Weltoffener Humanismus
Philosophie, Philologie und Geschichte in der deutsch-jüdischen Emigration
2006, 224 Seiten,
kart., 24,80 €,
ISBN: 978-3-89942-441-6

Christoph Henning
Philosophie nach Marx
100 Jahre Marxrezeption und die normative Sozialphilosophie der Gegenwart in der Kritik
2005, 660 Seiten,
kart., 39,80 €,
ISBN: 978-3-89942-367-9

Christian Schulte,
Rainer Stollmann (Hg.)
Der Maulwurf kennt kein System
Beiträge zur gemeinsamen Philosophie von Oskar Negt und Alexander Kluge
2005, 272 Seiten,
kart., 25,80 €,
ISBN: 978-3-89942-273-3

Arnd Pollmann
Integrität
Aufnahme einer sozialphilosophischen Personalie
2005, 394 Seiten,
kart., 29,80 €,
ISBN: 978-3-89942-325-9

Hans-Joachim Lenger
Marx zufolge
Die unmögliche Revolution
2004, 418 Seiten,
kart., 27,80 €,
ISBN: 978-3-89942-211-5

Christoph Ernst, Petra Gropp,
Karl Anton Sprengard (Hg.)
Perspektiven interdisziplinärer Medienphilosophie
2003, 334 Seiten,
kart., 25,80 €,
ISBN: 978-3-89942-159-0

Hans-Joachim Lenger
Vom Abschied
Ein Essay zur Differenz
2001, 242 Seiten,
kart., 25,80 €,
ISBN: 978-3-933127-75-4